CHRISTINA KRÜSI
mit Gudrun Ruttkowski

Das Paradies war meine Hölle

Als Kind von Missionaren missbraucht

Besuchen Sie uns im Internet:
www.knaur.de

Originalausgabe Juli 2013
Knaur Taschenbuch
© 2013 Knaur Taschenbuch
Ein Unternehmen der Droemerschen Verlagsanstalt
Th. Knaur Nachf. GmbH & Co. KG, München
Alle Rechte vorbehalten. Das Werk darf – auch teilweise –
nur mit Genehmigung des Verlags wiedergegeben werden.
Redaktion: Marion Hertle
Fotos: Privatarchiv Christina Krüsi
Umschlaggestaltung: ZERO Werbeagentur, München
Umschlagabbildung: © FinePic®, München
Satz: Adobe InDesign im Verlag
Druck und Bindung: CPI books GmbH, Leck
Printed in Germany
ISBN 978-3-426-78565-2

5 4 3

Inhalt

Vorwort 7
Xaume – Hallo! 9
Guten Tag, ich bin die Wahrheit 15
Ankunft in Bolivien 20
Manuca 22
Tumi Chucua 23
The girl with the sparkling eyes 28
Halloween 30
Berührung 38
Doppelleben 42
Geschoren – meine Puppe 49
Zerbrochen 53
Der Brief 58
Mutter Erde 62
WC-Häuschen 69
Miss Lilly 74
Regenschirm 77
Nur ein Spiel 82
Abendmahl I 86
Abendmahl II 91
Lebensmüde 93
Sturmflug 98
Traum-Zeichen 107
Fette Brownies 111

Motorrad-Unfall	116
Glück gehabt	124
Heiliger Geist	126
Honigtütchen	131
Bolivien – Schweiz	138
In der Kälte	145
Teenager	155
Stuttgart	164
Beste Kindheit?	171
Austreibung	176
Glockenschlag	180
Kunstschule	194
Revolutionärin	199
Schweiz – Afrika	207
Der Ausstieg	214
Lähmung	219
Auf Messers Schneide	223
Letzte Ehre	237
Über-Listet	240
Angriff	244
Potenzialanalyse hoch zwei	248
Management	252
Meine Wahl	258
Sprich!	261
Christof	270
Bedingungslose Liebe	273
Ich träume weiter	280
Nachwort von Gudrun Ruttkowski	283

Vorwort

 »Sprich, Christina, sprich!«, so tönte es durch Christinas Kopf, Jahre nachdem sie ihre Vergangenheit ans Licht geholt und aufgearbeitet hatte. Sie sträubte sich vehement dagegen und wollte ihr neues, glückliches Leben einfach nur genießen. Doch es war richtig, mit ihrer Geschichte an die Öffentlichkeit zu gehen, denn egal wie das eigene Leben verlaufen ist, beim Lesen denkt man unwillkürlich: »Wenn sie das geschafft hat, schaffe ich es auch!«

Wo man im Leben auch steht, welche Probleme einem über den Kopf wachsen, es gibt Lösungen. Immer. Christina beweist es.
Sie ist heute gesund, lebt in einer glücklichen Partnerschaft, weiß ihre Familie hinter sich, ist finanziell frei, beruflich erfolgreich und strahlt inneren Frieden aus. Ein großes Anliegen, für das sie sich engagiert, ist der Schutz aller Kinder vor Gewalt und Missbrauch.

Viele der in diesem Buch erwähnten Personen brauchen ebenfalls besonderen Schutz. Deshalb werden sie unter Pseudonymen geführt.
Einige Situationen wurden leicht abgewandelt, Ort und Zeit angepasst. Die Organisation Wycliffe arbeitet Hand in Hand mit der Sprachforschungsorganisation SIL zusammen, beide

wurden von der gleichen Gruppe gegründet. Der Einfachheit halber unterscheiden wir nicht und nennen nur Wycliffe.
Es lohnt sich, seine Ängste zu überwinden und zu reden: Aufgrund der Aussagen einiger Opfer hat Wycliffe inzwischen ein vorbildliches Kinderschutz-Programm innerhalb der Organisation aufgebaut.
Möge dieses Buch jedem Mut machen, sein Leben zum Positiven zu verändern.

Gudrun Ruttkowski

Xaume – Hallo!

Es blieb mir keine Zeit, die Sonne zu begrüßen, denn ich musste dringend aufs Klo. Barfuß hüpfte ich von Stein zu Stein – nur nicht wieder rote Füße kriegen! Ich war noch müde und wollte so schnell wie möglich in meiner Hängematte weiterträumen. Die Tür des kleinen WC-Häuschens stand einen Spaltbreit offen. Ich blinzelte hinein, um sicherzugehen, dass sich dort kein wildes Tier versteckt hielt. Schlangen, Fledermäuse oder kleine Wildschweine waren hier häufige Besucher. Meine Mutter hatte mir schon von klein an eingetrichtert, das WC nie ohne Kontrollblick zu benutzen. Alles okay dadrin. Ekelhafte Duftschwaden stiegen mir aus dem tiefen Loch entgegen.
Der Gang aufs Klo war immer ein kleines Abenteuer, vor allem am Morgen mit leerem Magen. Furcht und Ekel begleiteten mich, aber auch eine klein wenig Neugier, welches Tier mir heute begegnen würde. Wie konnten die Tiere bei diesem bestialischen Gestank nur friedlich schlafen?
Erleichtert schloss ich die Tür wieder hinter mir. Der frische Morgenwind blies durch den kleinen Bananenhain in unserem Garten. »Wann werden diese grünen Bananen endlich gelb? Ich muss unbedingt bei der Ernte dabei sein!«
Energisch warf ich meine zerzausten Haare aus dem Gesicht und blickte zum Himmel. Goldgelbe und zartrosafarbene kleine Wolken spielten ihr tägliches Spiel zum Sonnenauf-

gang. Für einige Augenblicke konnten sie mich ablenken, bis es auf einmal laut hinter mir krähte. Aufgeregt scharten sich unsere braunen Hühner um ihren stolzen Hahn; er warf seinen blutroten Hahnenkamm in Position und starrte mich herausfordernd an.

Ich begrüßte ihn und seine Meute und schlich zu unserem Haus zurück. Ein großes Wäschebündel lag neben der Tür, ein Bettlaken prall gefüllt mit unseren schmutzigen Kleidern. Ich machte einen Freudensprung und klatschte in die Hände. Waschtag!

Im Haus war alles ruhig, nur aus dem Patio hörte ich ein Rascheln. Wie jeden Morgen las Papa bereits in der Bibel. Leise schlüpfte ich aus meinen Flipflops, hob das Moskitonetz leicht an und kroch in die Hängematte. Ehe ich zwei Gedanken aneinanderreihen konnte, schlummerte ich wieder ein.

Der Geruch von frischem Brot stieg mir in die Nase. Ich liebte diesen Duft und konnte es kaum erwarten, bis Papa das warme Brot anschnitt. Die Scheiben saugten den goldgelben Honig auf wie ein Schwamm. Die getränkte Brotschnitte zerschmolz geradezu auf meiner Zunge. Frisches Brot mit Honig hätte ich am liebsten zu jeder Mahlzeit gegessen.

Bis wir für unseren Gang zum Fluss bereit waren, stand die Sonne schon hoch am wolkenlosen Himmel. Ich hielt meine kleine Schwester Eva an der Hand, doch mein Bruder Philip weigerte sich mitzukommen.

»Ich will mit Hernando spielen und mit Pfeil und Bogen auf die Jagd gehen«, sagte er und stampfte trotzig auf den Boden. »Wäsche ist was für kleine Mädchen!«

Vater willigte ein und nahm Philip mit ins nahe gelegene San Lorenzo, ins Dorf der Indianer. Ich war noch zu klein, um zu verstehen, was Papa dort arbeitete. Ich spürte aber, dass er von den Indianern hoch geachtet, ja geradezu verehrt wurde. Mama hievte das schwere Wäschebündel auf den Kopf und machte sich auf den Weg, meine Schwester und ich trabten ihr auf dem schmalen Dschungelpfad hinterher. Die Indianerfrauen aus dem Dorf waren schon fleißig beim Waschen. Sie schlugen die nassen Kleider über die großen flachen Steine, kneteten sie mit ihren kräftigen Händen und plauderten angeregt. Während die jüngeren Frauen kreischten und kicherten, badeten ihre kleinen Kinder nackt im knietiefen Wasser und vergnügten sich lautstark.

»Xaume – Hallo!«, begrüßte uns die Gruppe freudig. Mama konnte sich mittlerweile gut auf Chiquitano unterhalten. Damit hatte sie sich Respekt unter den Frauen verschafft. Meine beste Freundin Juanita rannte mir entgegen und zog mich zum Ufer. »Christina, komm spiel mit uns im Wasser!«

Maria, ein etwa zehnjähriges Mädchen, schnappte sich meine kleine Schwester und hob sie auf ihren Arm. Immer wieder strich sie über ihren Kopf. Sie konnte noch immer nicht glauben, dass ihr blondgelocktes Haar echt war. »Bitte darf ich auf sie aufpassen?«, bettelte sie. Unsere Mutter freute sich, dass Maria mit Eva spielte und sie in Ruhe die Wäsche waschen konnte. Der glasklare, seichte Fluss war ideal zum Baden.

Das dichte Blätterdach des Dschungels schirmte die brütende Sonne ab. Wir sprangen laut kreischend von den großen Steinen ins Wasser und ließen uns von der leichten Strömung treiben. Mit meinen fünf Jahren konnte ich recht passabel schwimmen, denn wir badeten täglich im Fluss. Juanita begann, mit bloßen Händen im weichen Sandboden eine Mulde zum Planschen zu schaufeln. Ich half ihr, bald suhlten wir uns im warmen Wasser, bewarfen uns mit Sand und tollten herum. Die Zeit verflog im Nu, und ich fühlte mich wie ein Fisch im Wasser, flink und leicht.

Mama rief uns zu sich, sie hatte die Wäsche eingeweicht, und wir durften sie nun mit Kernseife bearbeiten. Wild stampften wir mit den Füßen auf den Kleidungsstücken herum, bis sie schäumten. Der herrlich luftige Seifenschaum lockte uns, lachend wälzten wir uns ausgelassen darin. Wir rissen große weiße Wolken heraus und warfen sie in den blauen Himmel. Ich liebte den Waschtag über alles.

Die sauberen Kleider breiteten wir zum Trocknen auf den glühend heißen schwarzen und roten Felsen aus. Mama hatte eine große orangerote Papaya aus unserem Garten dabei, die wir mit Heißhunger verschlangen, um gleich wieder weiterzuplanschen, bis meine Mutter uns rief. Dutzende grüne Papageien flogen über unsere Köpfe hinweg. Ich steckte mir eine Feder ins Haar.

»Ist die Wäsche wirklich trocken, Mama? Ich will keine Würmer im Bein haben!«, drängte ich meine Mutter. Denn wenn die Kleider nicht ganz trocken waren, legten Fliegen ihre Eier auf der feuchten Wäsche ab. Wurde auch nur eine kleine feuchte Stelle übersehen, konnten die winzigen Eier überleben und sich unbemerkt in unserer Haut einnisten, um sich darin zu einer hässlichen Made zu entwickeln.

Nur wenige Tage zuvor hatte ich bei einer kleinen Operation zugeschaut, weil sich eine Made unter der Haut eines Chiquitano-Mädchens zu schaffen gemacht hatte. Es begann mit einer Rötung auf ihrem Bein, dann schwoll es an und juckte fürchterlich. Auf der Beule, die sich nun entwickelte, war ein kleines Loch zu erkennen gewesen, wo der schwarze Kopf der Made immer wieder Luft holte. Das Mädchen musste

sich einige Tage gedulden, bis das Ungetier entfernt werden konnte.
Mein Vater legte ein Tuch unter ihr Bein, wischte die Stelle mit Alkohol ab und strich Öl auf die gerötete Beule. Nach kurzer Zeit kam der Kopf des fetten Boro zum Vorschein, mein Vater drückte an der Beule – und schwupps, schoss das Tier heraus.
Nun hielt Mama mir die Wäsche hin, damit ich fühlen konnte, dass alles bestens trocken war. Müde, aber glücklich machten wir uns mit der frischen Wäsche auf den Heimweg. Papa wartete bereits in der Küche auf uns. Er hatte Reiseintopf mit Hähnchenfleisch und Kochbananen zubereitet. Wir setzten uns gleich an den gedeckten Tisch, und Papa betete: »Lieber Vater im Himmel, danke, dass wir immer genug zu essen haben, und hilf allen, die hungern müssen. Danke, dass wir gesund sind, und segne dieses Essen. Amen.«
Beim Essen erzählten wir von unseren Erlebnissen. Meine Augen fielen schon bald zu, doch erst musste das dreckige Geschirr mit Seife und abgekochtem Wasser aus dem Fass gewaschen werden. Mein Bruder und ich halfen Mama, damit wir die Fortsetzung von Papas selbst erfundener Gutenachtgeschichte hören durften.
Jeden Abend saß er mit uns in der Hängematte und erfand eine weitere spannende Folge. Die Geschichte endete auch diesmal wie immer: »Und dann ging Hermann Kralle, der große braune Bär, in seine warme Höhle, wo er friedlich und zufrieden bis zum nächsten Morgen schlief.«
Und wie so oft sagte er zum Schluss: »Wenn ihr wollt, dürft ihr ins Bett gehen, wenn ihr nicht wollt, müsst ihr ins Bett gehen!«
Wir stöhnten und gehorchten widerwillig.

Mein Bruder Philip teilte mit mir ein kleines, fast leeres Zimmer. Das einzige Fenster war stets mit einem Holzladen verschlossen. So blieb es kühl. Ein grünrosafarbenes Plastikflugzeug, der ganze Stolz meines Bruders, thronte auf dem Regalbrett, daneben einige Bücher, sonst nichts. Es war bereits stockdunkel, und wir fielen bald in tiefen Schlaf.

Eines Tages mussten wir unsere Siebensachen zusammenpacken. Philips Einschulung in der großen Missionsbasis Tumi Chucua stand bevor. Wir würden von nun an sehr viel weniger Zeit in unserem Chiquitano-Dörfchen San Lorenzo verbringen. Ich wollte nicht weg und ging mit meinen fünf Jahren in den Tagen vor dem Umzug nicht von Mamas Seite. Als hätte ich geahnt, was auf mich zukommen würde.
Doch bald landete die kleine Cessna auf der Piste, wo das ganze Dorf versammelt war. Die Chiquitanos ließen sich diese Abwechslung nicht entgehen und schauten alle zu, wie die Maschine über die holprige Landebahn ratterte. Als sich Mama von den Einheimischen verabschiedete, mahnte eine alte Frau, sie solle gut auf Manuca aufpassen.
»Sie heißt nicht mehr Manuca, wir nennen sie schon lange Christina.«

Guten Tag, ich bin die Wahrheit

„Guten Tag, ich bin die Wahrheit.«
»Verschwinde, Wahrheit, geh woandershin! Ich kann dich nicht ertragen. Du bist mir zu schwer, zu hässlich, abscheulich, ekelhaft und dunkel. Verschwinde!«
Trotz aller Gegenwehr wusste ich intuitiv, dass mir eine Entscheidung bevorstand. Mein Körper war nicht mehr bereit, mein bisheriges Schweigen zu akzeptieren. Das Maß war übervoll. Die Wahrheit ließ nicht locker. Höllische Angst stieg in mir auf. Angst, die mich jahrelang gelähmt hatte, tobte auf einmal in meinem Kopf.
»Ich kann nicht sprechen! Ich kann die Verbrecher nicht verraten. Ich kann nicht gegen sie aussagen. Sie werden sich rächen!« Da war ich mir sicher. Packte ich aus, brachte ich meine Familie damit in Gefahr – meine Kinder, das Liebste, das ich hatte. Niemals dürfte ich diese Gewalt provozieren. Ich musste sie schützen, das war meine wichtigste Pflicht.
Doch ich hatte keine Wahl. Ich konnte nicht länger schweigen.
Im Schlafzimmer war es dunkel, ich lag alleine mit der Wahrheit auf dem Bett und ließ die vergangenen Stunden wieder und wieder an mir vorbeiziehen: Nach einer Joggingrunde war ich im Garten meiner Trainingskollegin ohnmächtig zusammengebrochen. Als ich wieder zu mir kam, war sofort klar, dass etwas mit mir nicht stimmte. Ich hatte meinen Mund ge-

öffnet, um zu sprechen. Doch kein Wort war über meine Lippen gekommen. Panik hatte mich erfasst – dieses Gefühl war mir nur allzu gut bekannt. Meinen Körper konnte ich kaum mehr spüren, es war, als schwebte ich nach Hause. Meine Zunge begann sich in meinem Mund hin und her zu bewegen. Wie früher, als ich als Mädchen in meiner Geheimsprache mit mir selbst gesprochen hatte, ohne dabei einen Laut von mir zu geben. Damals, als ich es nicht gewagt hatte, laut zu sprechen.
»Guten Tag, ich bin die Wahrheit.«
Erschöpft drehte ich mich auf dem Bett zur Seite und machte mich klein. Leise schlich sich nun das schlechte Gewissen ein und gesellte sich zur Wahrheit und zur Angst. Die eingeimpften Schuldgefühle machten sich in meinen Gedanken breit. Über all die Jahre hatte ich sie nie abschütteln können. War ich vielleicht doch selbst schuld am Elend in meiner Kindheit? Was sollte ich nun tun? Was meinem Mann sagen? Und wie?
Tränen rannen unaufhaltsam über meine glühenden Wangen. Würde ich der Belastung standhalten, den Kampf überstehen? Ich traute der Wahrheit nicht – niemandem traute ich. Aber ich war nicht alleine. Ich hatte Verantwortung für meine Kinder zu tragen. Als Vorbild wollte ich ihnen eine wahrhaft gute Mutter sein. Wie konnte ich von ihnen Wahrheit verlangen und gleichzeitig meine eigene verschweigen?
»Christina, du musst die Wahrheit aussprechen, für deine Kinder. Du darfst ihnen dieses Erbe nicht hinterlassen. Es ist deine Pflicht, dein Leben zu ordnen!«, ermahnte ich mich selbst.

Ich war Mutter von zwei Söhnen und lebte mit meiner Familie in einem schönen alten Haus in der Schweiz. Mit meiner Arbeit als Lehrerin und Künstlerin trug ich zum Unter-

halt unserer vierköpfigen Familiengemeinschaft bei. Ich hatte es geschafft, mich im Alltag zu befreien. Meine Familie war mein zweites Leben, meine Kunst mein Ventil. Ein Leben, das ich nicht aufs Spiel setzen wollte. Doch jetzt, in diesem wunderschönen Sommer 2002, saß ich in der Falle und wusste, dass ich keine Wahl hatte. Die Wahrheit musste endlich aus mir heraus. Ich würde für meine Kinder kämpfen, sie beschützen und ihnen ein Vorbild sein, das schwor ich mir. Mit dieser Entscheidung schlief ich ein.
Beim Erwachen kehrte meine Stimme zurück. Zuerst nur stotternd und brüchig, dann immer klarer und kräftiger. Nun wusste ich endgültig, was ich zu tun hatte: »Guten Tag, Wahrheit, komm in mein Leben!«
Diesem inneren Marathon folgte ein heftiger Migräneanfall, was mir als gutes Alibi für meinen Zusammenbruch diente.
Ich wagte es nicht, meinem Mann die Wahrheit zu sagen. Wir waren seit 13 Jahren verheiratet, und ich hatte die ganze Zeit über die Wahrheit geschickt vertuscht und verheimlicht. Es würde ihn zutiefst kränken und verletzen, dass ich in dieser Hinsicht kein Vertrauen zu ihm hatte aufbauen können. Früher oder später würde er es erfahren. Aber nicht als Erster. Verzweifelt suchte ich nach der richtigen Person, der ich ein kleines bisschen Vertrauen schenken konnte. »Vielleicht Gudrun«, schoss es mir durch den Kopf.
Ich kannte sie erst seit einigen Monaten vom Tischtennisklub. Doch vor wenigen Tagen war sie bei mir zu Besuch gewesen. In meinem Atelier hatte sie beim Anblick meines Porträtfotos in einem Zeitungsartikel laut aufgelacht: »Das bist nicht du! Du bist eine andere!«
Ich verstand ihre Reaktion nicht und fühlte mich sogar beleidigt. Aber ich hatte nicht gewagt, sie zu fragen, was sie damit

meinte. Nun fragte ich mich, ob sie etwas ahnte? Lange wog ich ab, überlegte hin und her und entschied mich dann, ihr mein so gut gehütetes Geheimnis anzuvertrauen. Vielleicht weil sie nicht viel mit Religion zu tun hatte – denn diese war ein Teil meines Geheimnisses. Trotzdem fiel es mir unendlich schwer. Wie sollte ich beginnen?

Die Angst, dass sie mir nicht glauben würde, wollte die Oberhand gewinnen. Doch ich hatte mich entschieden. Ich nahm allen Mut zusammen und lud sie zum Kaffee ein. Ich würde die ganze Geschichte bagatellisieren, um zu sehen, ob Gudrun der Sache gewachsen war. Ich würde ihr nur in kleinen Portionen einzelne Sequenzen erzählen. Mit wachem Auge würde ich jede ihrer Bewegungen beobachten und genau analysieren. Es war mir bewusst, dass ich sonst niemanden hatte, dem ich mich anvertrauen könnte. Sie war meine einzige Hoffnung – es musste klappen!

Mir wurde fast schwarz vor Augen, und mein ganzer Körper war angespannt, als ich schüchtern zu reden begann. »Gudrun, ich muss dir etwas erzählen. Etwas, das ich noch nie jemandem erzählt habe.« Innerlich zitterte ich. Mit aller Gewalt versuchte ich die Kontrolle über meinen Körper und meine Gefühle nicht zu verlieren.

Als ich mich wieder im Griff hatte, rückte ich vorsichtig mit einem Teil der Wahrheit heraus. »Ich bin doch in Bolivien im Urwald aufgewachsen. Als Missionarstochter. Wir lebten im Amazonasgebiet bei einem Indianerstamm, den Chiquitanos, und dann auf einer Missionsstation. Auf der Basis – nicht im Stamm – sind schreckliche Dinge mit uns Kindern gemacht worden. Es waren drei Täter, manchmal auch mehr. Sie waren so brutal zu uns. Und keiner hat's gemerkt.«

Gudrun sah mich prüfend an.

»Nun ja, ich hab's überlebt, und mir geht es gut, das siehst du ja. Aber wenn ich diese Dinge meinen Eltern erzählen würde, würden sie mir niemals glauben.«
Keine Reaktion.
Mir stockte der Atem, glaubte sie mir etwa nicht? Schockartig erinnerte ich mich, wie ich als 16-Jährige meiner Mutter die Wahrheit erzählen wollte. Damals hatte ich versucht, mich an sie heranzutasten. Der Druck, alleine mit der Wahrheit zu sein, hatte mir über Wochen hinweg den Appetit geraubt. Ich hatte damals versucht, mich ihr gegenüber zu öffnen, vergeblich.
Und nun? Würde Gudrun mir jetzt glauben?
Lange sagte sie nichts, sondern betrachtete mich mit ihren wunderschönen hellblauen Augen. Dann stand sie auf. Ruhig und gelassen nahm sie mich in die Arme. »Christina, deine Bilder sprechen für sich. Wenn du mir vertrauen willst, dann erzähl mir alles der Reihe nach.«
Das Eis war gebrochen. Aus mir sprudelten die Worte nur so heraus. Ich versuchte mich klar auszudrücken, schweifte immer wieder ab, Tränen quollen aus meinen eingefrorenen Augen, bis ich nur noch schreien und schluchzen konnte. Gudrun schwieg und hielt mich fest in den Armen, und irgendwann beruhigte sich mein Atem. Eine Welle der Erleichterung und gleichzeitig unendlicher Schmerz überkamen mich.

Ankunft in Bolivien

Tumi Chucua lag etwa zwanzig Meter erhöht an einem idyllischen See mit Blick auf eine langgezogene grüne Insel. Es war der ideale Ort für ein Dorf, denn im Dschungel waren in der Regenzeit Überschwemmungen an der Tagesordnung. Von dieser Basis aus hatten mein Vater und andere Missionarspioniere Erkundungsreisen in den Urwald Boliviens unternommen auf der Suche nach Indianerstämmen, die noch keine Übersetzung der Bibel in ihrer Muttersprache kannten. Meine Eltern fühlten sich von Gott berufen, dies für das große Volk der Chiquitanos zu tun. In einer ihrer Siedlungen, in San Lorenzo, wollte mein Vater seine Sprachforschungen und seine Missionarstätigkeit beginnen.

Die Dorfbewohner hatten, wie man mir später erzählte, vor der Ankunft meiner Eltern nur Kontakt zu bolivianischen Händlern, den spanisch sprechenden Mestizen, mit denen sie hin und wieder einfache Dinge tauschten, sowie mit missionierenden Jesuitenpriestern. Doch eine komplette weiße Familie war für sie völlig neu. Einige Dorfbewohner vermuteten, dass diese Besucher nur Geister seien. Aus Angst hatten sie sich geweigert, meinen Vater aufzunehmen. Er hatte es nicht leicht gehabt mit seinen noch spärlichen Kenntnissen ihrer Sprache, bei ihnen Gehör zu finden. Erst nach langwierigen Verhandlungen hatten sie eingewilligt, außerhalb des Dorfes, in der Nähe des Flusses, eine Hütte für ihn, seine

Frau und seinen neun Monate alten Sohn Philip zu bauen. Sie glaubten, dass diese Weißen nicht lange bleiben würden, und waren überzeugt, die Wassergeister würden sie auffressen. Mein Vater musste als Erstes eine Landebahn roden lassen, um die Reise in den Urwald für die Familie zu erleichtern. Das war den Chiquitanos recht, so konnten sie etwas Geld verdienen.

Kaum hatten sich meine Eltern etwas eingelebt, kam meine Mutter erneut in andere Umstände. Als sie hochschwanger war, erfuhr sie aus ihrer Heimat, dass ihre Mutter schwer erkrankt war. Außerdem hatte sie wegen der Komplikationen bei Philips Geburt große Angst. Deshalb reiste sie kurz vor meiner Geburt in die Schweiz. So kam ich 1968 in Zürich auf die Welt. Bereits fünf Wochen später kehrte sie mit mir und Philip nach San Lorenzo zurück.

Dort verbrachte ich als Kleinkind mit meiner Familie viel Zeit im tiefsten Dschungel im Stammesgebiet der Chiquitanos. Unser Haus stand in der Nähe der Dorfgemeinschaft von dreizehn Familien in San Lorenzo. Dort fühlte ich mich geborgen und geschützt. Meine Eltern nahmen uns auf Reisen durch das Indianergebiet mit. Wir erlebten Abenteuer und wuchsen im Einklang mit der Natur auf; der Tod war wie das Leben jederzeit präsent. Kinder und kranke Menschen starben. Es gehörte zum Leben dazu.

Manuca

Mein Leben schien von Anfang an gekennzeichnet zu sein. Meine Eltern hatten mir den Namen Manuela Christina Krüsi gegeben. »Manuela« bedeutet »Gott ist mit uns«. Doch die Chiquitanos lachten und kicherten jedes Mal über meinen Namen, wenn sie meine helle Haut bewunderten. Anfangs dachten meine Eltern kaum darüber nach, aber nach ein paar Wochen begann sich mein Vater über das Gelächter zu ärgern. Immer wieder versuchte er mit seinem schmalen Chiquitano-Wortschatz herauszufinden, worüber sie sich amüsierten. Er bemühte sich vergeblich. Erst nach einiger Zeit konnte er die Indianer dazu bringen, ihre unhöfliche Reaktion zu erklären.

Der Wortführer meinte, dass die Mestizos – die spanisch sprechenden Bolivianer – den ähnlich klingenden Übernamen »Manuca« für junge Frauen benutzten, wenn sie hinter ihnen her waren. Sprach also ein Mann eine Frau mit »Manuca« an, so war das eine Einladung, mit ihm zu schlafen. Und das taten die Mestizos mit den Indianermädchen oft.

Daraufhin entschlossen sich meine Eltern, mich bei meinem zweiten Vornamen zu nennen. Allen Verwandten und Freunden erzählten und schrieben sie, dass sie mich von nun an Christina, aber ohne »h«, nennen würden. Dieses spanische »Cristina« gefiel ihnen besser. Es dauerte lange, bis alle vollends begriffen hatten, dass es ihnen ernst damit war.

Tumi Chucua

Nun war es also so weit: Der Umzug in die Basis, nach Tumi Chucua, stand an, weil mein Bruder eingeschult werden sollte. Obwohl ich noch sehr klein war, erlebte ich San Lorenzo als sicheren Ort – als meine Heimat. Es war mir bewusst, dass wir in diesem Dorf Fremde waren, anders als die anderen Kinder.
Meine Eltern behielten uns im Auge und waren immer für uns da. Meine Mutter wollte nicht nur für die Familie sorgen, sondern auch meinem Vater bei der Übersetzung helfen. Sie teilten sich so manche Aufgabe und erforschten gemeinsam die Chiquitano-Sprache. Gleichzeitig hatten sie den Alltag mit uns mitten im Amazonasgebiet Südamerikas zu bewältigten. Ohne Strom, fließend Wasser oder Luxusgüter. Stoffwindeln mussten am Fluss gewaschen werden, Hühner selbst geschlachtet und die Maiskörner von Hand gemahlen werden. Es gab kaum Infrastruktur, und nur mit dem Nötigsten zum Überleben ausgestattet, gestaltete sich das Leben aufwendig und ungewohnt. Für mich war es Normalität, und ich fühlte mich geborgen in meiner Heimat San Lorenzo, die ich nie verlassen wollte. Doch als ich fünf Jahre alt war, verlegten meine Eltern ihren Arbeitsort in die Basis, nach Tumi Chucua; wir Kinder sollten dort eingeschult werden. Meine Eltern freuten sich sehr auf den Umzug nach Tumi Chucua, denn es bedeutete für sie enorme Erleichterungen.

Das Leben auf der Basis war ganz anders als im Stamm. Es herrschte eine gemeinschaftliche, vertrauensvolle und hilfsbereite Atmosphäre, wie in einer großen Familie. Viele tatkräftige Menschen aus etlichen Nationen lebten für ein gemeinsames Ziel an diesem Ort: Sie folgten dem Ruf ihres Gottes.
Sie waren Mitglieder der Missonsgesellschaft Wycliffe. Egal, ob sie auf der Basis als Sprachwissenschaftler, Lehrer, Flugzeugmechaniker, Krankenschwester oder Pilot arbeiteten, alle waren sie als Missionare nach Tumi Chucua gekommen. Es waren Alleinstehende unter ihnen, aber auch ganze Familien. Sie stammten aus den USA und aus Europa – ein bunt gemischtes Volk. Ihre Vision war und ist es, den Menschen aus allen Völkern die Möglichkeit zu geben, die Bibel in der Sprache zu lesen, in der sie träumen.
Die Arbeit auf der Mission war nicht an eine bestimmte Kirche gebunden, die Wycliffe-Missionare gehörten weiterhin ihrer jeweiligen Landeskirche in ihrer Heimat an. Auch heute sind weltweit viele Freiwillige im Einsatz. Die Alphabetisierung durch sie ist manchmal das einzige verfügbare Bildungsprogramm für die Einheimischen und kann beispielsweise auch die Übersetzung der Deklaration der Menschenrechte beinhalten.

Mit der Vision, allen Menschen dieser Erde das Wort Gottes nahezubringen, arbeiteten Missionare wie meine Eltern mitten im tiefen Urwald Boliviens an der Erforschung von schriftlosen Indianersprachen. Sie brachten jenen, wie mir schien, in vielem benachteiligten Menschen ihre eigene Sprache näher, lehrten sie Lesen, Schreiben und einfache Mathematik und gaben ihnen dadurch eine neue Würde im eigenen Land. Sie bildeten unter den Einheimischen Lehrer und Krankenpfleger aus und halfen beim Aufbau von Schulen und

Krankenhäusern. Spenden aus dem persönlichen Freundeskreis und von den Kirchen in der Heimat finanzierten diese angesehenen Christen. Jahrelang hatten sie sich auf diese hochgeschätzte Arbeit vorbereitet. Ich spürte ihren Stolz auf ihre Berufung und darauf, wissenschaftlich zu arbeiten und neue technische Errungenschaften erfolgreich einzusetzen. Es waren kreative Pioniere, die mit Kopf, Herz und Hand Wissen vermittelten und so ihrem persönlichen Ruf Gottes folgten.

Meine Eltern waren sehr pflichtbewusst. Sie arbeiteten Hand in Hand, jeder seinen Begabungen entsprechend. In den siebziger Jahren, ohne Computer und unter den erschwerten Bedingungen im Dschungel, war es eine große Leistung, in welcher Zeit sie ihr Ziel erreichten. Sie waren konsequent und bereit, Opfer zu bringen. Sie nahmen wenig Urlaub, arbeiteten zielstrebig und intensiv an ihrer Übersetzung.

Trotz des Arbeitsdrucks wollten sie uns auf keinen Fall in ein Kinderheim oder eine Pflegefamilie stecken, wie es einige andere Missionarsfamilien praktizierten. Ich hatte das Gefühl, dass meine Mutter viel strenger mit uns umging, als es in anderen Familien üblich war. Es war ihr enorm wichtig, als Familie eine Einheit zu bilden und uns darin Halt zu geben. Ich war stolz, dass meine Eltern in der Basis als fleißige Missionare wahrgenommen wurden.

Wir Kinder fühlten uns wie in einer großen Familie und nannten alle in der Basis »Onkel« und »Tante«. Wenn unsere Eltern für ihre Übersetzung auf Reisen waren, wurden wir in anderen Familien betreut. Es galten die eigenen Werte und Richtlinien der Organisation. Alles innerhalb der Missionsstation wurde von den Missionaren selbst geregelt. Durch die abgeschiedene Lage mitten im Urwald gab es keine Ein-

mischung von außen. Man unterstützte sich gegenseitig, pflegte den persönlichen Kontakt in den Bibelgruppen, in der Schule, auf dem Sportplatz, in der eigenen Kirche. Ihr Glauben vereinte diese Menschen aus der ganzen Welt, aus verschiedenen Kulturen. Dennoch ergaben sich immer wieder Konflikte, die gemeinsam bearbeitet und gelöst wurden.
Man konnte diesen paradiesischen Ort damals nur mit dem Flugzeug oder auf dem Fluss erreichen. Auch der Präsident von Bolivien, Hugo Banzer, nutzte das Flugzeug als Verkehrsmittel für seine gelegentlichen Besuche in der Mission. Die Infrastruktur der Basis war gut durchdacht. Der Hangar lag am unteren Ende des kleinen Dorfes; ein Stück Dschungel, auf dem ein Friedhof angelegt war, trennte die Piste vom Dorf. Die meisten Familien wohnten am Hauptweg, der sich parallel entlang dem Seeufer zog. Die Schule, der Schlachtplatz und die Kirche waren in der Dorfmitte. Von dort führte ein kleiner Weg auf dem sandigen Abhang hinab zum See. Der Badeplatz war für uns Kinder ein herrlicher Spielplatz, wo wir uns täglich aufhielten.
Am oberen Ende der Siedlung standen die Bürogebäude der Verwaltung. Einige Minuten zu Fuß entfernt lag ein kleines Bolivianerdorf, doch es war mir verboten, dort hinzugehen.
Von außen gesehen, war es das Paradies schlechthin. Der Blick über das glitzernde Wasser auf die langgestreckte Insel mit der untergehenden Sonne, wenn Himmel und Wasser sich rot, gelb und blau färbten, prägte sich unvergesslich in meine Erinnerung ein. Die unendliche Pflanzen- und Tiervielfalt des Dschungels gehörte zum Alltag, und wir Kinder spielten am liebsten draußen. Die amerikanisch geführte Schule ließ unserer Kreativität viel Raum; Kinder aus den unterschiedlichsten Ländern lernten gemeinsam und spielerisch.

Unser Haus befand sich auf dem Hauptweg im unteren Teil der Basis. Es war auf Backsteinstelzen gebaut, damit unsere Wohnräume bei Überschwemmung nicht unter Wasser standen. In der Regenzeit musste ich oft durch den knietief überfluteten Garten waten, um in die Schule zu kommen. Mein Vater hatte das Haus nach dem Vorbild der Bolivianer bauen lassen. Es war mit Kuhmist verputzt und stank noch wochenlang. Ich liebte es, wenn es regnete. Das Prasseln auf dem Blechdach war so laut, dass man sich kaum noch unterhalten konnte.

Die Mücken plagten uns besonders in der Regenzeit Tag und Nacht; Krankheiten wie Malaria und allerlei Parasiten waren an der Tagesordnung. Wir mussten mit gefährlichen Tieren wie Rochen, Piranhas, giftigen Schlangen, Vogelspinnen und Wildkatzen leben lernen.

Aber es gab noch etwas, das wie ein Krebsgeschwür im Innern dieser Organisation zu wuchern begann. Das Gemeinschaftsgefühl, als wären wir eine große Familie, ließ eine gewisse Unbekümmertheit auf der Basis entstehen. Doch gerade dieses familiäre Vertrauen diente einigen Missionaren als Grundlage für ihre heimlichen Machenschaften. Die Leidtragenden waren die schwächsten Mitglieder der Organisation: wir Kinder.

The girl with the sparkling eyes

Eines Abends wurde ein »Potluck Supper« veranstaltet. Ich hatte mein rotes Kleid mit den kleinen weißen Tupfen angezogen. Stolz stellte ich den Kuchen, den meine Mutter gebacken hatte, auf den langen Tisch. Unzählige Speisen waren bereits auf der Festtafel aufgereiht. Weil wir aus unterschiedlichen Ländern stammten, waren diese Anlässe kulinarische Höhepunkte; man durfte sich vom Buffet nehmen, was man wollte.

Ich war aufgeregt und ein wenig übermütig an diesem Abend, denn Mama hatte versprochen, dass ich lange aufbleiben durfte, obwohl ich erst im Kindergartenalter war. Ich spielte mit den anderen Kindern Fangen und Verstecken, setzte mich mal bei einem Onkel auf den Schoss, dann wieder bei einer Tante oder ließ mir von einem nächsten Onkel eine Geschichte erzählen. Ich fühlte mich geborgen und hatte kindliches, unerschütterliches Vertrauen zu allen Missionaren.

Besonders einer von ihnen schenkte mir viel Aufmerksamkeit. Er nannte mich immer »The girl with the sparkling eyes« – das Mädchen mit den funkelnden Augen. Wie so oft kletterte ich auch an diesem Abend auf seinen Schoß und alberte herum. Er flüsterte mir etwas ins Ohr, und als er anfing, mich zu kitzeln, kitzelte ich zurück. Auf einmal überkam mich ein ungutes Gefühl. Er begann, mich unter dem Rock an meinem Po zu kitzeln. Erschrocken schaute ich ihn an, aber er lachte nur und sagte, dass es ihm Spaß mache und es auch für mich lustig sei. Ich wusste nicht, was ich von diesem Spiel halten sollte. Er strich mir liebevoll über die Haare, doch ich schlüpfte von seinem Schoß und rannte weg. An diesem Abend wurde die innere Grenze meiner Intimität zum ersten Mal überschritten. Und bei diesem einen Mal sollte es nicht bleiben.

Meine erste Lehrerin war Amerikanerin. Die internationale Missionsschule wurde auf Englisch geführt, was für mich kein Problem war, denn wir wuchsen mehrsprachig auf. Mir machte die Schule Spaß, und ich fühlte mich wohl in meiner Klasse.
Eines Tages hörte ich, wie die größeren Schüler in der Pause begeistert über Halloween sprachen. Ich spitzte meine Ohren und fand heraus, dass der Rektor mit den älteren Schülern einen Geisterweg organisierte, der in der Halloween-Nacht alle zum Gruseln bringen sollte. Ich war begeistert und wollte unbedingt dabei sein, und auch mein Bruder war Feuer und Flamme. Doch meine Eltern waren völlig aufgebracht und wetterten lautstark gegen diesen heidnischen Brauch. In den nächsten Tagen konnten wir die Erwachsenen überall heftig darüber diskutieren hören. Etliche waren entsetzt, dass so etwas an einer christlichen Schule stattfinden sollte! Die amerikanischen Lehrer schwärmten von diesem Brauch, der in Amerika ein beliebtes und harmloses Fest sei und einfach nur Spaß machen sollte. Endlich gaben meine Eltern uns die Erlaubnis, und sogar meine kleine Schwester Eva durfte mitkommen.

Halloween

Am Halloween-Abend versammelten sich viele Kinder vor der Schule. Der Schulleiter erklärte uns den »Weg des Schreckens«, wie er das Halloween-Programm Unheil verkündend getauft hatte. Wir marschierten dem Lichtstrahl seiner Taschenlampe hinterher, über das Fußballfeld neben der Schule zum angrenzenden Dschungel, wo es losgehen sollte. Bei der Vorstellung, was uns in der Dunkelheit erwarten würde, wurde mir nun doch etwas bang, aber ich hatte mich entschlossen, so stark und tapfer wie mein großer Bruder Philip zu sein. Wir mussten am Dschungelrand eine Kolonne bilden und warten. In großen Abständen wurden wir einzeln und ohne Taschenlampe in das Dickicht geführt. Ich hatte vor, meine kleine Schwester Eva an die Hand zu nehmen. Aber die älteren Schüler, die als Helfer eingeteilt waren, erklärten, dass sie gut auf Eva aufpassen würden, sie könne noch nicht in den Dschungel.
Ich sah das Flackern einer Taschenlampe im Gestrüpp und hörte Schreie aus dem Dschungel. Mir wurde immer mulmiger. Nur noch ein Mädchen stand vor mir an. Dann war ich dran. Inzwischen war es stockdunkel. Langsam setzte ich einen Fuß vor den anderen. Verkrampft hielt ich mich an dem Seil fest, das uns den Pfad entlangführen sollte.
»Du musst ein wenig lockerer halten, Kleine«, ermutigte mich ein älterer Schüler, der mich einige Schritte mit seiner Ta-

schenlampe begleitete. »Musst dich nicht fürchten, es wird lustig! Du wirst Spaß haben, es ist alles nicht echt.«
Das Licht seiner Lampe gab mir Mut weiterzulaufen.
»Bitte komm mit!«, brach es plötzlich aus mir heraus.
Etliche Schritte begleitete er mich noch, bis er mir erklärte, dass er nun das nächste Kind holen müsse.
»Nein, bitte nicht, bitte bleib bei mir!«, flehte ich ihn an, doch er drehte sich um und ging. Ohne einen Blick zurück entfernte er sich und mit ihm das Licht der Taschenlampe. Stocksteif stand ich mutterseelenallein im Dunkeln.
»Ich habe Angst, ich will heim«, murmelte ich. Aber würde ich den Weg finden? Das Seil, ja das Seil würde mich hier rausbringen. Ich zögerte. Dann tastete ich mich langsam mit kleinen Schritten vor und schlotterte dabei vor Angst. »Ich will hier weg, ich will weg!«
Von der Ferne hörte ich andere Kinder lachen und schreien. Ein maskiertes Ungeheuer tauchte aus dem Nichts vor mir auf und verschwand gleich wieder in der Dunkelheit. Ich schrie laut auf. Total verängstigt hielt ich mich mit beiden Händen krampfhaft am Seil fest und horchte in die Stille hinein. Schreie! Einige Schritte weiter blitzten Lichter vor mir auf, und ich konnte einen Körper in weißen Tüchern erkennen. Blutüberströmt baumelte er rechts neben mir.
Ich schloss die Augen und versuchte, so schnell wie möglich von hier wegzukommen. Mein Herz raste. Ich wollte nur noch nach Hause, der Spaß war mir schon lange vergangen. Das Geschrei der anderen Kinder entfernte sich stetig, bis nur noch die Tiere der Nacht zu hören waren. Panik erfasste mich, und ich lief, so schnell ich konnte, im Dunkeln auf dem schmalen Dschungelpfad weiter, stolperte über unsichtbare Wurzeln – immer noch das Seil fest in beiden Händen. Ich

hatte schreckliche Angst und bereute zutiefst, mitgemacht zu haben. Hätte ich doch auf Mama und Papa gehört! »Mama, wo bist du, hilf mir!« Dicke Tränen liefen über meine Wangen, ich konnte sie nicht mehr unterdrücken.
Auf einmal hörte ich leise Stimmen vor mir. Etwas weiter sah ich durch die Büsche hindurch fahle Lichter. Ich erkannte Kerzen und ein Kreuz. Weiter hinten saßen andere Kinder in einem Kreis. Zwischen ihnen und mir standen Erwachsene mit dunklen Regenmänteln, die Kapuzen tief ins Gesicht gezogen. Ein Mädchen rannte davon. Was wurde da gespielt? Das Seil führte mich immer näher zu ihnen. Dann, plötzlich und ohne Vorwarnung, stürzte ich in ein tiefes Erdloch – ich erschrak zu Tode.
Ich wollte um Hilfe schreien, doch ich kam gar nicht mehr dazu. Dicht neben mir lag ein anderes Mädchen und rang nach Atem. Über ihr eine riesige Gestalt, die sich stöhnend über sie hermachte. Eine zweite Gestalt ließ sich mit ihrem massigen, haarigen Körper auf mich fallen. Der Mann erdrückte mich fast. Erde bröckelte von den Wänden. Ich bekam panische Angst, bei lebendigem Leibe begraben zu werden. Arme, Beine, Körpermasse, Erde – alles lastete tonnenschwer auf mir. Ich kniff die Augen zu und hielt den Atem an. Ein unbeschreiblicher Schmerz, den ich nicht definieren konnte, fuhr mir zwischen die Beine, und etwas drohte mich innerlich zu zerreißen. Mir wurde schwarz vor Augen. Ruhe kehrte ein.
Aus meiner Bewusstlosigkeit erwachte ich auf den Armen eines Mannes, der mich einen Dschungelpfad entlangtrug. Im Licht seiner Taschenlampe erkannte ich sein Gesicht. Es war der Onkel, der meine funkelnden Augen so liebte. Plötzlich stolperte er und hätte mich beinahe fallen gelassen. In Todes-

angst klammerte ich mich an ihn – ich dachte, er sei mein Retter und würde mich nach Hause bringen.
Wir verließen den Dschungel, in der Ferne schimmerte schwaches Licht. Es musste das Schulhaus sein. Eine der Kapuzengestalten öffnete uns die Tür zu einem Raum, der mir unbekannt war. Dann setzten sie mich in der kleinen Kammer auf den Fußboden. Ich war nicht alleine. Neben mir saß Finn, ein älterer Mitschüler, in kurzen Shorts. Sein Oberkörper war nackt.
›Ob ihm zu heiß ist?‹, ging es mir durch den Kopf.
Zwei Männer standen vor uns. Ich wagte nicht, zu ihnen hoch und in ihre Gesichter zu sehen. Auf der anderen Seite hockten andere Mädchen; vorsichtig spähte ich zwischen meinen zerzausten Haaren hinüber: Es waren Andrea, Gabriele und Melissa. Ich hörte Stimmen, auch die von meinem Retter, und andere Geräusche, traute mich aber nicht, mich weiter umzuschauen. Vor uns war etwas am Boden aufgebaut, eine Art Kiste, die mit einem Leintuch bedeckt war. Darauf eine weiße Kerze, deren Flamme leicht flackerte. Meine Zehen berührten den Saum des Tuches, ich spürte etwas Festes darunter.
Völlig reglos kauerte ich mit angezogenen Beinen auf dem Zementboden, spürte keinen Schmerz – nur die Kälte, die aus dem Boden in meinen Körper kroch. Ich wusste intuitiv, dass ich mich ruhig verhalten musste. Verstohlen sah ich mich nach einem Fenster oder einem anderen Fluchtweg um. Vergeblich, da war nur eine Tür, und die hatten die Männer abgeschlossen. Es gab kein Entrinnen.
Die anderen Kinder im Raum waren alle älter als ich. Ich kannte sie flüchtig von der Schule aus den höheren Klassen. In diesem Moment fühlte ich mich mit ihnen verbunden; ich war dankbar, dass ich nicht alleine mit den Männern im Raum

gefangen war. Ich versuchte verzweifelt, nur noch auf den Boden zu schauen, um keine Aufmerksamkeit zu erregen. Zitternd starrte ich auf eine Ameise, die vor mir über den Zementboden krabbelte. Erst jetzt bemerkte ich, dass ich nur noch meine Unterhose anhatte. Sie war nass. Hatte ich in die Hose gemacht? Verwirrt starrte ich wieder auf die Ameise, ich verstand nicht, wo ich war, was da vor sich ging und wieso man uns in diesem Raum eingesperrt hatte. Aber noch weniger verstand ich, was dann folgte.

Der ältere der beiden Männer redete auf uns ein, dass wir Glück hätten, zu den Auserwählten zu gehören. Ich verstand nicht, von was er redete, und wusste auch nicht, was ein Auserwählter war. Vorsichtig sah ich zu ihm hoch, es war mein Retter.

Er sprach von Gott und dem Teufel. Plötzlich hatte der jüngere Mann ein Messer in der Hand. Er beugte sich über Melissa. Das Mädchen schrie laut und schlug um sich. Die beiden Männer fluchten und drohten sie umzubringen, wenn sie nicht stillhalten würde. Doch sie konnte nicht aufhören zu schreien. Auch Andrea und Gabriele begannen zu schreien und zu strampeln und wurden gefesselt.

Ich presste verzweifelt meine Hände aufs Gesicht, wollte nichts mehr sehen. Die Männer fluchten weiter, und die Tür wurde aufgeschlossen. Ich hörte erst ein Gerangel und spürte dann, wie sich mehrere Personen an mir vorbeidrängten. Dann war es still. Mit einem schnellen Blick sah ich, dass ich mit Finn alleine war.

Doch sogleich kamen die beiden Männer zurück und sperrten die Tür wieder ab. Ich wagte nicht, mich zu bewegen. Die nasse Unterhose fühlte sich eiskalt an, obwohl es heiß und feucht war in der engen Kammer. Wo waren die anderen

Mädchen? Was hatten die beiden Männer mit dem Messer vor? Ich fühlte mich wie ein Tier, das zur Schlachtbank geführt wird. Innerlich sagte ich mir: »Bleib still, sonst fesseln sie dich auch! Ganz still bleiben, Christina!«
Der Jüngere beugte sich mit dem Messer über mich, offensichtlich war nun ich an der Reihe. »Ganz ruhig, Kleines, nur nicht bewegen, es ist gleich vorbei!«, hörte ich ihn unter der Kapuze flüstern.
Ich kniff die Augen zu und traute mich nicht mehr zu atmen. Ein leises Geräusch war zu hören, als sich die Klinge in meine Haut grub. Ich zuckte zusammen, biss mir vor Schmerz auf die Lippen, gab aber keinen Laut von mir. Ein Schnitt, neben meiner Kniescheibe. Dann noch einmal, ins andere Knie. Es ging schnell, das warme Blut lief an meinen Beinen hinunter. Ich öffnete die Augen. Erst jetzt nahm ich wahr, dass ich in einer Blutlache saß. Der Kapuzenmann drückte ein großes weißes Laken auf die Wunden. Es färbte sich blutrot. Er betrachtete den feuchten Fleck, nickte mir zufrieden zu und befahl mir, das Tuch weiter fest auf die Wunde zu pressen.
Plötzlich überkam mich mit aller Wucht der ganze Schmerz, auch der meines geschändeten Körpers. Es gab keine Stelle mehr an meinem Körper, die nicht schmerzte. Aus den klaffenden Wunden an der Innenseite beider Knie quoll noch immer Blut. Meine Augen füllten sich mit Tränen, die mir lautlos über die heißen Wangen rannen. Sie tropften auf die Wunden und vermischten sich mit dem Blut. Im Licht der Kerze bewegten sich die Schatten gespenstisch. Ich blieb still und biss weiter die Zähne zusammen.
Der jüngere Mann beugte sich nun wieder zu mir und flüsterte: »Kleine, ich klebe dir nun ein Pflaster auf deine Knie. Wenn deine Mutter dich morgen fragt, wie du dich verletzt

hast, sagst du ihr, du bist gefallen und hast die Wunden selber versorgt.«
»Es darf niemand wissen, was heute Abend geschehen ist!«, schärfte uns der Ältere ein, der jetzt das blutige Messer drohend in der Hand hielt. »Ihr seid auserwählt! Es ist euer Glück, auserwählt zu sein. Das ist etwas ganz Besonderes, vergesst das nie. Es ist eure Verantwortung zu dienen, denn ihr seid Auserwählte. Niemand darf von dem Geheimnis erfahren!«
Eindringlich redeten sie auf Finn und mich ein und drohten, uns umzubringen, sollten wir etwas verraten. Sie verboten uns, miteinander zu spielen. Nicht einmal miteinander sprechen durften wir, auch nicht mit den anderen, größeren Mädchen. Niemals. »Der Schulleiter wird auf euch aufpassen und euch in der Schule kontrollieren!«, schärften sie uns ein. Dann erklärten sie mir, dass meine Eltern mich in ein Heim stecken würden, wenn ich das Schweigen bräche. Denn keiner würde mir glauben, sondern man würde mich für verrückt halten. Außerdem würde ich damit die Bibelübersetzung behindern, und dann kämen alle Indianer nur meinetwegen in die Hölle, weil aus ihnen keine Christen würden. »Dann ist es deine Schuld, wenn die Indianer in die Hölle kommen. Ihr seid nun Auserwählte, und niemand darf jemals etwas davon erfahren, merkt euch das!«
Ich war zwar erst sechs Jahre alt, aber ich hatte verstanden. Zuletzt wurde meine nasse Unterhose ausgezogen und mein Körper mit einem feuchten Tuch gesäubert. Zwischen meinen Beinen blutete es nur noch leicht. Der Mann rollte etwas Toilettenpapier zusammen und befahl mir, es tief in mich hineinzudrücken. Er sagte, ich könne es beim nächsten Toilettengang rausnehmen, es werde dann wohl nicht mehr bluten.

Dann wurde mir mein Kleid wieder übergestreift, und sie brachten mich zu den anderen Kindern der Halloween-Gruppe, die sich für den Heimweg versammelt hatten.

Es war schon spät, als wir nach Hause kamen. Meine kleine Schwester war todmüde und quengelte lautstark. Alles musste nun schnell gehen, Zähneputzen und ab ins Bett. Völlig verwirrt und verängstigt, aber auch erleichtert, dass niemandem etwas aufgefallen war, schlief ich erschöpft ein. Meine Mutter fragte mich am nächsten Tag nach den Pflastern. Ich bekam Angst, dass sie nachschauen wollte, und erzählte ihr, dass ich Krankenschwester spielen würde, und bat sie, die Pflaster behalten zu dürfen. Es klappte, aber aus Angst, sie könnte etwas merken, machte ich mir danach in die Hosen.

Die Schnitte an meinen Knien heilten und hinterließen zwei rosarote etwa zwei Zentimeter lange, dicke Narben. Ich verstand nicht, was das Ganze überhaupt zu bedeuten hatte. Was war in der Grube geschehen? Ich hatte den brutalen Mann, der auf mir gelegen hatte, an seiner Stimme und den haarigen Armen erkannt. Warum hatte er das getan?

Noch immer schmerzte mein ganzer Körper. Zwischen meinen Beinen brannte es noch viele Tage höllisch, besonders beim Laufen und wenn ich auf die Toilette musste. Es tat auch fürchterlich weh, wenn ich das Papierknäuel wechselte. Aber ich sagte niemandem ein Wort. Warum hatte ich diese Schnitte an den Knien bekommen? Wozu war ich auserwählt? Ich wollte das alles verdrängen und beschloss, nie mehr einen Blick auf meine Knie zu werfen.

Berührung

Tagelang hatte Gudrun meinen ausschweifenden, oft völlig unzusammenhängenden Erzählungen geduldig zugehört. Die Erinnerung an die damalige Halloween-Nacht sträubte sich, wollte nicht aus mir heraus. Mit Umschreibungen versuchte ich der Wahrheit zu entgehen, doch Gudrun unterbrach mich jedes Mal und bat, klar und deutlich zu sein.
Ich schaffte es nicht, kriegte kaum einen zusammenhängenden Satz über dieses Ereignis heraus, ohne in Panik zu verfallen.
Ich brauchte eine Pause; durchatmen und ab ins Atelier, an die Leinwand. Malen, malen, malen. Eine riesengroße Leinwand bot mir Raum und Freiheit. »R(h)ein-Blicke« sollte das Thema sein. Am Wasser sein, mein Spiegelbild sehen und in mich selbst hineinblicken, das wollte ich aufs Bild bringen. Dies zu malen löste Erleichterung und Freude in mir aus. Ich wusste, Gudrun würde wiederkommen, nachfragen und nicht einfach wegsehen. Sie glaubte mir. Trotzdem musste ich mich zwischendurch bei meiner Kunst erholen. Nur so konnte ich diesen Häutungsprozess überleben und meine alte Haut ablegen, wie die Vogelspinne, die Freunde mir einige Wochen in Obhut gegeben hatten. Jeder wusste, dass ich diese Tiere liebte und bestens für sie sorgen konnte. Diese Riesenspinne streifte ihre alte Haut genau dann ab, als sie bei mir in Pflege war. Das war ein eindrückliches Erlebnis für mich gewesen. Und ein Vorbild.

Unter vielen Tränen konnte ich nun Gudrun diese ganzen Ereignisse schildern, als ob es gestern gewesen wäre. Klar und in allen Details. Endlich war es raus! Die Halloween-Geschichte war aus mir herausgesprudelt und bei Gudrun auf offene, verständnisvolle Ohren gestoßen – was für eine Erleichterung! Ich fühlte mich befreit und gleichzeitig extrem müde.
Sie hakte nach, ob meiner Familie die Narben denn niemals aufgefallen seien.
»Ich habe immer versucht, sie zu verstecken. Wollte keine Röcke anziehen, was nie jemand verstanden hat. Gudrun, warum sind diese Männer so ein Risiko eingegangen? Die Narben hätten jederzeit jemandem auffallen können!«
»Was glaubst denn du, warum sie das getan haben?«
»Während des Schneidens sagten sie, dass wir auserwählt seien. Sie haben uns gezeichnet. Heute kommt es mir vor, als sei ich danach Freiwild für sie gewesen.«
»Was auch immer der Grund für dieses scheußliche Ritual gewesen ist, es ändert nichts. Wichtig ist, welche Bedeutung du diesem Ereignis gibst und was du daraus machst.«
Was für eine Macht hatte ich den Narben in meinem Leben gegeben? Wie Schuppen fiel es mir von den Augen: »Gudrun, die Narben hatten eine katastrophale Wirkung auf mich. Jahrelang habe ich als Erwachsene mit einer inneren Unbeweglichkeit gekämpft. Ich fühlte mich unfähig, auf eigenen Beinen zu stehen. Immer wieder fühlte ich mich irgendwie blockiert und eingeschränkt, ohne dass ich mich dagegen wehren konnte. Ja, mit Händen und Füßen hätte ich mich wehren sollen! Aber das ging einfach nicht!«
O Gott, welche Macht hatten diese Narben über mein Leben, selbst als Erwachsene: Niemals durfte jemand meine Knie berühren. Nicht einmal mein Ehemann oder meine Kinder.

Vor einigen Jahren hatte ich begonnen, Skulpturen aus Ton aufzubauen. Lebensgroß. Frauen mit eingebundenem Körper, wie Mumien. Die Skulpturen der eingewickelten Frauen spiegelten die Auseinandersetzung meiner Seele mit diesem Zustand. Die fehlenden Arme symbolisierten mein Unvermögen, zu handeln, etwas zu bewerkstelligen. Inzwischen sind einige Figuren zerbrochen, ich habe sie im Garten verrotten lassen.

Lange hielt Gudrun meine Hände und schaute mich traurig an. Leise fragte sie mich: »Darf ich deine Narben sehen?«

Fast dreißig lange Jahre hatte ich die Narben versteckt. Ich zitterte, sah in Gudruns blaue, vertrauensvolle Augen. Dann entschied ich mich, der Wahrheit ebenso ins Auge zu sehen, und zog meine Hosenbeine bis über die Knie hoch. Ich hatte es bisher immer vermieden, meine Knie zu betrachten, geschweige denn sie zu berühren. Tränen tropften auf die Hosen, auf die Knie, auf die Narben.

»Kannst du die Narben berühren?«

»Nein, ich kann nicht, ich kann nicht!« Instinktiv zog ich meine Beine hoch und stemmte die Füße auf den Stuhl. Ich kauerte mich zusammen wie damals, als sie mir zugefügt wurden. Wieder sah ich das Blut vor mir, sah es auf den Boden tropfen und sich mit Tränen mischen. Zitternd erinnerte ich mich. Ich war wieder das kleine, verängstigte Mädchen von damals. Das gleiche Gefühl, die gleichen Ängste überrollten mich, als wäre es gerade eben passiert. Eine Flut der Trauer brach über mich herein. Tiefste Trauer.

Gudrun hielt mich fest. »Du bist nun erwachsen, Christina. Du bist kein kleines Mädchen mehr. Du bist stark und kannst diese Gefühle überwinden. Denk an ein Beispiel, wo du es geschafft hast«, bestärkte sie mich.

Geschafft? Ja, ich war nicht alleine. Ja, ich hatte es geschafft, meine Ängste zu überwinden und jemandem mein Geheimnis anzuvertrauen. Und es war richtig gewesen, Gudrun glaubte mir. Ja! Ich hatte die Wahrheit in mein Leben gelassen. Der hämisch grinsenden Fratze hinter der Wahrheit ins Gesicht geschaut, den schleimigen Frosch geküsst, und nun hoffte ich auf eine Verwandlung. Ich atmete tief ein und aus und entschied mich, an mich zu glauben und an meine Kraft. An ein Wunder, das mein Leben verändern würde. Gudrun gab mir Halt und das Gefühl, nicht wieder alleine zu sein. Zum ersten Mal bekam ich Hilfe und konnte sie auch annehmen.
Dann berührte Gudrun behutsam meine Narben. Ich hielt den Atem an. Sie legte ihre Hände auf meine Knie und hielt meine Narben eine ganze Weile bedeckt. »Atme tief ein, Christina, atme.« Feinfühlig nahm sie meine zitternden Hände und führte sie sanft zu meinen Knien. Ich fühlte mich, als ob die Welt stehenbleiben müsste. Durch einen Tränenschleier betrachtete ich die Schnitte, meine Finger glitten über die vernarbte, feine Haut. Die Flut der Tränen versiegte nicht, sie ergossen sich über meine Hände, meine Narben und meine Beine. Lange streichelte ich diese sensiblen Stellen meines Körpers. Meine Freundin hielt mich geduldig, bis die letzte Träne zu Boden tropfte.

Es dauerte drei Tage, bis ich mich wieder fit fühlte. Mein Körper benahm sich, als wäre ich einen Marathon gelaufen. Er und meine Seele brauchten Zeit, dieses Erlebnis zu überwinden. Beim Malen ließ ich Musik in mich eindringen; sie beruhigte mich und half mir, mich wieder aufzuschwingen. Heißer Kaffee und wahre Worte flossen in mich ein, wärmten meine Seele und ließen verlorenes Vertrauen in mich selbst sprießen.

Doppelleben

Nach diesem grauenhaften Halloween war mein Leben, mein ganzes Kind-Sein, ein anderes. Das Verhältnis zu meinen Eltern und meiner Familie war gewaltsam gespalten. Ich war es nicht gewohnt zu lügen, aber ich wusste, dass ich keine andere Wahl hatte. Die Drohungen der Täter hatten ihre Wirkung nicht verfehlt, die Angst saß mir in allen Gliedern und verschlug mir regelrecht die Sprache. Ich brachte kaum ein Wort heraus, wurde immer stiller und beschränkte mich beim Antworten auf ja oder nein.

Meine Eltern wunderten sich über mein plötzliches Schweigen und andere Veränderungen. Ihnen fiel auf, dass ich niemanden wirklich an mich heranließ. Doch ich war brav, stellte keine Ansprüche und folgte ohne Murren ihren Anweisungen. Dies kam ihnen sehr entgegen, denn sie hatten genügend Sorgen mit meinen Geschwistern, die oft rebellisch waren und so manche Regel nicht akzeptierten.

Im Gegensatz zu ihnen wollte ich unter keinen Umständen auffallen. Beim Beten kniff ich meine Augen fest zu, denn ich wusste, dass Papa ab und zu kontrollierte, ob wir das Gebet auch wirklich ernst nahmen. Er erwischte Philip öfter, wie er mit offenen Augen ein Gebet runterrasselte: »Danke für den schönen Tag. AMEN.« Ich gab mir große Mühe, meine Gebete pflichtbewusst und ernsthaft aufzusagen: Für die armen Kinder, für meine Großeltern und dafür, dass die Indianer Jesus kennenlernten und auch in den Himmel kommen. Manchmal bekam ich ein Lob für meine schönen Gebete, was mich auch sehr freute.

Alle meine Pflichten zu Hause erledigte ich ohne Murren und half auch meinen Geschwistern bei ihren »Ämtli«, wie wir unsere Aufgaben nannten. Zum Essen erschien ich mit meinen sechs Jahren möglichst pünktlich und mit sauberen Händen, um jedem Ärger aus dem Weg zu gehen. Ich tat alles, um ja nicht aufzufallen. Das fiel mir besonders schwer, wenn ich im Unterleib wieder starke Schmerzen hatte. In der Nacht presste ich mein Kissen zwischen die Beine und weinte und wimmerte still vor mich hin. »Mama, Mama, Mama, hilf mir!« Doch ich wagte es nicht, irgendjemandem etwas zu sagen. Die Angst, daran schuld zu sein, dass die Indianer in die Hölle kommen, erstickte jegliche Versuchung, obwohl ich zu gerne alles erzählt hätte. Ich war alleine mit meinem Elend, die Drohungen der Täter dröhnten unaufhörlich in meinem Kopf. Sie waren immer da.

Trotzdem hinterfragten meine Eltern mein verändertes Verhalten und versuchten zu mir durchzudringen – erfolglos. Schließlich fassten sie meine Sprachlosigkeit als Schüchternheit auf.

Meine Eltern waren vollauf beschäftigt, sich um uns vier Kinder und ihre Arbeit zu kümmern. Unser Haus war wie ein Bienenstock, Besucher aus aller Welt gingen ein und aus, übernachteten bei uns, und am Tisch saßen oft bis zu zehn hungrige Mäuler. Meine Mutter war eine gute und freundliche Gastgeberin, half bedürftigen Menschen und kümmerte sich um Lesebücher für die Indianer. Sie arbeitete intensiv mit meinem Vater an der Bibelübersetzung und war in der Missionsgemeinschaft sehr aktiv.

Während sie ihren Aufgaben nachging, wurde ich zur Beobachterin. Ich bemerkte, wie sehr meine Mutter mit uns Kindern und ihrer Arbeit gefordert war. Gleichzeitig gab es mir das Gefühl, dass meine Eltern wichtige Menschen waren und dass sie die Welt verbesserten. Würde ich mein Geheimnis preisgeben, würde sie das an ihrer Arbeit hindern. Das und die Drohungen der Täter brachten mich zum Schweigen. Ich wusste, wie ich mich zu verhalten hatte: ruhig, unauffällig und gefügig.
Tagsüber konnte ich mich ablenken, aber die Dunkelheit machte mir zu schaffen. Die Nächte wurden zur Qual. Regelmäßig vor dem Einschlafen fing es an, in meinem Hals zu kratzen. Ich hustete und bellte wie ein Hund, manchmal bis zum Erbrechen. Obwohl ich alle Kräfte zusammennahm, um den Husten zu unterdrücken, hatte ich darüber keine Kontrolle. Das war umso schlimmer, da mit jedem Husten der Druck auf meinen Unterleib qualvoll größer wurde. Ich bellte in mein Kissen, doch es war nicht zu überhören. Meine Mutter reagierte verzweifelt, weil die ganze Familie in dem hellhörigen Haus nicht schlafen konnte. Sie wusste sich manchmal nicht anders zu helfen, als mich ins Gartenhäuschen auszuquartieren, wo ich mir alleine und verängstigt die Seele aus dem Leib bellte und mich in den Schlaf heulte.
Selbst wenn ich den Hustenreiz überwinden konnte, fand ich keine Ruhe; schreckliche Alpträume plagten mich, und ab und zu nässte ich in mein Bett.
»Was ist nur los mit dir, Christina, du kaust Fingernägel, machst in dein Bett und stotterst nur noch«, machte sich meine Mutter eines Tages Sorgen.
Doch bevor sie weiter in mich dringen konnte, lenkte ich sie ab, indem ich ihr sofort anbot, noch mehr im Haus zu helfen.

Obwohl ich mir nichts sehnlicher wünschte, als ihr die Wahrheit zu sagen und bei ihr Schutz zu suchen, machte ich mir Sorgen um sie! Sie hatte so viel zu tun, und nur indem ich mich unauffällig benahm und so lieb wie möglich war, meinte ich, ihr helfen zu können.
Oft ließ mich auch mein Orientierungssinn im Stich, was dazu führte, dass ich mich auf der kleinen, eigentlich übersichtlichen Basis verlief. Wenn ich es geschafft hatte, zur Schule zu finden, warteten dort die nächsten Probleme: Beim Vorlesen verwechselte ich immer öfter die Wörter, oder ich konnte die Buchstaben nicht zu einem Wort zusammenfügen. Sie verschwammen vor meinen Augen. Es kam nur ein Stottern aus mir heraus. Das nagte unheimlich an meinem Stolz.

Eines Tages fühlte ich mich nach einer Nacht mit langen Hustenanfällen und schlimmen Träumen elend krank und am Ende meiner Kräfte. Als ich in der Deutschstunde vorlesen sollte, begannen die Buchstaben sich wieder einmal vor meinen Augen zu verschieben und undeutlich zu werden. Meine Zunge gehorchte mir nicht, und ich verkrampfte mich mit jedem Versuch weiter. Ich zitterte vor Angst, so dass ich bald gar keinen Laut mehr herausbrachte. Entsetzt spürte ich, wie es auf meinem Stuhl plötzlich warm wurde.
Ein gelbes Rinnsal lief über den Sitz auf den Boden. Alle Kinder starrten mich an. Es wurde totenstill im Klassenzimmer. Ich hätte im Boden versinken können. Zur Strafe musste ich die Unterhose ausziehen, auswaschen und mich in meinem kurzen Kleidchen ohne Unterhose vor die Tür setzen. Ich schämte mich abgrundtief. Die Schande erdrückte mich. Leise schluchzte ich vor mich hin und ließ den Tränen freien Lauf. Vom gegenüberliegenden Gebäude hörte ich eine Stimme

durch das offene Fenster. Erstaunt blickte ich auf. Der Direktor der Schule winkte mich zu sich. Er hatte mein Schluchzen gehört. ›Endlich jemand, der es gut mit mir meint‹, dachte ich. Folgsam ging ich zu ihm in sein Büro.
Er saß hinter seinem großen Pult. Mit einem Lächeln im Gesicht streckte er mir seine kräftigen Arme entgegen und zog mich zu sich auf seinen Schoß. Ich erinnerte mich an die Worte der Männer, als wir die Knieschnitte bekommen hatten: Er würde auf uns aufpassen in der Schule. Bedeutete das, dass er mir nun helfen würde?
Behutsam streichelte er meine Beine und versuchte mich zu beruhigen. Seine Worte waren wie Balsam für meine verletzte Seele. ›Wenigstens einer, der mich versteht‹, dachte ich. Doch im nächsten Moment schlüpfte seine Hand unter meinen Rock. Während er sich an mir zu schaffen machte, öffnete er seine Hose und fing an, sich zu befriedigen. Aus Angst, dass es zwischen den Beinen wieder so weh tun würde, verkrampfte ich mich von Kopf bis Fuß und starrte in die Zimmerecke.
»Sei schön ruhig, meine Kleine, wir haben nur ein wenig Spaß miteinander. Das bleibt unser Geheimnis, das weißt du, oder?«
Ich nickte und hoffte, dass es möglichst schnell vorbei sein würde. Ich war wie versteinert. Ich hörte sein leises Stöhnen und spürte nur die Schande, die riesengroße Schande. Ich war ihm ausgeliefert und blieb still, damit er mir ja nicht noch mehr Schmerzen zufügte. Doch ihm muss es gefallen haben, denn er holte mich bald jeden Monat in sein Büro oder in den Nebenraum. Er nutzte unsere Schulpausen oder passte mich bei anderen Gelegenheiten rund um die Schule ab.

Nach diesem Erlebnis wollte nichts mehr richtig gelingen. Trotz alldem war mir bewusst, dass das, was die Männer mir angetan hatten und von nun an weiter taten, unrecht war. Ganz tief in meinem Innersten war ich überzeugt, dass ich unschuldig war, obwohl ich mich ständig für irgendetwas hätte schuldig fühlen sollen. Man brachte mir in der Sonntagsschule bei, dass wir Menschen von Grund auf schlecht seien und darum die Erlösung durch Jesus Christus bräuchten. Einerseits fühlte ich, dass die Männer etwas Falsches taten, andererseits fragte ich mich tagtäglich, ob ich für Gott vielleicht doch nicht gut genug sei? Trotzdem konnte es einfach nicht richtig sein, was die Männer mir antaten.
Mein Leben wurde zur Qual. Ich war Freiwild für meine Peiniger geworden. Ohne Vorwarnung und immer wieder, es verging kein Tag ohne Angst, keine Woche ohne neuen Schmerz.
Um zu überleben, flüchtete ich in meine eigene Welt.
Anfangs bewegte ich meine Zunge im Innern meines geschlossenen Mundes hin und her und hielt so Zwiegespräche mit mir selbst. Es war meine eigene, innere Art zu sprechen. Dadurch fühlte ich mich weniger einsam. Doch die Angst, dass mich jemand trotzdem verstehen könnte, war riesengroß. Eines Tages hörte ich einige ältere Schüler über eine Geheimsprache reden. Ich beschloss, sie nachzumachen.
»Christina« wurde zu »Chribistibinaba«, »Schmerzen« zu »Schmeberzeben«. Ich übte diese Geheimsprache, bis ich sie im Schlaf konnte: Eine unverständliche Sprache, die ich nur mit geschlossenem Mund zu sprechen wagte oder ganz leise und nur, wenn ich alleine war. So groß war meine Angst, dass mich jemand hören und verstehen könnte. Ich lebte in meiner

eigenen, geheimen, abgeschlossenen Welt. Niemand kannte sie. Keiner ahnte etwas. Für mich war diese Fluchtmöglichkeit jedoch überlebensnotwendig. Ohne sie hätte ich die andauernden, regelmäßigen Gewalttaten der Peiniger nicht überlebt.

Geschoren – meine Puppe

Kannst du diese Geheimsprache noch?«, fragte Gudrun und holte mich so wieder in die Gegenwart. Es war genug an Erinnerung, Tausende Bilder hatten sich in meinem Kopf wie Szenen eines Films aneinandergereiht. Viele Details hatte ich ihr beschrieben, die damalige Zeit mit allen Gefühlen wiederauferstehen lassen und wieder darunter gelitten.

Ich antwortete: »Ibich heibeissebe Chribistibinaba ubund veberstebehebe diebiesebe Sabachebe ibimmeber noboch nibicht! Gudrun, was soll ich jetzt tun, was mit dem Ganzen anfangen?«

»Versöhnen. Mit dir selbst und mit deinem Schicksal. Doch sag mir, wer steckt eigentlich dahinter? Ich kann kaum glauben, dass niemand etwas gemerkt hat, wie konnten die das nur verheimlichen?«

»So wie ich es als Kind verstanden habe, ging alles von dem Schuldirektor, dem Techniker und noch einem Missionar aus. Die drei dachten sich diese geheimen Treffen aus.«

»Warum? War das ein Pädophilenring, waren es Teufelsanbeter, oder was waren sie?«

»Das habe ich mich schon hunderttausend Mal gefragt. Ich weiß nicht, welches System dahintersteckte. Aber pädophil waren sie auf jeden Fall, und sie sagten immer wieder, dass sie den Teufel anbeten. Ich habe ihre Rituale nie verstanden. Ich verstehe sie auch heute nicht.«

»Das ist alles so krass. Aber sag mir noch, wer sind denn der Techniker und der andere?«

Mir wurde schlecht. Mit letzter Kraft erzählte ich Gudrun, dass es ein Missionar war, der als Techniker die Basis betreute. Er war es, der mich auf dem Friedhof in dem Erdloch vergewaltigt hatte. Und der Mann, von dem ich zuerst gedacht hatte, er sei mein Retter, und der mir immer Komplimente machte, gehörte zum Unterstützungspersonal. Die beiden und der Schulleiter waren die Drahtzieher in dieser geheimen Organisation.

Gudrun war nach diesem langen Gespräch nach Hause gefahren, und nun saß ich in dicke Decken gehüllt auf dem Sofa. Es hatte mich unglaublich viel Kraft gekostet, die Täter preiszugeben. Mir war eiskalt. Ich hatte mein Geheimnis gelüftet. Nach und nach kehrte Wärme in meinen Körper zurück, und ich spürte Erleichterung.

Wie sollte es nun weitergehen? Gudrun hatte von Versöhnung gesprochen, Versöhnung mit meinem Schicksal. Den Blick nach vorne richten.

Doch immer wieder kam mir die Frage auf: »Warum ich?« War ich etwa als Straßenmädchen geboren worden? Ich fühlte mich von Gott im Stich gelassen. Gott existierte nicht, ich wollte nicht, dass es ihn gab. Rachegefühle überrollten mich, meine Unschuld, meine Kindheit, meine Eltern und meinen Glauben – alles hatten die Vergewaltiger mir genommen. Kann man sich mit so einem Schicksal versöhnen? Ich hielt es nicht mehr länger auf dem Sofa aus.

Ziellos streifte ich im Haus und im Atelier umher und suchte nach einem Sujet, nach irgendetwas, das ich malen könnte, um meinen Schmerz zu lindern und den Hass zu stoppen. In

einer Kiste entdeckte ich meine alte, namenlose Puppe. Sie trug ein viel zu großes rotes Kleid mit weißen Punkten. Eine graue Staubschicht überzog die kurzgeschorenen braunen Haare. Ich hatte meinem Baby, meiner einzigen Puppe, als neunjähriges Mädchen sämtliche Haare kurz geschnitten. Sie musste dran glauben.
Auch ich hatte meine schönen langen Haare auf Geheiß eines meiner Peiniger abschneiden lassen. Damals hasste ich mein Spiegelbild, meine kurzen krausen, dunklen Locken. Ich konnte mein Gesicht nicht mehr hinter den Haaren verstecken, wenn ich diesen Schleimer mit dem Mund befriedigen musste. Er wollte freie Sicht auf mich herab, was mich noch tiefer demütigte. Ich verabscheute ihn zutiefst und ekelte mich vor ihm. Und nun wurde ich wieder an ihn erinnert, die kurzen Haare meiner Puppe ließen den ganzen Hass wieder aufleben.
Lange betrachtete ich das staubige Gesicht. Intuitiv drückte ich sie an meine Brust. »Armes Kind, armes kleines Ding«, flüsterte ich.
»Armes Kind, man hat dir ein viel zu großes Kleid angezogen.« Ich zog sie vorsichtig aus und hielt sie unter den Wasserhahn. Mit Seife und Schwamm reinigte ich sie sorgfältig, wusch ihr den Staub aus den Augen, trocknete sie und hielt sie nackt an mein Herz.
Neben dem Wassertrog stand eine viereckige Glasvase. »Du darfst nun ein Bad nehmen, ich werde dich malen und dir mit diesem Bild deine Würde wiedergeben«, flüsterte ich ihr zu. »Alle sollen sehen, wie du dich gefühlt hast, mein armes Kind.« Ich malte mein Puppenbaby in jeder freien Minute. Malte verzweifelt weiter, bis die Sehnsucht nach Versöhnung, Heilung und Linderung der Schmerzen die Wut vertrieb. Als

ich nach einigen Tagen zufrieden das neue Werk betrachtete, fühlte ich mich bedeutend besser. So sah die Wahrheit aus, das war ihr Gesicht. Die Wahrheit auf der Leinwand vor mir linderte den Schmerz der Erinnerungen; ich entschied mich, dass Versöhnung mein Weg sein sollte.

Erleichterung und aufkeimende Freude erhellten mein Dasein. Die Puppe wurde nun zum wichtigsten Wegbegleiter der nächsten Monate. Ich war fest entschlossen, meine Kindheit wieder zurückzuerobern, mir zu holen, was man mir genommen hatte. Besonders nachts war meine Puppe eine heilende Trösterin. Nach und nach fand ich den langen Weg zurück zu meinem inneren Kind. Ich versöhnte mich mit ihm. Die Versöhnung förderte den Heilungsprozess, der schon in vollem Gange war.

Doch Versöhnung war nicht alles. Ich begann, den Erlebnissen meiner Vergangenheit einen Sinn zu geben. Mit der Vergebung das Erlebte nicht einfach unter den Tisch zu kehren.

Zerbrochen

Ein neues Lebensgefühl ließ mich mutiger werden. Es fiel mir immer leichter, Gudrun von den vielen einzelnen Fällen zu berichten, die Wahrheit Stück für Stück in die Freiheit zu entlassen.

Eines Tages im September 2002 standen meine Eltern braun gebrannt in meiner Küche und erzählten begeistert von den Eindrücken ihres langen Besuches in Bolivien, von wo sie soeben zurückgekehrt waren. Sie überbrachten Grüße von den Leuten aus Tumi Chucua und San Lorenzo. Ausgerechnet jetzt, wo ich mit meinen Erinnerungen zu kämpfen hatte, schwärmten sie mir vor, wie schön doch alles gewesen war. Ich brach in Tränen aus und kämpfte innerlich mit mir selbst, um ja nichts zu sagen. Doch es gab kein Zurückhalten mehr, und so bekamen sie das erste Mal von den Missbräuchen zu hören.

»... und ich war nicht die Einzige, es sind viele drangekommen. Ihr werdet schon sehen, dass es wahr ist!«, schloss ich.

Meine Mutter stand wie versteinert da, mein Vater sah mich entsetzt an. Ich sagte kein Wort mehr, die Stille zwischen uns war unerträglich. Dann brach mein Vater das Schweigen: »Das kann nicht wahr sein! Mama und ich haben ja immer besonders gut auf euch Kinder aufgepasst.« Er redete besorgt auf mich ein: »Du tust diesen Männern unrecht! Vielleicht brauchst du Hilfe? Manche Frauen bilden sich so etwas ein.«

Meine Peiniger hatten mir in meiner Kindheit oft genug damit gedroht, dass meine Eltern mir nicht glauben würden. Sollten sie recht behalten?

Nachdem sie gegangen waren und ich mich beruhigt hatte, überdachte ich unser Gespräch. Das Gefühl, dass sie mir nicht glaubten, verletzte mich dermaßen, dass ich mich entschloss, meine Eltern nicht mehr zu sehen. Es fiel mir zwar unendlich schwer, aber ich war konsequent. Ich brach den Kontakt zu ihnen ab.

Bald traute ich mich auch, in meinem Alltag deutlicher zu werden – zu sagen, was ich wirklich sagen wollte, zu tun, was ich tun wollte. Diese Veränderungen, die ich nun durchlief, wirkten sich auch auf die Beziehung zu meinem Mann aus. Sie verschlechterte sich zunehmend.

Das war nicht verwunderlich. Ich war nicht mehr der gleiche Mensch wie damals, als wir geheiratet hatten. Jetzt war ich fest entschlossen, mein Leben selbst in die Hand zu nehmen und selbst zu bestimmen, was ich daraus machte. Die Auseinandersetzung mit der Wahrheit, das zerstörte Vertrauen und die Unsicherheit, wie wir mit der Veränderung umgehen sollten, erschütterte unsere Beziehung massiv. Auch unsere Kinder reagierten unsicher auf die instabile Situation.

Lange hatte ich versucht, ihnen ein heiles Leben vorzuspielen. Nun war auch das nicht mehr möglich. Sie durchschauten mich unweigerlich und überhäuften mich mit Fragen. »Wie geht es dir, Mama?«, drängte mich mein zwölfjähriger Sohn Raphael.

»Soll ich deine Füße massieren?« Der elfjährige Timon versuchte auf seine Art, mir Nähe zu geben. Beide spürten den Schmerz und das Elend, das mich Tag für Tag bedrückte und nachts in meinen Alpträumen heimsuchte. Ich wagte nicht,

sie auch nur annähernd über meine Situation zu informieren. Lange dachte ich darüber nach, wie ich ihnen meinen Zustand erklären sollte. Die Sorge um meine Kinder trieb mich Tag und Nacht um. Immer wieder stand ich nachts auf und malte meine Sorgen auf die Leinwand.
Die Auseinandersetzungen mit meinem Mann spitzten sich zu, wir vereinbarten jedoch, dass wir – so gut es ging – die Kinder aus allem raushalten wollten. In dieser Zeit brauchten die Jungs unsere volle Aufmerksamkeit, und wir gaben beide unser Bestes.
Ich nahm mir viel Zeit für sie. Es tat mir gut, eine Aufgabe zu haben, und es half mir, mich um sie zu kümmern. Oft bastelten wir stundenlang im Atelier mit Ton, Holz oder schraubten alte Maschinen auseinander. Sie machten ihre Hausaufgaben neben meiner Staffelei und sagten mir ungeniert auf den Kopf zu, was sie von meinen Bildern hielten. Sie gaben mir ehrliche und offene Rückmeldungen, entpuppten sich als meine wahrhaftigsten Kritiker.
Meine Kinder waren mein Ein und Alles. Aber auch sie forderten die Wahrheit und gaben sich mit meinen Ausreden nicht mehr zufrieden.
Eines Tages nahm ich all meinen Mut zusammen und rief beide Jungs zu mir. »Kinder, ihr wisst doch, dass ich euch über alles liebe und ihr mir wichtiger seid als alles auf der Welt. Aber es gibt andere Menschen auf dieser Welt, die es nicht gut meinen mit Kindern. Ich sage das aus eigener Erfahrung. Ich möchte euch keine Angst machen, aber ihr müsst wissen, wieso mir zurzeit so elend zumute ist«, stotterte ich.
Beide Jungs umarmten mich. »Mama, wir lieben dich auch ganz fest, bis zum Mond und zurück! Sag schon, was passiert ist!«

Und dann erzählte ich ihnen, dass böse Männer mir als Kind sehr weh getan hatten und dass sie mir verboten hatten, es meinen Eltern zu erzählen.
»Ihr habt das Recht, immer zu sagen, was euch auf dem Herzen liegt! Niemand darf euch einschüchtern oder euch ein Haar krümmen. Niemand hat das Recht, euch zu nahe zu kommen, euer Körper gehört euch ganz alleine!«
Die Tränen liefen, wieder umarmten meine Jungs mich und hielten mich fest. Arm in Arm blieben sie mit mir sitzen. Trost und Frieden kehrten ein. Gemeinsam würden wir es schaffen, alle füreinander da zu sein. Welch Glück ich hatte mit meinen Kindern!
Und doch, ich konnte sie nur warnen, sie aufmerksam machen, dass es in der Welt Gefahren gab. Es war nicht möglich, sie rund um die Uhr im Auge zu behalten und sie vor allen Bedrohungen zu schützen. Timon war als Schweizer Meister im Tischtennis ständig unterwegs, und ich musste ihn oft genug alleine in weit entfernte Trainingslager ziehen lassen. Er wollte es so und war damit glücklich. Ich musste ihm vertrauen, dass er sich abgrenzen konnte und ihm nicht die gleichen Dinge widerfahren würden wie mir. Raphael besuchte das Frühgymnasium, musste mit dem Zug in die Stadt fahren und kam oft erst abends im Dunkeln zurück.
Obwohl es mir widerstrebte, lehrten mich meine Jungs, loszulassen und daran zu glauben, dass sie es schaffen würden. Trotzdem war ich wachsam und führte regelmäßige Familiengespräche ein. Jeder konnte dabei sagen, was ihn störte, und auch, was ihn freute, wie es ihm persönlich ging und was er sich wünschte. Wir hörten uns gegenseitig zu und lernten offen und ohne Schuldzuweisungen über alle Vorkommnisse zu sprechen. Jede Woche regelten wir so schwierige Situationen und Konflikte.

Nach außen war ich fähig, ein normales Leben zu führen. Als Künstlerin konnte ich mir erlauben, mich in mein Atelier zurückzuziehen, ohne dass sich jemand darüber wunderte. Mein Tagebuch war bis auf die letzte Seite eng beschrieben, die Leinwände mit Taranteln, Käfern und Frauenkörpern bemalt. Sie symbolisierten die Vergangenheit und linderten den Schmerz. Ich war auch weiterhin in der Lage, meine Unterrichtsstunden als Lehrerin und Erwachsenenkurse durchzuführen. Es gab mir Kraft, eine Aufgabe zu haben und nützlich zu sein. Keiner merkte etwas von meinem inneren Aufstand.
Im Gegenteil, viele Menschen suchten bei mir Rat. Sie sprachen sich bei mir über ihre Sorgen und Erlebnisse aus, und manchen konnte ich helfen. Ich betreute sie in ihrem Schmerz. Immer wieder ermutigte ich sie, aufzustehen, sich für eine gute Zukunft zu entscheiden, einen Plan zu überlegen, eine Strategie zu entwickeln und durchzuhalten. Es bestärkte mich im Innersten, weiterzumachen und immer wieder aufzustehen, wenn ich stolperte. Es gab meinem Weg einen tieferen Sinn.

Der Brief

An einem sonnigen Herbsttag 2003 öffnete ich bei einer Tasse Kaffee die Post. Ein Brief der Missionsorganisation Wycliffe lag vor mir. »Was soll das denn schon wieder«, fragte ich mich. Ich hatte es mir angewöhnt, ihre Briefe ungelesen in den Papierkorb zu werfen.
Doch diesen öffnete ich intuitiv, wenn auch mit großem Widerwillen. Mein Herz klopfte bis zum Hals. Er enthielt eine Aufforderung an alle Mitglieder, die in Tumi Chucua gelebt hatten. Bei der Organisation seien einige Meldungen in Bezug auf sexuelle Missbräuche eingegangen, denen zufolge noch etliche mehr dazukommen müssten. Alle sollten sich melden, die in dieser Richtung etwas erlebt hätten oder Aussagen machen könnten. Wiedergutmachung sei der Organisation wichtig.
Ungläubig schüttelte ich den Kopf und las den Brief noch einmal. Wie war das möglich? Wir, die Opfer, hatten jahrzehntelang alle geschwiegen, stumm gelitten und den Schmerz in uns hineingefressen. Und nun, praktisch zur gleichen Zeit, hatten mehrere den Bann gebrochen! Ohne Absprache, ohne dass ich jemals wieder Kontakt zu einem von ihnen gehabt hatte. Wer war das gewesen? Wer hatte dies gewagt?
Ich konnte mein Glück kaum glauben. Fassungslos starrte ich auf das Papier. Ein Wunder! Kann das sein? Es kann nicht sein. Doch! Da steht es schwarz auf weiß. Mit beiden Fäusten donnerte ich auf den weißen Marmortisch. Ich sprang auf:

»JA! JA! Jetzt müssen mir alle glauben, das ist der Beweis!«
Ich kam mir vor wie ein Sieger nach einem unendlich langen, einsamen Marathonlauf. Gab es doch Gerechtigkeit? Konnte ich wieder hoffen?
Ja, ich hoffte wieder. Ich wusste, meine Eltern hatten den Brief auch bekommen. Nun mussten sie mir endlich glauben, sie hatten keine andere Wahl! Ich sehnte mich nach Versöhnung mit ihnen. Dieser Brief bewies ihnen, dass ich die Wahrheit gesagt hatte und nicht verwirrt oder krank war. Mein Herz raste, ich setzte mich noch einmal an den Tisch und las mir selbst die gute Nachricht laut vor. »Endlich, endlich darf ich reden. Und sie werden mir glauben.« Ich atmete tief durch.

Ich hoffte, wieder zu einer Familie zu gehören, zu meiner Familie.
Und tatsächlich, einige Tage später kam es zu einem Gespräch mit meinen Eltern. Meine Mutter umarmte mich und fragte immer wieder: »Was haben sie mit dir gemacht? Es tut mir ja so leid!«
Mein Vater wollte Namen wissen. Ich konnte die Namen der Männer ihm gegenüber aber nicht aussprechen, ich brachte sie nicht über die Lippen. Innerlich erstarrte ich, Kälte und Angst durchfluteten mich. Konnte ich meinen Eltern vertrauen? Sie hatten Kontakt zu meinen Peinigern, hatten mir doch nach ihrer Reise Grüße überbracht. Und der Schönling war früher mit Papa befreundet gewesen. Und nun sollte ich seinen Namen aussprechen? Verzweifelt starrte ich zu Boden. Es ging nicht, ich konnte nicht reden.
Nach langem Schweigen stotterte ich zitternd: »Wenn ihr wollt, könnt ihr raten, wer es war. Es tut mir leid, ich kriege die Namen nicht raus, ich kann noch nicht.«

Zu meinem äußersten Erstaunen nannte meine Mutter drei Namen und traf geradewegs ins Schwarze. Unglaublich! Ich nickte. Mein Vater wollte es nicht glauben, dass ich damit soeben seinen damaligen besten Freund beschuldigt hatte.
Endlich löste sich meine Zunge. »Andere Kinder waren auch dabei. Ich bin nicht die Einzige, die er benutzt hat. Die anderen werden nun auch die Wahrheit sagen, du wirst schon sehen, Papa.«
Mit letzter Kraft erzählte ich ihnen einige wenige Details. Dann brach ich in Tränen aus und schwieg. Es war mir so peinlich. Würden sie den Tatsachen ins Gesicht sehen? Konnten sie mir beistehen und mir endlich vertrauen?
Meine Mutter schlug sich die Hände vors Gesicht. »Nein, nein, das darf doch alles nicht wahr sein! Es darf nicht wahr sein, Christina! Ich habe ja überhaupt nichts gemerkt! Ich dachte, deine Kindheit sei ein Paradies auf Erden gewesen. Und nun das! Was hat man mir angetan! Sie haben dich mir weggenommen!«
Fassungslos sah ich sie an. Was redete meine Mutter da? Mir hatten die Verbrecher die Kindheit, die Unschuld, die Sexualität, meine gesamte Identität genommen! MIR! Doch nicht ihr! Wieso war nun auf einmal sie das Opfer? Hätte ich sie in meinem ganzen Schmerz noch trösten sollen?
Völlig erschöpft und maßlos enttäuscht, wusste ich mir nicht anders zu helfen, als mich schlafen zu legen. Zwei Stunden tiefen, traumlosen und heilenden Schlafes.

An diesem Abend erinnerte ich mich an eine Feier am »National Day« in Tumi Chucua. An diesem Tag wurde ein Umzug organisiert, bei dem die verschiedenen Nationalitäten, die auf der Basis lebten, dargestellt werden sollten. Ich war sechs

Jahre alt und sollte als »Miss Swiss« die Schweiz mit einer Schweizer Fahne in der Hand repräsentieren. Ich musste ein Hemd meines Vaters anziehen. Es war mit typisch schweizerischen Stickereien verziert und reichte mir bis über die Knie. Mit hochgekrempelten Ärmeln und einem Gürtel sah es wie ein Kleid aus. Darüber prangte ein weißes Band mit der Aufschrift »Miss Swiss«. Mama fand mich so süß in diesem Aufzug, ich aber war wütend. Nach den schrecklichen Erfahrungen an Halloween wollte ich keineswegs auffallen. Wollte keine Miss Swiss sein.

Nun war ich nicht mehr ihre Miss Swiss. War es nie gewesen. In den nächsten Tagen plagten mich Schuldgefühle und Angst. Ich hatte die Wahrheit offenbaren müssen, und es war mir außerordentlich peinlich, besonders vor meinem Vater. Denn er war ein Mann.

Mutter Erde

In den nächsten Monaten stürzte mein ganzes Leben in sich zusammen. Die Erinnerungen meiner Kindheit lagen nackt und offen vor meinem inneren Auge. Monatelang fühlte ich in meinem Unterleib Schmerzen. Wie eine Flut brach die Wahrheit über mich herein. Die Grundfeste meines Lebens, meine Identität, meine Masken, meine Ehe, meine Familie, alles lag in Schutt und Asche.

Es war ein großes Glück, mich auf meine Freundinnen und Kinder verlassen zu können. Sie unterstützten mich in dieser Zeit des totalen Zusammenbruchs. Innerlich fühlte ich mich fremd, kannte mich selbst nicht mehr. Ich wusste nicht, was Liebe war, von Selbstliebe ganz zu schweigen. Ich verabscheute meinen Körper, wand mich vor Schmerz, ekelte mich vor meinem Spiegelbild.

Ich häutete mich wie die Vogelspinne. Steif und regungslos hatte sie Stunden auf dem Rücken liegend ausgeharrt. Dann rekelte und wand sie sich, ließ ihre Beine anschwellen, um sich langsam und in stundenlangem Kampf aus ihrer alten Hülle zu befreien. Ihre abgestorbene Haut faszinierte mich, sie gab bis ins kleinste Detail das Tier perfekt wieder. Es war nur noch eine Hülle, hauchdünn und zerbrechlich. Die Spinne selbst war noch weich und damit verletzlich, und genau so fühlte ich mich jetzt. Hilflos den Gefahren ausgesetzt.

Ich war mitten in meinem Häutungsprozess, meine Gefühle, Emotionen und Nerven lagen blank. Indem ich unaufhörlich redete, versuchte ich meine Unsicherheit in dieser übersensiblen Lebensphase zu vertuschen. Ich wusste, würde ich mich entlarven und meine Verletzlichkeit zeigen, wäre ich ein gefundenes Fressen für alle. Also redete ich über alles, nur nicht über mich.

Wieder flüchtete ich in mein geräumiges Atelier, überlegte nicht, durchstreifte es und suchte intuitiv nach Gegenständen und Objekten, die mir dann auch ins Auge sprangen. Symbolisch sollten sie meinen Schmerz darstellen und meiner Seele Linderung bieten. Auf dem Fensterbrett entdeckte ich einen toten Käfer. Daneben lagen Schmetterlinge, eine ausgetrocknete Eidechse und weitere Insekten wie Bienen und Hornissen, von den Kindern gesammelt. Traurig nahm ich den Käfer in die Hand und betrachtete ihn lange. Selbst sein dicker schwarzer Panzer hatte ihn nicht schützen können. Reglos und kalt lag er auf meiner Haut. Ich spürte, wie sich die kleinen spitzen Widerhaken seiner feingliedrigen Beine an meinen Fingern festhielten.

›Das ist es! Wie eine Klette haken sich meine Widersacher an meiner Seele fest‹, schoss es mir durch den Kopf. Sie ließen auch nach vielen Jahren nicht von mir ab. Immer und immer wieder musste ich mich damit auseinandersetzen.

Die Leinwand konnte wieder nicht groß genug sein. Das Vorzeichnen fiel mir leicht. In feinen Strichen ließ ich Insekten auf ihr entstehen. Dazwischen plazierte ich einen Frauenkörper und darauf weitere übergroße tote Insekten. Ich freute mich zutiefst über diese Anordnung. Ich hatte endlich den Ausdruck gefunden, den ich suchte. Das Bild entsprach meinen Gefühlen, meiner Suche nach meinem wahren Ich.

Mit feinem Pinsel und geschmeidigen Ölfarben malte ich Strich für Strich. Der Rhythmus der Pinselstriche entfaltete seine beruhigende Wirkung auf mich. Ich entspannte mich. Meditativ malte ich einen Quadratzentimeter nach dem anderen fertig. Ich hatte mir vorgenommen, nur eine Schicht Farbe aufzutragen, eine zweite Schicht hätte die Leichtigkeit der Farben zerstört. Dadurch konnte ich mir keine Fehler erlauben, doch ich hielt an meinem Vorhaben fest. In solchen Momenten war ich schonungslos gegenüber mir selbst, nur ein falscher Pinselstrich genügte, dass ich ein Bild mit einem großen Messer zerschnitt.
Gudrun durchschaute mich und zeigte sich geduldig als Geburtshelferin oder besser als »Helferin der sich Häutenden«. Mittlerweile wussten meine Kinder, was ich durchmachte. Auf ihre Art gaben sie mir eine Aufgabe, für sie da zu sein, mich aufzuraffen und mich um sie zu kümmern. Damit holten sie mich oft wieder ins Leben und retteten mich so vor dem totalen Untergang.
Mit sehr viel Überwindung traute ich mich, psychologische Hilfe anzunehmen. Ich erwartete Lösungsvorschläge, doch es gab keine. Nach einigen Sitzungen wusste ich, dass ich alleine durch meinen Prozess gehen musste.

Oft holten mich meine alten Denkmuster wieder ein, und ich war geneigt, die Vorfälle in meiner Kindheit zu verharmlosen. Meine Eltern, die Mission, Gott – ich entschuldigte einfach alle, außer mich selbst. Die Schuldfrage ließ mich ständig in ihre Falle tappen. ›Ich bin selber schuld, an allem.‹ Die Drohungen und Schuldzuweisungen meiner Peiniger hatten sich tief in mein Gedächtnis eingegraben. Nur sehr langsam konnte ich mich davon lösen und die Verantwortung für ihre Taten ganz ihnen überlassen.

Auch Gudrun zog mich aus dem Sog der Schuld. Wenn die Schuld mich unbewusst überfiel, merkte sie es sofort. Wann immer wir zusammen waren, hatte die Schuld keine Chance mehr, mich klein zu machen. Ich merkte, dass es sinnlos war, über Schuld nachzudenken. Langsam brachen die Dogmen meiner christlichen Erziehung auf, in der ich Schuldzuweisung so intensiv erlebt hatte.

So verlor ich allmählich die Angst, dass ich mir durch meine Entscheidungen neue Schuld aufladen könnte. Trotzdem kostete es mich sehr viel Kraft, bis ich mich von meinem Ehemann trennen konnte. Für ihn war es ein Schock wie auch für alle Bekannten, besonders aber für meine Eltern. In ihrer Gegenwart fühlte ich mich, als sei ich eine Ehebrecherin. Doch selbst sie konnten mich mittlerweile nicht mehr daran hindern, das zu tun, was ich für mich und meine Kinder für richtig hielt. Denn die Trennung war unvermeidlich.
Mein Mann war mitten im Studium und wurde von meinen Enthüllungen vollkommen überrascht. Er hatte sich zuvor noch nie mit dem Thema Missbrauch befasst, und nun sollte er Verständnis zeigen und einfühlsam reagieren. Ich sah wohl, dass er sich bemühte, doch oft empfand ich seine Reaktionen als verletzend. Ich konnte meine Erlebnisse durch meine Kunst ausdrücken und mich mit Gudrun austauschen, er war jedoch alleine mit dieser Situation. Schlussendlich gingen wir zu einer Paartherapeutin, doch auch das war keine Hilfe. Wir bekamen die pauschale Antwort, dass unter diesen Umständen eine glückliche Beziehung nie möglich sein würde.
Ich war vollkommen schockiert – war meine Kindheit nun auch noch für das Scheitern meiner Ehe verantwortlich? Wie in jeder Ehe waren auch vorher Meinungsverschiedenheiten

und Konflikte Teil unserer Beziehung gewesen, und nun wurde auf einmal alles auf meine Kindheit geschoben.
Doch allmählich verwandelte sich mein Schuldgefühl in Wut. Ich war wütend über das Unverständnis, mit dem ich täglich konfrontiert wurde. Jede Reaktion irritierte mich, und ich interpretierte alles. Kein Stein blieb auf dem anderen. Was war denn überhaupt Liebe? Was macht eine Beziehung aus? Was durfte ich tun und was nicht? Viele Jahre hatte ich getan, wozu ich erzogen worden war: Die Frau sei dem Manne untertan. Nun lechzte ich nach Selbstbestimmung.
Von nun an wagte ich immer mehr, meinen eigenen Weg zu gehen, und begegnete so Schritt für Schritt meiner Freiheit. Ich fühlte eine Last von mir fallen, nach und nach wurde ich leichter und frei. So frei, wie ich es noch nie zuvor erlebt hatte. Kein schlechtes Gewissen, keine Einschränkungen, niemand, der mir vorschrieb, was ich zu tun hatte.
Ich versorgte meine Kinder und arbeitete als Zeichenlehrerin in der Schule. An den Wochenenden ging ich mit Gudrun, meiner geliebten Schwester Stefanie oder alleine tanzen. Ich konnte nach Hause kommen, wann ich wollte. Niemandem musste ich Rechenschaft ablegen, nur mir selbst. Mit Mitte dreißig lernte ich zum ersten Mal in meinem Leben meine eigene Freiheit kennen und lieben.
Unsere Scheidung verlief einvernehmlich. Wir hatten es geschafft, trotz aller Verletzungen Freunde zu bleiben. Wir wussten, dass wir ein Leben lang Vater und Mutter unserer Kinder sein würden und diese Verantwortung gemeinsam zu tragen hatten. Regelmäßig hielten wir mit den Kindern Familienrat und kümmerten uns um ihre Bedürfnisse.
Durch die Scheidung war ich plötzlich in der Lage, selbst über meinen Namen zu bestimmen. Mit meinen Eltern war

ich überhaupt nicht im Reinen, dennoch war mein Mädchenname, Krüsi, Zeuge meiner Wurzeln; ich nahm ihn bewusst wieder an. Auch das »h« in meinem Vornamen wollte ich zurück, so wie es in meinem Pass stand.
Es passierte mir in dieser Zeit, dass sich wunderbare Männer in mich verliebten und mir mit Rat und Tat zur Seite standen. Ich hatte mir alles hundertfach zurückgewünscht – und genau das geschah jetzt! Ich zog nur noch Männer an, die sich rührend um mich kümmerten, dabei intelligent und großzügig mit mir umgingen. Männer mit schlechten Absichten roch ich schon von weitem und ging ihnen aus dem Weg. Das stärkte mein Vertrauen. In diesen Monaten präsentierte sich mir ein ganz neues Männerbild. Für eine feste Beziehung war ich jedoch nicht bereit. Ich konnte mir nicht vorstellen, jemals eine innige Liebesbeziehung zu erleben.

Eine Abordnung der Missionsorganisation Wycliffe hatte noch vor unserer Scheidung im Winter 2002 von den Vereinigten Staaten aus erneut Kontakt zu mir aufgenommen, da sie die einzelnen Vorfälle zu Protokoll bringen und auswerten wollte. Peinlichst genau prüfte ich alle meine Aussagen darauf, ob ich mir vollkommen sicher war. Alle Erinnerungen, die ich nicht hundertprozentig einordnen konnte, ließ ich weg. Stundenlang gab ich am Telefon Auskunft, Mitarbeiter reisten in die Schweiz und besuchten mich für Interviews.
Während all dieser Gespräche, die sich über viele Monate hinzogen, musste ich mich unheimlich konzentrieren, um meine Emotionen nicht die Oberhand gewinnen zu lassen, denn ich wollte alles sachlich und klar formulieren. Ich verlangte mir meine Hundert-Prozent-Regel strikt ab – sonst schwieg ich. Immer wieder musste ich zu Protokoll geben, dass ich in die-

sem oder jenem Fall nicht ganz sicher sei und deshalb keine Aussage machen wolle. Manche Vorfälle konnte ich nicht im Detail beschreiben, weil ich den Befragern nicht vertraute. Ich hatte Angst, dass sie mir nicht glauben, mich verurteilen oder für verrückt halten würden.

In dieser Zeit geriet ich oft an meine Grenzen. Ich konnte die Missbräuche nur in kleinen Portionen wiedergeben, alles andere überstieg meine Kraft. Oft brauchte ich eine Pause, erholte mich beim Joggen, Tanzen und besonders im Atelier beim Malen. Gudrun hörte mir nach wie vor zu, stundenlang, nächtelang. Ihr konnte ich alles erzählen – ohne Angst. Die Emotionen schwappten ungehindert an die Oberfläche, wurden von Gudrun abgeholt und gehört. Genau das brauchte ich: jemanden, der mir bedingungslos und geduldig zuhört.

Obwohl ich nach außen recht gut funktionierte, war es die Zeit des totalen Zusammenbruchs. Neben der konsequenten Verarbeitung meiner Vergangenheit befasste ich mich mit Literatur, die sich mit Missbräuchen und deren Folgen auseinandersetzte.

WC-Häuschen

Eines Tages befahl mir der Schönling, in eines der öffentlichen Toilettenhäuschen vorauszugehen und dort auf ihn zu warten. Ich erstarrte, wagte aber nicht, zu widersprechen oder wegzurennen. Dann ging ich langsam auf das Häuschen zu, öffnete es und blieb neben dem Plumpsklo stehen. Blitzschnell schlüpfte er wenige Sekunden nach mir auch hinein und schloss die Tür hinter sich.
Es war sehr eng zu zweit in diesem Holzhäuschen. Der penetrante, widerliche Geruch des Plumpsklos stieg einem unweigerlich in die Nase. Was wollte er von mir? Der Mann schob den Deckel des Klos zur Seite. Ich fragte mich, wieso, ich musste doch gar nicht. Ich bekam furchtbare Angst, ich könnte ins Loch geschubst werden. Bewegungslos starrte ich in die dunkle Tiefe. Mir war sterbenselend zumute, und ich hätte mich am liebsten übergeben.
Er musste meine Angst gespürt haben, denn er versicherte mir, dass er mich nicht in das Loch werfen würde. Er drängte sich an mich und flüsterte mir zu, dass er mich so süß finde mit meinen strahlenden Augen. Das hätte er mir doch auch draußen sagen können, wieso sperrte er mich deshalb hier ein?
Er redete weiter leise auf mich ein und versprach mir, er würde mich beschützen, wenn ich ihm gehorche. Ich wusste nicht, was er von mir wollte, und nickte einfach.

Dann ging alles blitzschnell. Ehe ich michs versah, drückte er mir ein dunkelbraunes kleines Glasfläschchen unter die Nase. Augenblicklich wurde mir schwarz vor Augen. Was dann geschah, kann ich nicht sagen, denn ich war nicht mehr bei Sinnen.

Als ich langsam wieder zu mir kam, grinste er mich zufrieden an. Das Loch war wieder geschlossen, das Fläschchen verschwunden. Benommen und mit rasenden Kopfschmerzen entließ er mich in die Freiheit. Ich hatte keinen Schimmer, was geschehen und wie lange ich im Häuschen gefangen gewesen war.

Von da an passte er mich immer häufiger ab. Er hatte genügend Gelegenheiten, mir überall aufzulauern. Jedes Mal zwang er mich, das Zeug aus dem braunen Fläschchen einzuatmen. Wachte ich wieder auf, sah er immer zufrieden aus. Sobald ich einigermaßen wieder auf den Beinen war, entließ er mich aus dem heißen, stinkenden Gefängnis. Mir war bald klar, was er mit mir machte, während ich besinnungslos war, da ich oft danach blutete, wie bei den Missbräuchen mit den anderen Männern.

Immer öfter hatte ich dieses Gefühl, nur noch eine durchsichtige Hülle zu sein und durch die Gegend zu schweben. Meine Beine bewegten sich dabei kaum, und mein Kopf konnte nur geradeaus starren. Alles verschwamm und verdrehte sich vor meinen Augen. Ich wusste nicht, was oben oder unten war, rechts oder links. Der Wind hätte mich mitnehmen können, so leicht und leer fühlte ich mich. Unsichtbar und wertlos. In diesem Zustand verlor ich jegliche Orientierung und fand kaum mehr nach Hause.

Egal wohin ich mich in Tumi Chucua bewegte, immer musste ich an diesen verhassten öffentlichen Toiletten vorbei: auf

dem Weg zum Badeplatz, zur Kirche oder Schule, beim Hangar – sie waren einfach überall! Dieser Missionar missbrauchte mich zwar, sooft es ging, trotzdem bekam ich nach und nach das Gefühl, dass er mich wirklich gernhatte. Er machte mir Komplimente und versuchte mir zu schmeicheln, ich sei sein Mädchen, das Mädchen mit den funkelnden Augen.
Mit anderen, erwachsenen Frauen schäkerte er ungeniert. Auch mit meiner Mutter, und das beschäftigte mich sehr. Nächtelang spielten meine Eltern mit ihm und seiner Frau Monopoly, sie verstanden sich sehr gut. Doch mir war die Gegenwart seiner Frau immer äußerst unangenehm. Ich hatte großen Respekt vor ihr und gleichzeitig panische Angst, dass sie etwas merken und mich beschuldigen könnte. Das schlechte Gewissen ihr gegenüber plagte mich. Ich meinte, ihre Verachtung zu spüren.

Das Leben in Tumi Chucua wurde immer schwieriger für mich. In den ersten Monaten war es der Schuldirektor gewesen, der mich missbraucht hatte. Doch durch die Schnitte an meinen Knien fühlte ich mich als Freiwild markiert, denn auch andere Missionare waren dazugekommen. Schutzlos, wie ich war, konnte ich ihnen nicht entkommen. Vor allem dem Schönling gelang es, mich immer öfter dranzunehmen. Insgesamt wurde ich von fünf Männern vergewaltigt. Manchmal verging kaum eine Woche ohne Gewalt, dann wieder hatte ich zwei, drei Wochen Ruhe. Eine Gruppe von etwa sieben Jugendlichen stand unter dem Einfluss der pädophilen Männer. Obwohl sie noch nicht so eine große Gefahr waren, musste ich ihren Bedrängungen zunehmend ausweichen. Obwohl meine Eltern viel strenger als andere auf uns Kinder aufpassten, fanden die Männer genug Gelegenheiten für ihr schändliches Vergnügen: während der Sonntagsschule, nach dem Sport, in der Bibliothek oder während meine Eltern für ihre Übersetzungen auswärts waren. Auch in den christlichen Lagerwochen für uns Kinder wurde ich missbraucht.

Am meisten aber irritierten mich die im Geheimen stattfindenden Treffen, zu denen wir »Auserwählten« ohne Vorwarnung gebracht wurden. Ich kann mich an vier dieser Treffen ganz genau erinnern, auch wenn ich bis heute nicht verstehe, welchen Zweck sie haben sollten, was die Rituale für eine Bedeutung hatten. Meine Angst war immer riesig, denn der Techniker machte uns mit roher Gewalt gefügig. Keiner von uns wagte sich zu wehren, denn wir wurden immer wieder bedroht – und standen Todesängste aus.

Ich musste mich irgendwie arrangieren mit meiner Situation und begann bewusst, verschiedene Überlebensstrategien zu entwickeln. Dazu gehörten Ausweichmanöver, die ich immer mehr verfeinerte. Musste ich im Dorf unterwegs sein, schaute ich immer, ob eine Frau in die gleiche Richtung ging, und hängte mich an ihre Fersen.
Eines Tages überraschte mein Vater mich mit einem wunderschönen Fahrrad. Es war noch gar nicht alt, rosa und weiß bemalt und hatte einen auffälligen Bananensattel – damals der letzte Schrei und für mich Luxus pur! Das Beste daran war aber, dass ich viel schneller an Gefahrenzonen vorbeikam. Ich sauste wie der Blitz auf den schmalen Pfaden dahin und ließ mir den Wind durch die Haare wehen. Mein Fahrrad wurde mein Heiligtum, ich pflegte und bewachte es wie meinen Augapfel.
Wenn ich alleine zu Hause war, stellte ich mir oft vor, ich sei bereits einige Jahre älter. Dann tat ich so, als spielte ich eine

wichtige Rolle auf der Missionsstation. Durch meine Mitarbeit würden alle in den Himmel kommen und Gott wäre mit mir sehr zufrieden. Dieses Spiel versetzte mich immer in eine gute Stimmung, und dennoch wusste ich, dass in Wirklichkeit alles falsch und böse war. Die zwiespältige Situation war eine stete Zerreißprobe. Wem sollte ich nun glauben? Mir selbst oder meinen Unterdrückern? Ich war ihre Sexsklavin. »Sexsklave«, dieses Wort hatte ich bei einem der geheimen Rituale aufgeschnappt und sofort gefühlt, dass es ins Schwarze traf. Das war nichts, worauf ich stolz sein konnte. Ich wäre gerne auf eine Freiheit stolz gewesen, nicht auf die Gefangenschaft in dem kleinen Dorf, in dem ich leben musste.

Miss Lilly

Das kleine Dorf Tumi Chucua wurde von seinen Missionaren und den vielen Besuchern aus aller Welt immer ein »Paradies« genannt. Doch obwohl es für mich die Hölle war, gab es auch einen Lichtblick dort: Miss Lilly. Mit Engelsgeduld nahm sie sich meiner Leseschwäche an. Nachdem ich in der Schule immer schlechter geworden war, hatten meine Eltern sie um Hilfe gebeten.

Voller Freude packte ich eines Tages wieder mein Englischbuch in die Schultasche und rannte barfuß über die Wiese, den Trampelpfad durch das Bambuswäldchen entlang zu ihrem Haus. Es erinnerte an ein Hexenhäuschen, das einsam mitten im Wald steht. Als ich sachte an die Tür klopfte, ahnte ich noch nicht, was Miss Lilly sich für mich ausgedacht hatte.

»Herein, Christina«, rief eine schrille Stimme.

Ich öffnete die Tür und trat ein. Meine Nachhilfelehrerin stand in der offenen Küche, mit einer rosaroten Schürze und Lockenwicklern in den Haaren. Ich fragte mich, wie diese Dinger wohl in den Haaren kleben blieben, und legte meine Schultasche auf den Tisch.

»Augen zu, bitte!«, befahl sie lachend, »Überraschung, Überraschung!«

Der süße Duft von frisch gebackenem Kuchen stieg mir in die Nase. Ich machte einen Luftsprung und fiel ihr um den Hals, denn wir bekamen zu Hause selten etwas Süßes. Liebevoll strich sie mir übers Haar.

Wir setzten uns auf die Bank, ich nahm mein Buch zur Hand, und in ihrer sanften Art half sie mir geduldig, Wort für Wort zu entziffern. In ihrer Nähe entspannte sich meine Zunge, und ich machte schnell Fortschritte beim Lesen. Als es Zeit war zu gehen, fragte sie mich, ob ich gerne mal bei ihr im oberen Stock übernachten wolle. »Ich backe dir zum Frühstück die gleichen Pfannkuchen, über die wir eben gelesen haben«, versprach sie mir.

Ich wollte – und ich durfte! Ganz alleine, ohne meine Geschwister, hüpfte ich bald darauf in meinen Flipflops mit meinem Pyjama und der Zahnbürste zu ihrem Hexenhäuschen. Wir hatten unseren Spaß zusammen. Wie eine Prinzessin auf der Erbse bettete sie mich auf weiche Kissen und las mir aus dem Bambi-Buch vor, das ich so sehr liebte.

Als wir zu der Passage kamen, wo sich die Tiere paarten, wurde mir ungemütlich. Sie musste es bemerkt haben, denn sie fragte mich, ob ich wüsste, was die da machten. Ich schaute beschämt auf den Boden. In diesem Moment hätte ich ihr so gerne mein Herz ausgeschüttet und ihr alles erzählt. Bestimmt hätte sie mir geglaubt. Sie schon – aber die anderen? Nein, ich konnte nicht, obwohl mir die Worte bereits auf der Zunge lagen. Meine Kehle war wie zugeschnürt. Hatte sie vielleicht gemerkt, dass etwas mit mir nicht ganz stimmte? Die Drohungen meiner Peiniger und der Gedanke, schuld daran zu sein, dass alle Indianer in die Hölle kämen, lastete zu schwer auf meinen Schultern. Ich schwieg weiter.

Ich begann Tante Lilly in mein Herz zu schließen. Fein und winzig klein keimte Vertrauen zu ihr auf. Sie selbst hatte keine Kinder, aber ich war mir sicher, dass sie mich wie ihr eigenes Kind liebte. Sie wurde über die Jahre zum einzigen Zufluchtsort, den ich in Tumi Chucua fand. Immer wieder besuchte ich sie, übernachtete bei ihr und genoss ihre überschwengliche Zuneigung mir gegenüber. Die Ruhe, die sie ausstrahlte, und das Vertrauen, das ich in mir spürte, taten mir wohl. Doch niemals wagte ich, über die Männer zu reden, die mich vergewaltigten.

Regenschirm

Nicht nur von einigen pädophilen Männern wurde ich vergewaltigt, sobald sie Gelegenheit dazu fanden – immer öfter musste ich auch großen Jungs ausweichen. Es war kaum mehr möglich zu wissen, vor wem ich das Weite suchen musste.
Wie ein Geschwür wucherte die Gewalt, die ursprünglich von wenigen Männern ausging, und breitete sich auf der Missionsstation aus. Einige der Jugendlichen begannen mir und den anderen »Auserwählten« auch tagsüber aufzulauern. Das wiederum entging den jungen Einheimischen aus dem Nachbardorf nicht, die als Gärtner oder Hilfspersonal auf der Basis beschäftigt waren. Sie wurden frecher und trauten sich ebenfalls, uns nachzustellen. Sie machten ohne Scheu eindeutige Zeichen mit den Fingern, wenn ich ihnen über den Weg lief, und zeigten zum nächsten Toilettenhäuschen. Ich schaute jedes Mal verschämt zu Boden und versuchte, einen großen Bogen um sie zu machen. Leider gelang mir das nicht immer. Doch es gab auch Ausnahmen.

Es war Regenzeit. Riesige Regentropfen hämmerten auf das Blechdach unseres Hauses. »Wo hast du deine Pelerine?«, schrie meine Mama durch das laute Rauschen des Regens.
Ich zuckte mit den Schultern und schaute sie hilfesuchend an. Mein Regenumhang war verschwunden, und ich war wieder

einmal knapp dran für die Schule. Sie lieh mir ihren Schirm und bat mich eindringlich, ihn ja auch wieder mit nach Hause zu bringen.

Dankbar spannte ich ihn auf, bevor ich mich mit meiner Schultasche auf den Weg machte. Beim Wasserturm versteckte ich mich, so gut es ging, unter dem großen Schirm und beschleunigte meinen Schritt. Als ich – ohne Zwischenfall – in der Schule ankam, legte ich Mamas Schirm vorsichtshalber unter mein Holzpult.

Auf die Schule freute ich mich immer, denn ich mochte meine neue Lehrerin sehr gerne. An diesem Tag zeigte sie uns im Zeichnen, wie wir mit Farbstiften in kleinen Strichen das Fell einer Katze darstellen konnten. Geduldig, Strich für Strich, zeichnete ich meine schwarz, braun und weiß getigerte Katze. Dabei vergaß ich alles um mich herum. Mein Körper fiel in den Rhythmus der regelmäßigen Bewegungen dieser Striche, entspannte sich, und ein tiefes Gefühl des Friedens machte sich in mir breit. Ich war mächtig stolz auf das Ergebnis. Die Lehrerin lobte mich vor der ganzen Klasse, und ich durfte meine Zeichnung an die Holzwand hängen.

In diesem Moment veränderte sich etwas in meinem Innern. Ein unglaubliches Glücksgefühl durchströmte mich, sobald ich meine Zeichnung anschaute. Hatte ich dieses Bild wirklich ganz alleine und ohne Hilfe gemalt? War es wirklich meine Zeichnung, war mir wirklich etwas richtig Gutes gelungen? Ich konnte es kaum glauben. Doch, es stimmte. Das war ich gewesen; ich hatte diese kleine Katze auf dem Papier zum Leben erweckt. Was für ein herrliches und unglaublich gutes Gefühl! Ich erkannte sofort, dass das Zeichnen ein Rettungsring war, an den ich mich klammern konnte. Die Erinnerung an das Gefühl und den Rhythmus, bei dem es mir so gutging,

war etwas, das man mir nie wieder nehmen konnte. Niemand. Das wusste ich in diesem Moment ganz sicher.
Das Glücksgefühl hielt den ganzen Tag an. Der Regen hatte aufgehört, und die Sonne vertrieb die dicken Regenwolken. Fröhlich und aufgeregt rannte ich nach Hause und erzählte Mama begeistert, was ich gemalt hatte. Sie freute sich mit mir, denn sie war selbst eine begabte Zeichnerin. Den ganzen Mittag über durfte ich weitermalen.
Es war schon stockdunkel, als mich meine Mama nach ihrem Schirm fragte. Vor lauter Freude hatte ich ihn in der Schule unter meinem Pult liegen lassen. Sie ärgerte sich und befahl mir, zurück zur Schule zu laufen, um ihn zu holen. Erstarrt sah ich sie an.
»Aber es ist doch schon dunkel, Mama!«
Sie blieb hart, sie wollte sofort ihren Schirm zurück. Mein Bruder Philip wollte mich nicht begleiten, und so machte ich mich im Dunkeln allein auf den Weg zur Schule.
Draußen wurde ich von einem Schwarm Stechmücken empfangen. Wild schlug ich mit den Armen um mich, um sie wegzuscheuchen, doch sie stachen mich sofort in meine ungeschützten Beine. Ich rannte los. Zum Glück brannte noch in einigen Häusern Licht. So konnte ich den größten Steinen und Löchern auf dem erdigen Weg ausweichen. Der blutrote Mond spiegelte sich in den Pfützen, er schien riesengroß. Ich rannte, so schnell ich konnte, in der Hoffnung, dass keiner der bösen Männer meinen Weg kreuzen würde. Kurz vor dem Schulhaus blieb ich wie angewurzelt stehen. Ein schwacher Lichtpunkt bewegte sich von dem kleinen Pfad, der neben der Schule in den Dschungel führte, in meine Richtung. Ich wusste instinktiv: Ich war in Gefahr. Vielleicht würde ich es noch schaffen, den Schirm aus dem Schulhaus zu holen, bevor das

Licht dort ankam. Zitternd rannte ich zur offenen Eingangstür und tastete im Dunkeln unter dem Pult nach meinem Schirm. Er war noch da. Zum Glück.

Mit dem Schirm in der Hand trat ich zögernd wieder vor die Tür und starrte angestrengt ins Dunkel. Weit und breit war kein Licht zu sehen. Ich blickte hoch zum Mond, um ihn zu begrüßen. Er erschien mir wie ein guter Freund. Mit ihm über mir fühlte ich mich nicht mehr alleine. Schließlich wagte ich mich die kleine Treppe hinunter. Noch immer sah ich kein Licht. Vielleicht war die Gefahr vorbei. Gut, dass ich keine Taschenlampe dabeihatte, so bemerkte mich niemand. Erleichterung machte sich in mir breit. Ich holte tief Luft und begab mich auf den Heimweg.

»Alles in Ordnung, keine Gefahr mehr«, machte ich mir selbst Mut.

Doch auf der Höhe des Fußballplatzes hörte ich plötzlich ein Rascheln hinter mir. Mir stockte der Atem. Schritte! Sie kamen schnell näher. Immer noch kein Licht, aber diese Schritte, die auf mich zukamen! Hatten sie die Taschenlampe ausgeschaltet und auf mich gewartet? Und wer war es? In meiner Angst spannte ich den Schirm auf und hielt ihn wie ein Schild vor meine Brust. Ich entschied mich, so stehen zu bleiben. Eine Gestalt kam immer näher und rief meinen Namen.

Es war Manolo, ein Jugendlicher aus dem Bolivianerdorf. Ich kannte seine Stimme. Als mein Vater vor einiger Zeit einen Zaun um unseren Garten gebaut hatte, hatte Manolo für ein kleines Taschengeld geholfen. Schon damals hatte er es auf mich abgesehen. Eitel, wie er war, trug er sein T-Shirt immer hochgerollt oder über dem Bauch geknotet. Er schaute dauernd durch das Fenster in mein Zimmer und machte eindeutige Gesten – die gleichen Handbewegungen wie die anderen Jugendlichen aus dem Dorf – und pfiff mir nach.

Nun stand er nur ein paar Meter vor mir. Das Mondlicht gab mir recht: Er war es, und ich war ihm ausgeliefert. Manolo war um einiges größer und viel stärker als ich, trotzdem war ich bereit, mich zu wehren. Mit leisen kleinen Schritten bewegte ich mich stetig rückwärts, noch immer den Schirm in der Hand. Der Junge blieb stehen und fing an, auf Spanisch lachend und säuselnd auf mich einzureden. Er forderte mich auf, mit ihm in sein Bolivianerdorf zu kommen, wo ein Fest gefeiert wurde. Ich starrte angsterfüllt hinter meinem Schirm hervor und schüttelte den Kopf.

Als er noch einen Schritt auf mich zu machte, klappte ich den Schirm ein und fuchtelte wild damit vor mir herum, drehte mich blitzschnell um und rannte los. Alle Kraft ballte sich in meinem Körper, und ich stürmte auf das nächste, noch erhellte Haus zu. Ich hörte wieder seine Schritte hinter mir. Er war viel schneller als ich. Das rettende Licht vom Fenster des Hauses kam näher – aber er auch. Nur noch wenige Meter, und ich war in Sicherheit! Auf einmal verstummten die Schritte hinter mir. Er rief mir irgendetwas nach und kehrte um. Ich war gerettet.

Erleichtert drückte ich den Schirm an mein Herz. Den ganzen Heimweg rannte ich, so schnell ich konnte, durch die Dunkelheit nach Hause. Daheim wollte ich meiner Mama erzählen, was geschehen war, aber sie hatte keine Zeit, und Papa war nicht da. Als wir das Licht im Kinderzimmer gelöscht hatten, vertraute ich mich meinem Bruder Philip an. Er lachte nur und sagte, ich sei ein Angsthase. Lange lag ich in jener Nacht wach.

Nur ein Spiel

Nach den Sommerferien begleitete ich meine kleine Schwester zu ihrem ersten Schultag. Ich war stolz, schon in der dritten Klasse zu sein, und nahm mir vor, gut auf Eva aufzupassen. Unser Schulweg führte am Wasserturm vorbei. Oben auf der Leiter stand wie so oft der Techniker und starrte auf uns herab. Er fixierte mich mit seinem stechenden Blick und lachte kurz auf. Ich empfand unglaubliche Abscheu vor seinem muskulösen, haarigen Körper und tiefe Angst vor diesem unberechenbaren Mann.
Ich kannte ihn nur zu gut von den heimlichen Treffen, die unsere Peiniger einberiefen, dabei gehörte er zu den brutalsten Männern. Wenn eines von uns Kindern nicht spurte, drückte er dessen Kopf elend lange in eine Wassertonne, bis es fast erstickte. Er bedrohte uns auch mit dem Messer, um uns gefügig zu machen. Er war es gewesen, der in dem Erdloch an Halloween brutal und rücksichtslos über mich hergefallen war. Immer noch lag dieses Erlebnis wie ein Schatten auf meiner Seele. Ich wusste nie, ob dieser Mann es wieder auf mich abgesehen hatte. Die Ungewissheit machte mir den Weg zur Schule täglich zum Spießrutenlauf. Immer hatte ich das Gefühl, er würde sich aus einem Hinterhalt in der Nähe des Wasserturms auf mich stürzen. Täglich musste ich viermal an seinem Arbeitsort vorbei.
Auch seine Wutausbrüche bei der Arbeit waren immer wieder weit zu hören. Doch diesmal packte mich die Wut, die

Begleitung von Eva ließ den Beschützerinstinkt in mir erwachen. ›Nein‹, dachte ich, ›Eva kriegst du nicht.‹ Mit schnellen Schritten zog ich sie am Wasserturm vorbei. Ich wollte nur weg, ganz schnell.

Mit der Zeit hatte ich eine Strategie entwickelt, um ihm aus dem Weg zu gehen, eine Art siebten Sinn: Ich tat so, als ob ich auch hinten am Kopf Augen hätte. Ganz kleine schwarze, versteckt zwischen den Haaren. Sie würden alles sehen, was hinter mir geschah, und mich warnen, sobald Gefahr drohte. Diese Vorstellung bestärkte mich auf meinem Schulweg, machte mich mutiger und sicherer. Die Fähigkeit, mich selbst zu schützen, entwickelte sich stetig und mit ihr mein Selbstwertgefühl. Jeder Tag, an dem ich dem Techniker oder den anderen entwischte, machte mich stolz und stark. Immer öfter gewann ich das Versteckspiel. Ich fühlte mich schlauer und schneller als meine Peiniger. Diesem hier war es schon seit langem nicht mehr gelungen, mich zu bekommen.

Und heute war ein guter Tag, ich hatte es geschafft, meine Schwester heil in die Schule zu begleiten.

Bei Schulanfang versammelten sich die Schüler aller Klassen auf der offenen Veranda, um nach dem Gebet gemeinsam zu singen. Inbrünstig sangen wir ein frommes Lied nach dem anderen. Zwischendurch zwinkerte der Schuldirektor mir zu. Ich wusste, was er von mir wollte, tat aber so, als hätte ich es nicht bemerkt.

Ich liebte das gemeinsame Singen. Das Gefühl, mit allen Kindern im Einklang zu sein, erfüllte mich. Hier spürte ich auch eine intensive Verbindung zu den anderen missbrauchten Kindern, denn ich durfte ja nicht mit ihnen sprechen. Oft vergaß ich beim Singen allen Kummer. In diesen Momenten war ich ganz bei mir, ähnlich wie beim Zeichnen. Besonders die traurigen, melancholischen Lieder hatten es mir angetan. Sie gaben mir Kraft. »Pharao, let my people go« – »Pharao, lass meine Leute gehen«, sang ich am liebsten. Das Lied erzählt vom Auszug der Israeliten aus Ägypten. Wie gerne wäre ich mit ihnen fortgezogen – weit weg aus dem Elend.

Meine Schwester wurde von ihrer neuen Lehrerin abgeholt und in ihr Klassenzimmer begleitet. Als ich mit meinen Mitschülern zu unserem Klassenzimmer gehen wollte, steuerte der Schuldirektor geradewegs auf mich zu. Die anderen gingen schnell weiter. Obwohl ich versuchte, ihm auszuweichen, drängte er mich in eine Ecke. Ruhig und leise fragte er mich, ob ich mit seinem Sohn spielen würde. Der habe großes Interesse an mir und wolle mich zum Essen einladen; leider habe er sich nicht getraut, selbst zu fragen. Sein Sohn war einige Jahre älter als ich, und ich mochte ihn überhaupt nicht. Doch aus Angst willigte ich ein.

Er bestellte mich zum Mittagessen am übernächsten Tag ein. Als ich an diesem Mittwoch nach der Schule vor seiner Tür stand, hatte ich eine dumpfe Vorahnung. Würden mir meine »Augen« am Hinterkopf helfen? Der Direktor fragte mich, ob ich mit seinem Sohn im Zimmer spielen wolle. Erleichtert nickte ich.

Der Junge saß in der Ecke und las ein Buch. Er schien überhaupt nicht an mir interessiert zu sein. Kurz schaute er auf und nickte mir zu. Ich setzte mich schüchtern auf einen Stuhl. Dann hörte ich, wie sich die Tür schloss und der Schlüssel gedreht wurde. Der Mann hatte uns beide im Kinderzimmer eingeschlossen! In bester Laune rief er uns zu, dass er durch das Schlüsselloch zusehen werde, wie wir zusammen Kinder machten. Erst dann gebe es was zu essen.

Ich setzte mich mit einem Buch in die gegenüberliegende Ecke und beobachtete den großen Jungen. Was würde er tun? Verschüchtert spähte ich über die Seiten in seine Richtung. Er rührte sich nicht von der Stelle. Ihm war diese Situation offensichtlich ebenso peinlich wie mir, und so saßen wir jeder in einer Ecke und lasen verlegen weiter. Ich war zwar unglaublich erleichtert, dass nichts geschah. Trotzdem verstand ich sein Desinteresse nicht; die anderen großen Jungs hätten bei so einer Gelegenheit nicht gezögert. Doch dieser hier machte gar keine Anstalten, mir näherzukommen. Konnte es wirklich sein, dass er von mir gar nichts wollte?

Als das Essen bereit war, schloss sein Vater lachend die Tür auf. Er machte Witze über unsere erste Hochzeitsnacht, bei der er zusehen wolle, und redete unaufhörlich dreckiges Zeug. Er sprach dauernd von »Sex«! Ich war schockiert, denn in meiner Familie kannte ich so eine derbe Sprache nicht. Zu meinem Erstaunen sagte seine Frau während des Essens gar nichts dazu, obwohl er unbeirrt weitermachte. Die Stimmung war unerträglich. Ich war heilfroh, als ich endlich wieder nach Hause durfte.

Der Direktor aber lauerte mir weiterhin auf. Er versuchte, mich beim Trampolinspringen abzupassen oder in sein Büro zu locken. Ich konnte ihm aber mittlerweile geschickt ausweichen. Immer, wenn er mich zu sich rief, musste ich noch kurz aufs WC oder meine Schultasche holen. Ich wurde richtig gut darin, mir Ausreden auszudenken, die ihm offensichtlich plausibel erschienen. Ich versuchte, so nett und höflich zu ihm zu sein, wie ich nur konnte.

Abendmahl I

Einige Monate vor meinem zehnten Geburtstag ging ich mit meiner Familie zum Abendgottesdienst. Es war bereits dunkel, doch die Kirche war auch zu diesem Lobpreis-Gottesdienst prall gefüllt. Nach dem gemeinsamen Singen wurden wir Kinder in verschiedene Sonntagsschulgruppen eingeteilt. Der Unterricht fand in verschiedenen Nebenräumen des Kirchengebäudes und auch im ehemaligen Kinderheim nebenan statt.
Auf dem Weg zum Kinderheim hörte ich, wie jemand meinen Namen rief. Erschrocken blieb ich stehen, die anderen eilten an mir vorbei. Ich wusste sofort, dass nun wieder etwas passieren würde, doch ich hatte keine Chance, dem zu entgehen. Man führte mich den kurzen Weg zum Dschungel und dann direkt zum Friedhof.
Die Grillen zirpten laut. Mücken surrten um mich herum, Nachtfalter flogen auf das nervös flackernde, spärliche Licht weniger Kerzen zu. Ich hörte murmelnde, monotone Stimmen und leises Flüstern. Es waren nicht viele Gestalten anwesend. Ich traute mich nicht, ihnen unter die tief ins Gesicht gezogenen Kapuzen zu blicken. Die angespannte, geheimnisvolle Stimmung ließ mich unkontrolliert zittern. Ich wagte es kaum, die hungrigen Mücken von meiner Haut zu verscheuchen.
Intuitiv spürte ich, dass der Tod anwesend war. Mein Körper war auf höchster Alarmstufe. Lebensbedrohliche Gefahr lag

in der Luft und ließ meine Sinne messerscharf die Szene erfassen. Leise bewegten sich die dunklen Gestalten im schummrigen Licht des Friedhofs mitten im dichten Urwald.
›Das muss heute ja sehr wichtig sein‹, dachte ich. Ich stand einige Meter neben der Gruppe und betrachtete das Treiben. Im Dunkeln konnte ich einen Jungen erkennen. Es war Finn. Er taumelte und wurde von einem der Männer gestützt. Am liebsten wäre ich zu ihm gerannt, um ihm zu helfen. Er konnte sich kaum auf den Beinen halten. Wenige Meter neben ihm erkannte ich Gabriele. Ein Stück weiter vorne links tauchte eine etwas kleinere, aber erwachsene Gestalt auf, ebenfalls mit einer großen Kapuze. Sie zerrte Melissa am Arm hinter sich her. Diese hielt den Kopf tief gesenkt und gab keinen Laut von sich. Ungeschickt torkelte sie hinter der Gestalt her. Sie stolperte über eine Wurzel, fing sich wieder und blieb dann vor dem großen Baumstumpf, auf dem Kerzen flackerten, stehen. Ihr Führer ließ ihren Arm nicht los und gab mit der anderen Hand ein Zeichen ins Dunkel. Eine weitere Gestalt mit einem Bündel auf dem Arm bewegte sich leisen Schrittes zum Baumstumpf und legte es dort ab und verschwand wieder in der Dunkelheit. Dann beugte sich Melissas Begleiter zu ihr und flüsterte ihr etwas ins Ohr. Verstört blickte sie auf, direkt in das Gesicht der Gestalt.
›Oh, Melissa‹, dachte ich erschrocken, ›das darfst du nicht tun! Niemals darfst du in die Gesichter der Kapuzenmänner blicken!‹ Er zog Melissa am Arm, langsam und recht unbeholfen begann sie das Bündel auszupacken.
›Was ist nur darin?‹, fragte ich mich. Mein Aufpasser trat einen Schritt zur Seite und verdeckte mir die Sicht. Jetzt herrschte gespenstische Stille, nur die Tiere der Nacht begleiteten das merkwürdige Treiben. Ich hörte ihr Zirpen und

Rascheln und den sanften Wind, der leise durch den Dschungel strich. Mir war kalt; ich schlug nach einer Stechmücke, die sich an meinem Arm zu schaffen gemacht hatte.
Endlich bewegte sich die Gestalt vor mir. Ich wagte kaum zu atmen und sah zu Boden. Er beugte sich zu mir und flüsterte leise: »Schau genau hin, das ist sehr wichtig. Du bist auserwählt und du bleibst auserwählt!«
Ich hatte keine Ahnung, was er meinte, und tat, was er mir sagte. Als Melissa das große Tuch aufschlug, kam ein kleines Kind zum Vorschein. Es sah aus, als würde es schlafen. Das hellblaue Kleid verdeckte die Beine. ›Es muss sehr klein sein‹, dachte ich, ›mit so kleinen Ärmchen und Füßchen.‹
Ich wagte mich zwei winzige Schritte näher zu dem mächtigen Baumstrunk. Das Kind lag mit ausgestreckten Beinen und Armen auf dem Tuch. Dann begann Melissa langsam das Kleid des Kindes auszuziehen. Das verstand ich nun gar nicht. Was sollte das werden? Ich hatte kleine Geschwister und kannte mich mit Babys aus. Es müsste doch aufwachen! Aber es blieb still, kein Laut, kein Geschrei. Ich hatte das große Bedürfnis, das Kind zu schützen. Es fror sicher und würde von den Stechmücken verstochen. ›Es muss ein Mischlingskind sein‹, schoss es mir durch den Kopf.
Immer wieder wurden in den Dörfern, in denen die katholische Kirche missionierte, solche Kinder geboren. Mein Vater hatte uns schon öfter auf diese hellhäutigen Indianerkinder aufmerksam gemacht und davon gesprochen, dass man die Wahrheit nicht verbergen könne. Ich wusste genau, wovon er redete.
Mittlerweile konnte ich dem nackten Baby zwischen die Beine schauen. Ja, es war definitiv ein Mädchen. Was sollte das, was wollten sie mit dem Baby? Das alles verwirrte mich. Mein

Drang, dem Kind zu helfen, wurde immer größer, aber ich wagte nicht, mich vom Fleck zu bewegen.

Der Mann neben Melissa hob das nackte Kind mitsamt dem Tuch auf seine Arme und ging hinüber zu Finn, Gabriele und ihren Begleitern. Im Kerzenschein blitzte ein Messer auf, dann bildeten sie einen Kreis um das Kind. Verwirrt sah ich zu Melissa hinüber, sie stand reglos neben dem Baumstumpf. Ich hörte ein Murmeln und Flüstern. Nach einer kurzen Weile trat einer der Männer zu Melissa und drückte ihr eine kleine, dunkle Schale in die Hände. Er zwang sie, daraus zu trinken.

Ich wartete stumm ab, was nun geschehen würde. Auf einmal wusste ich intuitiv, dass ich nun an der Reihe war. Die Gestalt kam auf mich zu, um mir die Schale zu reichen.

»Trink!«, befahl er mir.

Ich nahm die Schale in beide Hände. Sie fühlte sich warm an. Ein Schauder durchfuhr meinen Körper, ich musste den Brechreiz unterdrücken, als ich bemerkte, dass es Blut war. Nein, das wollte ich nicht trinken, niemals!

»Trink jetzt! Los!« Der Mann wurde ungeduldig, packte mich am Arm und befahl mir wieder, sofort aus der Schale zu trinken.

Ich hielt die Luft an und nippte kurz an der noch warmen Flüssigkeit.

»Nimm einen richtigen Schluck!«

Widerwillig gehorchte ich. Es schüttelte mich heftig am ganzen Körper, ich presste mir die Hand vor den Mund, bis ich es hinuntergeschluckt hatte. Gleichzeitig wurde mir bewusst, dass sie das Baby getötet hatten. Nackte Angst überkam mich. Ich wollte nicht sterben! Würden sie mich auch töten? ›Armes kleines Kind‹, dachte ich, ›ich konnte nichts tun für dich. Armes kleines Kind, armes, armes Baby.‹

Nun wurde uns wie immer gedroht. »Ihr habt als Auserwählte das echte Abendmahl getrunken. Niemand darf es wissen, sonst geht es euch wie der Kleinen, und andere werden *euer* Blut trinken!«
Dann wurde ich von einem der Männer zurück in die Abendsonntagsschule gebracht. Ich dachte an die Kuh, die ich einmal auf dem offenen Schlachtplatz zwischen der Schule und der Kirche gesehen hatte. Die Einheimischen hatten das Tier geschlachtet und das noch warme Blut in Schüsseln laufen lassen, um daraus Blutpudding zu machen. Nein, wie diese Kuh durfte ich nicht enden. Niemals.

Nach diesem Ereignis lebte ich wie in Trance. Die Angst nahm völlig überhand. Ich zog mich, so gut es ging, zurück und wagte mich nicht mehr zum Spielen hinaus. Nachts plagten mich die schrecklichsten Alpträume, meinen Körper spürte ich gar nicht mehr, ich merkte nicht, ob ich Hunger hatte oder Durst, ob mir kalt oder warm, ob ich müde oder wach war. Etwas Dumpfes lag über meiner Wahrnehmung und lähmte meine Gefühle vollständig. Wie eine Maschine funktionierte ich nach Plan, tat alles, was man mir sagte, um ja nicht aufzufallen. Doch immer mehr fühlte ich mich innerlich vollkommen leer. Wie eine wandelnde Hülle, ohne Sinn und Zweck.

Abendmahl II

An einem Sonntag danach fragte meine Mutter meinen Bruder und mich vor dem Gottesdienst, ob wir bereit seien, das Abendmahl zu nehmen. Sie hoffte, dass wir alt genug seien, um uns der Bedeutung dieser Handlung bewusst zu sein.
Philip verweigerte sich und lehnte störrisch ab. Ich wusste, wie wichtig es ihr war. Aber ich fürchtete mich schrecklich davor, dass ich mich versündigen würde, weil ich das Baby nicht gerettet hatte. Die Angst, durch eine Verweigerung aufzufallen, traf die Entscheidung für mich. Ich musste mitmachen und alles geduldig ertragen.
Zuvor hatte ich das Blut des unschuldigen Babys trinken müssen und nun wurde ich wieder aufgefordert, das Abendmahl zu nehmen. Was war denn nun jetzt das richtige Abendmahl? Verwirrt saß ich neben meiner Mutter und wartete brav, bis ich an der Reihe war.
Plötzlich wurde ich angestupst. Vor mir stand einer der Helfer, er zwinkerte mir zu und hielt mir das Tablett mit den kleinen Gläsern unter die Nase. Ich nahm eines, trank es aus und stellte das Glas zurück.
Ich schloss meine Augen, um Ruhe zu haben. Doch die Erinnerungen an das Blut und das tote Mädchen im hellblauen Kleid drängten sich mir auf, ein Bild nach dem anderen schoss mir durch den Kopf. Mir wurde übel und schwindlig. Erst als

die Gemeinde zu singen begann, kam ich in die Realität zurück. Als meine Mutter es bemerkte, umarmte sie mich. Wortlos saßen wir Arm in Arm in der Kirchenbank.
Ich nickte ihr zu, dann wischte ich mir schnell die Tränen weg. Zu Hause wurde das Abendmahl genauestens besprochen. Meine Eltern fragten mich, wie es für mich gewesen sei, und sahen mich erwartungsvoll an. Ich wusste, was ich zu antworten hatte.

Wir Kinder schwiegen eisern über den Mord und mieden angstvoll den Kontakt zueinander. Das Ritual hinterließ tiefe offene Wunden in meiner Seele. Unerträglich große Schuld lastete auf mir. ›Ich bin schuld am Tod des Kindes, ich habe es nicht gerettet!‹ Immer wieder jagten solche Gedanken durch meinen Kopf. Ich hätte das Kind gerne begraben und ein Kreuz für das Mädchen aufgestellt. Viele Male sah ich innerlich den Friedhof vor mir und betrachtete den großen Baumstumpf. Das kleine Mädchen war immer in meiner Seele präsent.

Lebensmüde

An einem besonders schwülen, heißen Tag schlich ich den staubigen Weg von der Schule müde nach Hause. Alles drehte sich in meinem Kopf. Ich konnte kaum mehr klar denken.

Als ich zu Hause die Tür öffnete, merkte ich gleich, dass etwas nicht in Ordnung war. Meine Eltern saßen schweigend meinem älteren Bruder am Esstisch gegenüber und starrten ihn an. Meine Mutter bat mich, auf mein Zimmer zu gehen. Ich gehorchte, lauschte aber der Unterhaltung. Mein Bruder hatte sich heimlich im Bolivianerdorf Zigaretten besorgt und war rauchend erwischt worden. Ich hatte jahrelang die heftigen Konflikte zwischen ihm und meinen Eltern miterlebt. Meine Eltern drohten die Kontrolle über ihn zu verlieren.

Da ich meinen Bruder über alles liebte, konnte ich es einfach nicht mehr ertragen, dass er sich schon wieder in große Schwierigkeiten gebracht hatte. Eine große Welle der Verzweiflung schlug über mir zusammen – nein, nicht auch das noch!

Es blieb nicht bei der Strafpredigt. Mein Vater schickte meinen Bruder raus, um eine Rute für eine Tracht Prügel zu suchen. Frech, wie er war, hielt er unserem Vater ein morsches Ästchen unter die Nase. Ich wollte nichts mehr hören und drückte mir mein Kopfkissen auf die Ohren, die lauten Stimmen kamen nur noch dumpf bei mir an. Dennoch bekam ich

mit, wie Philip schimpfend aus dem Haus in den Urwald rannte.
›Wo will er hin?‹, schoss es mir panisch durch den Kopf.
Meine Mutter weinte heftig, mein Vater tobte.
›Jetzt habe ich meinen Bruder verloren!‹ Verzweifelt versuchte ich einen klaren Gedanken zu fassen, aber es war einfach alles zu viel für mich. Ich wollte weg, irgendwohin, wo ich endlich Ruhe und Frieden finden könnte. Weg von meinen Peinigern, die mir immer wieder weh taten. Weg von dieser schrecklichen Angst, die mich auf Schritt und Tritt begleitete. In meinem Schmerz und meinem Elend sah ich nur noch einen Ausweg.
Verzweifelt zog ich meinen Badeanzug an und schlich zur Hintertür hinaus. Mechanisch und gefühllos machte ich mich auf den Weg zum See. Ich war fast alleine. Nur wenige Jungen spielten weiter draußen beim Floß. Miss Lilly schwamm in die andere Richtung, sie winkte mir von weitem freundlich zu. In ihrer Badekappe sah sie merkwürdig aus.
Ich sprang kopfüber ins Wasser. Dunkelheit umhüllte mich, niemand sah meine Tränen, meine Hilflosigkeit und meine Lebensmüdigkeit. Ich erinnerte mich an einen Bolivianerjungen, den man vor kurzem tot aus dem Wasser gezogen hatte. Er war ertrunken. Könnte ich nicht auch einfach hier unten bleiben, in der Schwerelosigkeit und Dunkelheit?
Instinktiv schwamm ich zurück zum Steg. An der Leiter hielt ich mich entschlossen fest. Mit aller Kraft klammerte ich mich an die Sprossen. Dann tauchte ich neunmal unter. Es war ein Ritual, das ich schon oft zuvor im Wasser praktiziert hatte. Zehn Jahre war ich alt, also tauchte ich noch ein zehntes Mal unter. Diesmal jedoch bis zum Grund des Sees, an den Sprossen der Leiter nach unten. An der untersten Sprosse hielt ich

mich fest – mit der größten Willenskraft, die ich je in mir gespürt hatte. Ich war entschlossen, nicht wieder nach oben zu kommen, sondern ich würde mich so lange daran festklammern, bis ich tot war. Ich schloss die Augen und ließ nicht locker.
»Gott, ich komme nun zu dir. Du warst nie bei mir, darum komme ich nun zu dir. Dann musst du für mich sorgen.« Stille umgab mich. ›Sollte ich überleben, dann war es ein Engel, der mich gerettet hat‹, schoss es mir noch durch den Kopf. Ich spürte, wie Frieden einkehrte. Dunkelheit und Ruhe, endlich Ruhe.

Von sehr weit weg hörte ich eine leise Stimme: »Wach auf, sag was, Christina!« Jemand schlug heftig auf meine Wangen und redete energisch auf mich ein. »Du bist fast ertrunken! Deine Lippen sind ganz blau, Sweetheart. Was hast du nur angestellt? Was ist passiert? Hast du dir den Kopf angeschlagen? Gott sei Dank habe ich gemerkt, dass du nicht wieder aufgetaucht bist. Komm schon, sag was, Christina!«
Die Stimme wurde allmählich lauter. War ich im Himmel? Hatte mich ein Engel gerettet? Wieso lebte ich noch? Wie war ich aus dem Wasser gekommen? Ich spürte, dass mich jemand im Arm hielt und mir über den Kopf strich. Benommen öffnete ich die Augen.
Mrs. Lillys Gesicht war dicht über mir, erleichtert schaute sie mich an. »Thank god you're back, darling«, stotterte sie. »Was hast du nur gemacht, Kleines?« Sie drückte mich an ihren nassen Körper und ließ mich lange nicht los.
In diesem Moment fühlte ich mich geborgen, geliebt und umsorgt. Die Liebe erfüllte meine Seele und gab mir Kraft. Miss Lilly war mein Engel, sie hatte mich gerettet.

»Bitte pass besser auf dich auf, wir brauchen dich noch hier«, flüsterte sie leise.
»Danke, Tante Lilly, danke, dass du mich gerettet hast. Aber bitte sag meinen Eltern nichts, sonst bekommen sie Angst und verbieten mir das Baden. Ich darf doch gar nicht alleine baden gehen, bitte, bitte, sag meiner Mama nichts! Ich mach es auch nie wieder, das verspreche ich dir!«
Sie willigte ein und ließ mich nach einer festen Umarmung gehen. »Take care, my dear!«, rief sie mir hinterher. Ahnte sie vielleicht doch, dass alles ganz anders war und in welcher Lage ich steckte?
Innerlich wünschte ich mir sehnlichst, dass sie die Zeichen, die ich schon so oft ausgesendet hatte, erkennen konnte. Sie war die einzige Person, der ich zutraute, mir zu glauben. Und doch schaffte ich es nicht, die Wahrheit offen auszusprechen. Benommen packte ich mein Badetuch, um mich auf den Heimweg zu machen. Ich war erschöpft und zugleich erstaunt, dass ich noch am Leben war. Was sollte ich nun mit dem Leben anfangen? Ein Engel hatte mich gerettet. War das mein Schicksal? Leise schlich ich zurück in mein Zimmer. Niemand hatte meine Abwesenheit bemerkt.
Ich legte mich ins Bett und schlief sofort ein. Meine Mutter weckte mich zum Nachtessen, und mir fiel ein Stein vom Herzen, als ich Philip am Tisch sitzen sah. Ich setzte mich neben ihn und reichte ihm dankbar meine Hand, wie immer beim Tischgebet.
»Lieber Herr Jesus! Wir danken dir für den Tag, auch wenn er sehr schwierig war. Danke, dass wir wieder Frieden haben miteinander. Wir danken dir, dass du immer für uns sorgst und wir immer genug zu essen haben. Amen«, betete mein Vater.
Wie aus einem Mund tönte es: »En guete mitenand!«

Vielleicht hatte mein Vater recht, und Jesus hatte endlich auch einmal für mich gesorgt und mich aus dem dunklen See gerettet? Wortlos saß ich da und brachte kaum einen Bissen runter. Nach dem ganzen Ärger mit meinem Bruder achtete niemand darauf oder fragte nach, was los war.
Am nächsten Morgen wachte ich früh und gut gelaunt auf. Ich fühlte mich wie neu geboren. Was war nur mit mir geschehen? Noch nie zuvor hatte ich einen so starken Überlebenswillen gespürt wie jetzt. Ich wollte leben, um alles in der Welt wollte ich leben!
»Ich werde es schaffen, so wie Daniel der Traumdeuter aus der Bibel es geschafft hat«, versprach ich mir. Wie er war ich von einem Engel gerettet worden. Ich war wie verwandelt.

Dieser Vorfall veränderte mein Leben maßgeblich. Es stellte sich mir von diesem Moment an nie wieder die Frage, ob ich leben wollte oder nicht. Ich wollte leben, und zwar gut. Ein winzig kleiner Keim an Glauben begann in meinem Herzen, in meiner Seele zu treiben. Das Korn würde wachsen und mein Selbstbewusstsein stärken. Ich spürte, dass dies der Anfang einer neuen Phase war.
Die äußeren Umstände meines Lebens konnte ich nicht beeinflussen, ich wurde weiterhin missbraucht. Aber ich wusste, dass ich gerettet worden war und dass dies einen Grund haben musste. Sonst hätte Miss Lilly nicht gesagt, dass sie mich noch brauchen würde. Ich verstand nicht, wofür man mich brauchen könnte, doch ich war felsenfest davon überzeugt, dass es so war.
Wieder fing ich an, neue Strategien zu entwickeln. Als Erstes flüchtete ich in meine eigene innere Welt, denn meine Fantasie beflügelte mich und gab mir Linderung und Schutz.

Sturmflug

Es war kein angenehmer Flug nach San Lorenzo. Wir gerieten in einen der häufig über den Urwald hinwegziehenden Stürme. Ich war zehn Jahre alt, mein zwei Jahre älterer Bruder Philip und Tante Gertrude hatten sich neben mich in die Cessna gequetscht. Tante Hannelore saß vorne neben dem Piloten, den ich noch nicht kannte. Beide Tanten hatten sich bereit erklärt, mit uns die Sommerferien im Indianerdorf zu verbringen. Ich freute mich riesig auf die Zeit in San Lorenzo. Endlich würde ich Ruhe vor den Männern haben und ein paar Wochen sorglos mit meiner Freundin spielen dürfen. In San Lorenzo müsste ich nicht dauernd auf der Flucht sein, vielleicht könnte ich dort sogar die Erinnerung an das Abendmahl aus meinem Kopf vertreiben.
Doch noch waren wir nicht dort. Der Pilot forderte uns auf zu beten, weil der Sturm immer heftiger wurde. Ich schloss die Augen. Angst wollte sich in mir breitmachen, gleichzeitig war ich jedoch im tiefsten Innern davon überzeugt, dass mir nichts mehr geschehen könnte. So bekam ich die Angst in den Griff, obwohl der Flug so schlimm war, dass ich mich dauernd übergeben musste.
Der Pilot behielt die Kontrolle, und endlich ratterte die Cessna über die holprige Landebahn. Ich liebte die Aufregung und das Prickeln, das beim Landen durch meinen ganzen Körper fegte. Auch dieses Mal hatte ich gewonnen. Ich hatte mich über die

Jahre mit all meinen Ängsten arrangiert. Für mich waren sie stete Begleiter geworden. Es war wie ein Spiel, das ich zu gewinnen versuchte. Sobald die Angst erneut hervorkroch und mich wie eine fette Boa umschlingen und erdrücken wollte, versuchte ich sie zu besiegen. Ich legte mir meine eigenen Taktiken dafür zurecht, und diese Landung war ein solcher Moment, aus dem ich als der Sieger über die Angst hervorging.
Dennoch kroch ich recht benommen und mit zitternden Knien aus der kleinen Büchse, wobei ich versuchte, die Einheimischen, die sich auf der Landebahn versammelt hatten, mit einem Lächeln zu begrüßen.
»Xaume, untuwo nassioriqui«, begrüßte ich sie in der Frauensprache, wie man es mir beigebracht hatte. Bei den Chiquitanos gab es klare sprachliche Unterschiede zwischen Männern und Frauen. Ich wusste, was ich als Frau zu sagen hatte, und mein Bruder begrüßte sie mit »Xamu – Xa«. Alle stürmten zu uns, um uns zu helfen, das Gepäck ins Haus zu bringen.
Meine Sorgen und Ängste waren sofort wie weggeblasen. Die Indianer wollten wissen, wie es meinem Vater, den sie Don Miguel nannten, gehe. Er war für sie ein Wohltäter und Helfer, und das ganze Dorf hatte Hochachtung vor diesem hellblond gelockten, bärtigen Mann. Er hatte ihnen durch eine Schrift für ihre Sprache eine neue Identität gegeben und ihnen so die Bibel verständlich gemacht. Er hatte eine Schule aufgebaut, Lehrer ausgebildet, ein einfaches Gesundheitssystem installiert und ihnen grundlegende Hygiene beigebracht. Mein Vater hatte ihr Leben revolutioniert. Ihnen die Bibel zu bringen war seine Vision, sein christlicher Antrieb.
»Liebe deinen Nächsten wie dich selbst.« Das war ihm bei den Indianern in San Lorenzo offensichtlich gelungen. Doch

ich, war ich nicht auch seine Nächste, seine eigene Tochter? Ja, das war ich, aber wie sollte er mir helfen, wenn ich nichts sagen konnte?

Meine Eltern waren in diesen Ferien in Tumi Chucua geblieben, um an der Bibelübersetzung weiterzuarbeiten, während Philip und ich einige Wochen mit den Tanten im Stamm verbringen durften. Diese beiden Frauen waren die engsten Mitarbeiterinnen meiner Eltern und hatten die Chiquitano-Sprache gelernt. Ich freute mich unheimlich, meine Freunde zu sehen. Wie oft hatte ich Sehnsucht nach dem kleinen Indianerdorf gehabt, das wir wegen der Schule nur noch in den dreimonatigen Sommerferien besuchen konnten. Ich genoss den Rummel um mich und meinen Bruder, auch wenn ich mich erst wieder an die Sprache gewöhnen musste. Juanita war auch gekommen. Sie war noch immer meine beste Freundin, und ich freute mich darauf, mit ihr das Wasser auf dem Kopf ins Dorf zu tragen, zu baden und im seichten Fluss die Wäsche zu waschen.

Unser Haus lag einige Minuten außerhalb des Dorfes in der Nähe des kleinen Flusses. Liebevoll berührte ich die Wand neben der Tür. Sie war aus einem Gemisch von Mist, Lehm und Stroh gebaut, das zwischen Bambusgeflecht gedrückt war. Kleine braune Klümpchen bröckelten auf meine Sandalen. Über mir krächzte es, ein junger Papagei schaute mich von oben herab an. Er stolzierte auf den langen trockenen Grasbüscheln, mit denen das Dach gedeckt war, als sei er der Hausherr. Ich betrat den Patio. Feine Lichtstrahlen fielen durch kleine Löcher im Dach bis auf den Boden. ›Oje, wenn es regnet, müssen wir wieder Kessel unter die undichten Stellen stellen, das Dach muss unbedingt neu gedeckt werden‹, ging es mir durch den Kopf. Auf dem Fußboden, der aus roter Erde festgestampft war, schlängelte sich eine Ameisenstraße. Es würde den Ameisen wohl nicht gefallen, dass wir jetzt wieder jeden Tag mit einem selbstgemachten Besen den Boden wischen und ihn ab und zu mit Wasser benetzen und frisch anstampfen würden.

Voller Freude hüpfte ich durch das Haus. Alles war genauso, wie ich es von klein auf kannte. Im Wohnzimmer begrüßte ich unseren einfachen Tisch mit den sechs Hockern, die Hängematte und das Büchergestell links neben der Tür. Philips Plastikflugzeug lag noch immer auf dem Holzbrett, das als Ablage diente. Es war das Objekt der Begierde für alle Indianerkinder, die mit uns spielen wollten. Daneben stand die kleine Funkstation. Sie war die einzige Verbindung zur Außenwelt.

Dieses Gerät war das Heiligtum unseres Hauses, und uns Kindern war es strengstens verboten, es zu berühren. Ich liebte es, wenn meine Eltern mit dem ovalen, silbrig glänzenden Mikrofon in der Hand, das schwarze gekringelte Verbindungskabel in der Luft, mit der Basis Kontakt aufnahmen und jeden Satz mit »Over« beendeten. Es hörte sich so wichtig an, als hätten sie Kontakt zum Weltall hergestellt. Ich wünschte mir, auch einmal ein solches Gerät zu besitzen.

Im Kinderzimmer nebenan waren mittlerweile drei Betten unter den Hängematten aufgebaut. Ich ignorierte sie und sprang direkt in die bunten Tücher. Die Chiquitanos waren Meister im Weben dieser wundervoll schaukelnden Betten. Dann rannte ich hinter das Haus, zu dem kleinen Küchenhäuschen. Mein Vater hatte eine offene Kochstelle aus Steinen und Lehm gebaut. Daneben war eine Arbeitsfläche aus Holz angebracht. Ich öffnete das kleine Fenster, indem ich den Holzladen von unten nach oben öffnete und mit dem Stock

feststeckte. Ganz hinten im Hof sah ich das Toilettenhäuschen.
Handgetöpferte Krüge warteten darauf, von uns Frauen auf den Köpfen zum Fluss und gefüllt wieder zurückgetragen zu werden. Ich schnappte mir einen Krug und rannte durch den Dschungel zum Fluss. Juanita kam mit. Sie erinnerte mich an das eine Mal, als ich einen vollen Wasserkrug fallen gelassen hatte. Das war ein Gelächter gewesen!
»So wirst du nie eine gute Ehefrau werden!«, hatten meine Freundinnen damals lauthals gespottet.
Aber jetzt tobten wir uns erst mal richtig aus. Wir liebten es, uns anzuspritzen und uns abzukühlen vom tropischen Wetter. Auch wenn das Unwetter gerade erst vorbei war, wollte ich nicht länger auf diesen Spaß warten.
Nach dem Bad kehrten wir mit den gefüllten Krügen heim. Ich hatte keine Probleme, es klappte sofort wieder.
Die ersten Tage vergingen wie im Flug. Ich blühte auf und vergaß alle Sorgen. Tante Hannelore war es nicht entgangen, wie freudig ich mit den anderen Kindern spielte. »Sie fühlt sich sichtlich wohl! Over! Ich habe sie selten so lebendig und zufrieden erlebt, Over!«, versicherte sie meiner Mutter über das Funkgerät.
Mit den beiden Tanten waren wir viel unterwegs. Wir besuchten die Erwachsenen im Dorf, um ihnen Lesen beizubringen. Es war mir klar, wenn sie nicht Lesen lernten, hätte das Übersetzen der Bibel gar keinen Sinn. Eines Tages begleitete ich Juanita in die Schule, die mein Vater gebaut hatte. Der Unterricht begann mit einem Morgenritual. Die Schüler stellten sich vor dem Schulhaus in Reih und Glied der Größe nach auf. Dann wurde die bolivianische Landeshymne gesungen. Der älteste Schüler hisste ehrfürchtig und stolz dazu die Flag-

ge: »*Morir antes que esclavos vivir*«, sangen wir aus vollen Kehlen. »Lieber sterben, als wie Sklaven zu leben«, lautete es dreifach im Refrain der Hymne.
Das Lied hallte durch meine Seele und setzte sich in meinen Gedanken fest.
»Ich bin eine Sexsklavin«, zischte es blitzartig durch meinen Kopf. »Nein, das darf nicht sein, das ist noch schlimmer als ein Sklave!«
Morir antes que esclavos vivir, morir antes que esclavos vivir, morir antes que esclavos vivir ... klang es unaufhörlich durch meinen Kopf, als ich mich an diesem Abend müde und traurig in die Hängematte legte. ›Ja, lieber sterbe ich, als wieder zurück nach Tumi Chucua zu gehen. Ich will hier im Stamm bleiben, wo ich mich sicher fühle‹, dachte ich.

»Wach auf, Chrigi, ich habe eine riesige Boa im Garten gekillt!« Mein Bruder rüttelte aufgeregt an meiner Hängematte. »Ich habe sie mit Hernando getötet. Jetzt zieh ich ihr die Haut ab, und dann essen wir sie«, witzelte er. »Das wird ein Fest! Komm und hilf mir!«
Ich war sofort wach. Mit einem Satz hüpfte ich aus meiner Hängematte und folgte ihm barfuß in den Garten. Kopflos lag die Schlange da. Gott sei Dank! Was, wenn sie ins Haus oder gar in unser Zimmer geschlichen wäre? Ein wenig tat sie mir leid, ich mochte diese geschmeidigen, geheimnisvoll schimmernden Tiere. Mir wurde oft genug eingetrichtert, dass sie das Böse symbolisieren, den Teufel, die Schuld, die ganze Geschichte mit Adam und Eva. Nein, trotzdem mochte ich diese Tiere. Hatte Gott sie nicht auch geschaffen? Hatten sie sich selbst entschieden, böse zu sein, oder war der Teufel wirklich in sie gedrungen? Doch im Grunde war es ketze-

risch, überhaupt solche Dinge zu denken. Das wusste ich und hielt den Mund.
Der Kopf der Schlange lag blutig etwa einen Meter neben dem Körper. Traurig betrachtete ich ihn von nahem. War sie in der Hölle? Mussten alle Schlangen in die Hölle, wegen Adam und Eva? Ich schaute zu, wie Philip geschickt sein Messer schliff. Eifrig und mit strahlendem Gesicht setzte er das Messer an und schnitt sauber und behutsam die Schlangenhaut auf. Er häutete das Tier, es konnte sich dagegen nicht mehr wehren, es war tot, hilflos und steif. Mitleid erfüllte mich, für die Schlange und auch für mich selbst. Es ging mir ja genauso. Ich fühlte mich wie sie – ausgezogen, mit Gewalt gehäutet, meiner Würde, meiner Unschuld beraubt. Nackt und tot, ohne Schutz lagen wir beide auf der staubigen Erde dieser Welt.
Ich konnte nicht ahnen, dass die Schlangenhaut mich noch jahrelang an mein Selbstmitleid erinnern und es nähren würde. Philips Jagdtrophäe sollte ihren Ehrenplatz an der Wand in unserem Zuhause bekommen.
»Hol mir das Salz aus der Küche, Chrigi!«, befahl Philip.
»Sag gefälligst bitte!«, entgegnete ich trotzig, machte mich aber gleich auf den Weg. Er rieb die Innenseite der Haut mit Salz ein und nagelte sie an ein langes Stück Holz. Die Sonne würde sie austrocknen und den üblen Geruch beseitigen.
»Es ist Zeit, ins Dorf zu gehen, Philip und Christina!«, rief uns Tante Hannelore zu. Ich freute mich darauf, doch der Gedanke an die Chicha ließ mir die Haare zu Berge stehen.
Wir waren wie so oft von den Indios zum Essen eingeladen. Es gab meistens den gleichen Eintopf: Reis und Hühnchen mit Erdnusssoße und Kochbananen. In der Mitte jedes Hauses befand sich eine Feuerstelle, wo der Eintopf stundenlang vor sich hin schmorte. Die Bananen wurden ins offene Feuer

gelegt, bis ihre Haut ganz schwarz und das Innere weich gekocht war – ich liebte es! Ananas, Papaya, Orangen, Mandarinen, kleine Fingerbananen, Guaven und tonnenweise Erdnüsse gab es zwischendurch.
Für Feste oder wichtige Anlässe stellten die Indios aus Yucca ein besonderes Getränk her, sie nannten es Chicha. Zur Feier unserer Ankunft gab es immer Chicha. Sie drückten so ihre Gastfreundschaft uns gegenüber aus und nutzten die Gelegenheit, ein Fest zu veranstalten. Chicha war das Einzige, was ich fast nicht die Kehle runterkriegte, aber wir Gäste mussten sie aus Anstand trinken.
Für die Herstellung des Getränks nahmen sich unsere Gastgeber viel Zeit. Zuerst schnitten sie Yuccaknollen in Stücke und kochten sie lange. Danach versammelte sich die ganze Familie und setzte sich um einen mit Wasser gefüllten Tontopf auf den Fußboden. In aller Ruhe kauten sie nun die Yuccastücke, um sie anschließend in den Topf zurückzuspucken. Die dabei entstehende dickflüssige Brühe wurde dann noch mit Zuckerrohr gesüßt und mit Wasser verdünnt. Wir Gäste hatten die Ehre, den Satz, also das Gekaute, Faserige des bittersüßen Getränks zu genießen. Wie gerne hätte ich auf diese Ehre verzichtet!
Bei besonderen Anlässen ließen die Männer das Getränk in der Hitze stehen. Durch die Spucke begann die Brühe zu gären, und es bildete sich alkoholhaltige Chicha. Von meinem Vater wusste ich, dass sie diese Chicha immer öfter tranken, um ihre Sorgen zu vergessen und den Hunger nicht mehr zu spüren. Es kam vor, dass Stürme über das Land fegten und die ganze Ernte zerstörten. Viele Kinder starben an Unterernährung und Krankheiten. Der Tod schien den Einheimischen näher als das Leben.

In diesem Bewusstsein wuchs ich auf, der Tod war ein steter Begleiter des Lebens, doch trotz aller Gefahren, die auf uns lauerten, fühlte ich mich sicher und heimisch in San Lorenzo. Vor den schlimmen Alpträumen konnte ich mich aber auch hier nicht schützen, sie ließen mich schweißgebadet aufwachen und verhinderten, dass ich die Gewalttaten vergaß. Könnte ich doch hierbleiben!

Die Geschichte aus der Bibel von Daniel in der Löwengrube faszinierte und beschäftigte mich stark in dieser Zeit. Daniel war in ein fremdes Königreich verschleppt worden. Weil er sehr klug war und Träume richtig deuten konnte, wurde er nach dem König und seinem Sohn zum wichtigsten Mann im ganzen Reich. Er liebte seinen Gott und war dankbar, doch böse Männer stellten ihm eine Falle, und er wurde in die Löwengrube geworfen. Daniel blieb tapfer und vertraute seinem Gott. Die hungrigen Löwen verschmähten ihn, da Gott seine Engel zum Schutz geschickt hatte. Daniel, der Traumdeuter, durfte wieder an die Seite des Königs treten; die bösen Männer aber wurden in die Löwengrube geworfen und sofort aufgefressen.

Diese Befreiung gefiel mir, ich wünschte mir, auch eine Traumdeuterin zu sein und die Gewissheit zu haben, dass ich vor allem Bösen gerettet würde. Genau wie Daniel war ich gefangen, ohne Ausweg. Man hatte mich zum Dienen erwählt und gebrandmarkt. Ich war eine moderne Sklavin im Namen ihres Gottes und folgte den Anweisungen meiner Peiniger und Quäler. Und Daniel in der Löwengrube? Er hatte es geschafft. Er hatte einen Weg heraus aus seiner Gefangenschaft und aus der Löwengrube gefunden. Ich wollte so sein wie Daniel.

Traum-Zeichen

In meiner Hängematte versuchte ich es. Ins Dunkel der Nacht gehüllt, ließ ich meinen Gedanken freien Lauf. Traumdeuten wie Daniel wollte ich, doch mit welchem Traum anfangen? Am besten begann ich mit meinem hartnäckigsten Traum, der mich immer wieder verfolgte. Ich begann, mich auf den Traum zu konzentrieren. Ich sah in mir das gleiche klare Bild, die gleiche Handlung, das gleiche Ende und spürte die gleiche Angst, wie sie mich in vielen Nächten schweißgebadet hatte aufwachen lassen. Alles in mir sträubte sich gegen diese Angst, doch ich entschied mich dranzubleiben. Ich hatte keine Ahnung, wie man Träume deutete, aber ich wollte es lernen. Wer war dieser Zwerg, der mich immer und immer wieder verfolgte? Sein weißer, ellenlanger Bart berührte den Boden. Er trug eine Mütze oder eher eine Kapuze. Sein gedrungener Körper mit den kurzen Beinen bewegte sich erstaunlich schnell. Ich war mit ihm alleine. In der Hand hielt ich stets eine Zeichnung, die ich unbedingt vor ihm retten musste. Der böse Zwerg versuchte mir immer und immer wieder, die Zeichnung wegzunehmen.
Panik ließ meine Beine zappeln, als wäre ich soeben wirklich davongerannt. Ich hatte wohl etwas zu verlieren mit dieser Zeichnung, überlegte ich mir. Aber was nur?
Mein Fazit nach langer Überlegung war, dass ich mir mein Bild nicht wegnehmen lassen würde. In dieser Nacht fasste

ich einen überlebenswichtigen Entschluss. Ich war felsenfest davon überzeugt, dass ich den Traum gedeutet hatte: Es war eine Aufforderung an mich, mir etwas zu schaffen, das mir niemand nehmen konnte. Und so entschloss ich mich, von dieser Nacht an zu malen und zu zeichnen. Das würde meine Sprache werden, meine neue Geheimsprache. Niemand würde es mir verbieten, und ich könnte damit meine innere Freiheit erhalten.

Zufrieden und erleichtert schlief ich in dieser Nacht ein. Am nächsten Tag bat ich meine Tante um ein Blatt Papier und Farbstifte. Ich wollte das Bild des Traumes aufzeichnen, doch das Ergebnis war niederschmetternd. Enttäuscht knüllte ich das Papier zusammen. Ohne Hilfe konnte ich meinem eigenen hohen Anspruch an mich selbst nicht gerecht werden. Ich wusste, dass Mama sehr gut zeichnen konnte, und hoffte, dass sie es mir beibringen würde. So musste ich mich bis nach den Sommerferien gedulden.

In der Zwischenzeit kam mir die Idee, eine eigene Geheimschrift zu entwickeln. So könnte ich alles aufschreiben, ohne dass es jemand lesen konnte. Dabei musste ich mich vor Philip in Acht nehmen, der wollte immer alles wissen. Die nächsten Tage verkroch ich mich still und leise in eine Ecke des Hauses und arbeitete an meinem Geheimnis.

Die Schrift sollte chinesisch wirken, die fremden Zeichen hatten mich schon immer fasziniert. Für jeden Buchstaben erfand ich eine Kombination aus Strichen, lernte mein selbsterfundenes Alphabet schnell auswendig und verbrannte das Original aus Angst, jemand würde es finden. Diese Geheimschrift wurde zu meinem steten Begleiter, unauslöschlich in mein Gedächtnis eingebrannt. Mein Traum hatte mich also zu einer neuen Überlebensstrategie geführt.

Die Zeit verging viel zu schnell. Es blieben uns nur noch wenige Tage, bis wir wieder nach Tumi Chucua reisen mussten. Ich wurde immer stiller. Angst und Panik schlichen sich in meine Seele ein. Was würde nun wieder auf mich zukommen? Was würde als Nächstes mit mir geschehen? War wieder ein neuer Missionar auf der Basis? Wie konnte ich meine Peiniger umgehen, ihnen ausweichen?
Ich hasste ihre Rituale über alles. Ich fürchtete mich davor und verstand deren Sinn nicht. Wollte Gott wirklich, dass Menschen solche Dinge tun? Wollte er wirklich, dass ich für ihn Schmerzen litt und als Sklavin leben musste? Wieso war gerade ich auserwählt worden? Wenn das mein Kreuz war, das ich auf mich nehmen musste, dann war es mir nun endgültig zu schwer geworden. Daniel der Traumdeuter hatte es geschafft, und ich wollte wie er überleben und frei werden. Ich begann mich innerlich aufzulehnen. Ja, ich wollte frei sein, und wenn mir das nicht gelingen würde, dann musste ich einen anderen Ausweg finden.
Morir antes que esclavos vivir, morir antes que esclavos vivir, hallte es durch meinen Kopf, als ich am Tag der Abreise in der Hängematte erwachte. Leise stand ich auf, schrieb den Satz in meiner Geheimschrift auf ein Blatt Papier und legte es in meine Bibel. Die würde niemand anfassen. Meine Bibel war der einzige stete Begleiter, den ich hatte; gemeinsam mit Papier, Farbstiften und nur wenigen Kleidungsstücken wurde sie in meinen Minikoffer gepackt.
›Ich werde nicht mehr Sklave sein‹, sagte ich mir immer wieder innerlich. Die Gewalt musste ein Ende haben. Ich musste meine Freiheit finden, meinen Frieden und meine Selbstbestimmung! Nie wieder wollte ich als Sklave leben. Der Entschluss stand fest. Ich nahm mir vor, konsequent für meine

Freiheit zu kämpfen, ohne jemandem ein Wort darüber zu erzählen.

»Bitte rette mich, lieber Gott. Bitte rette mich vor den Peinigern! Und vor der Qual. Ich kann so nicht mehr leben. Und ich will so nicht mehr leben!«, betete ich inbrünstig mit Tränen in den Augen, als die Cessna in die Luft abhob, um uns nach Tumi Chucua zu bringen. Krampfhaft klammerte ich mich an die letzte Hoffnung, die mir blieb: Gott würde meine Gebete erhören. Ich hoffte mit ganzer Kraft und jeder Faser meines Körpers darauf. Er musste mir einfach helfen. Er war ein guter Gott, und was die Männer mit mir machten, war nicht gut, dessen war ich mir ganz sicher. Gott würde mir helfen, bestimmt.

Fette Brownies

Auch wenn ich schweren Herzens San Lorenzo verlassen musste, freute ich mich doch, meine kleinen Geschwister wiederzusehen. Als wir unser Haus betraten, stieg mir der Geruch von frischer Tomatensauce in die Nase.
»Spaghetti!«, rief ich überglücklich. »Das haben wir schon lange nicht mehr gegessen, danke, Mama.« Ich umarmte sie und gab ihr einen dicken Kuss auf die Wange.
Papa betete wie immer und dankte Gott, dass wir alle wieder gesund und glücklich an einem Tisch sitzen durften. Mama erzählte uns, was in der Zwischenzeit auf der Basis passiert war. Einige neue Missionare seien aus Amerika gekommen.
Mir stockte der Atem: Würden sie für mich zur Gefahr werden? Ich versuchte mich innerlich zu beruhigen: »Es wird schon gut, Gott wird mich schützen.«
Es dauerte nicht lange, bis ich wieder mit den Tätern in Berührung kam. Dieses Mal lauerte mir nach meiner Klavierstunde ein Lehrer auf und drückte mir mit einem Augenzwinkern einen kleinen Zettel in die Hand.
Während ich noch überrascht auf dieses Stück Papier schaute, beugte er sich zu mir und flüsterte mir ins Ohr:
»Ich warte nächste Woche nach deiner Klavierstunde auf dich. Es gibt Limonade, und ich backe Kuchen, nur für dich. Aber es ist ein Geheimnis. Was auf dem Zettel steht, darf niemand – gar niemand – erfahren! Hast du verstanden, Süße?«

Sein langer zottiger Bart kratzte an meiner Wange, es war eklig. Er versuchte, mich am Arm zu halten, doch ich entzog mich und wich einen Schritt zurück. Beschämt schaute ich auf den Boden und steckte den Zettel in die Tasche. Dann rannte ich die Treppe hinunter.
›Nicht schon wieder so einer‹, dachte ich. Was blieb mir anderes übrig, als seinem Befehl zu gehorchen? Ich sah ihn jeden Tag in der Schule, er und die anderen würden weiter über mich wachen.
Beim nächsten Mal ging ich nicht mehr gerne zu meinem sonst so heißgeliebten Klavierunterricht. Viel zu schnell war die Stunde um, und ich musste den Saal verlassen. Da war er. Ich hatte keine Chance, mich an ihm vorbeizudrücken. Lächelnd zog er mich in seine angrenzende Wohnung. Er ließ keinen Zweifel daran, was er von mir wollte. Es dauerte lange, und mein ganzer Kiefer tat mir weh, bis er endlich zufrieden war.
Bei diesem ersten Mal musste ich mich erbrechen, worauf er heftig mit mir schimpfte. Danach zwang er mich, seine Kekse zu essen. Mit letzter Kraft würgte ich die fetten Brownies hinunter. So ging das Woche für Woche. Die Vorstellung, ein Bart- oder Schamhaar darin zu finden, widerte mich an. Mir war speiübel, jedes Mal.
Ich ekelte mich extrem vor diesem ungepflegten Mann, er stank oft nach altem Schweiß, seine langen, krausen Haare waren fettig. Er hatte seine eigenen sexuellen Vorlieben, und ich musste sie ihm erfüllen. Er war anders als die anderen Peiniger. Ich hatte es manchmal sehr schwer, bis er befriedigt war und mich gehen ließ. Ich nannte ihn heimlich »den Schleimer«, denn oft duftete es nach seinen frischen Keksen bis in die Kirche hinein, während er seine Perversitäten an mir über alles genoss.

Draußen dachten die Leute wohl, wie schön, dass dieser Lehrer so feine Kekse backen kann. Drinnen aber stöhnte er laut, rülpste und furzte ohne Scheu, während er mich missbrauchte. Mit den gleichen Händen, mit denen er zuvor den Teig geformt hatte, drückte er auf meinen Kopf, während ich auf einem Holzschemel vor ihm zwischen seinen gespreizten Beinen knien und ihn mit dem Mund befriedigen musste. Dabei strich er mir immer wieder meine Haare aus meinem Gesicht, um mich besser beobachten zu können. Er war es auch gewesen, der mich dazu aufforderte, meine schönen langen Haare kurz zu schneiden, denn sie wurden ihm bald zu lästig. Ich war schockiert. Immer hatte ich so lange Haare gewollt wie die großen Mädchen. Und nun waren sie so schön gewachsen. Doch es half nichts, er bedrängte mich jedes Mal.

Da ich es gewohnt war, den Missbrauchern zu gehorchen, bat ich schweren Herzens meine Mutter, mir die Haare zu schneiden. Sie war vollkommen überrascht über meinen offensichtlichen Sinneswandel, wusste sie doch, wie stolz ich auf meine Haare war.

»Mama, mit meinen dichten Haaren ist mir immer so heiß, bitte schneid sie ab!«, bettelte ich sie an, bis sie nachgab.

Als ich jedoch das erste Mal mein Spiegelbild sah, hätte ich laut aufheulen können. Der Schleimer aber freute sich sehr und ergötzte sich noch mehr an mir.

Ich hatte keine Chance, mich ihm nach der Klavierstunde zu entziehen. Doch er wollte noch mehr. In der Schule oder wo auch immer er mir über den Weg lief, steckte er mir kleine Zettel zu. Darauf waren ein Ort und eine Zeit angegeben. Ich wusste, dass ich zu seinem Termin dort erscheinen musste. Hin und wieder bestellte er mich auch in die Bibliothek. Für mich war es dort der blanke Horror. Manchmal presste er mich mit seinem massigen Körper gegen die Wand und rieb seinen schlappen Penis heftig an mir. Dabei zwang er meine Arme auseinander, ich fühlte mich gefangen und gekreuzigt zugleich. Was sollte das, warum diese Pose? Ich konnte nur die Augen schließen und diese Art des Missbrauchs still und stumm über mich ergehen lassen.

Er aber flüsterte mir säuselnd ins Ohr: »Du siehst aus wie Jesus, der sein Kreuz auf sich nimmt. Gott wird dich für deine Dienste belohnen. Durch dich werden viele Menschen gerettet.«

Um mich bei Laune zu halten, versprach er mir, sich am Sporttag für mich einzusetzen. Er würde dafür sorgen, dass ich den Pokal für die beste Sportlerin meiner Kategorie bekommen würde. Er hielt sein Versprechen. Und obwohl ich sowieso die Beste meiner Kategorie war, dachte ich, er habe mir geholfen, den Pokal zu gewinnen. Das Hochgefühl über diesen Sieg hielt nicht lange an.

Mein Schwur, mich wie Daniel aus der Löwengrube aus meinem Gefängnis zu befreien, trat nun immer mehr in den Vordergrund.

›*Morir antes que esclavos vivir, morir antes que esclavos vivir*‹, hämmerte es durch meinen Kopf, während sich dieser Mensch wieder an mir verging. Die Worte sanken immer tiefer in mein Unterbewusstsein ein.

»Nein, so nicht, lieber Gott. Du hast mich verraten, hast mein Flehen nicht erhört, ich werde nicht mehr mitmachen, jetzt ist das Maß voll!«, schwor ich mir nach einigen Monaten der Pein und Erniedrigung. Es würden weitere Männer kommen, ich würde weiter dienen müssen, und wenn sie genug von mir hatten, würden sie mich entsorgen und anderen Männern vermitteln.

Meine Verzweiflung war grenzenlos, aber auch Rachegefühle kamen auf. Irgendetwas musste ich tun, um diesem Ekelpaket eins auszuwischen. Der Klavierunterricht! Ohne den konnte er mich nicht mehr regelmäßig abpassen und benutzen. Ich war eine gute Klavierschülerin, und ich liebte die Musik, die Tasten und meine Klavierlehrerin. Doch ich musste ihm die Gelegenheit für den wöchentlichen Missbrauch nehmen.
Die Revolte gegen den Peiniger beflügelte mich und gab mir das Gefühl von Stärke. Ich begann mich zu wehren und verweigerte schweren Herzens weitere Klavierstunden. Meine Mutter wollte es nicht glauben, doch ich blieb konsequent bei meiner Entscheidung, auch wenn ich selbst untröstlich und enttäuscht über den Verlust war. Es wirkte. Zu meinem Erstaunen bekam ich auch keine Zettel mehr zugesteckt. Diesem Missionar konnte ich tatsächlich entkommen. Es war ein Sieg, doch nun musste etwas geschehen, bevor der nächste mich überfallen würde.

Motorrad-Unfall

Die innerlichen Wunden, die ich als stumme Zeugin des mörderischen Abendmahls mit mir trug, schmerzten zusammen mit den Tag für Tag neu hinzugefügten in meiner Seele. Trotzdem hatte ich die innere Gewissheit wahren können, dass sich mein Leben bessern würde.
Meine Sinne wurden sensibler, ich beobachtete meine Mitmenschen und die Umgebung bewusst und sperrte Augen und Ohren weit auf. Stumm und unauffällig sorgte ich dafür, dass ich mich nicht zur falschen Zeit am falschen Ort aufhielt. Da ich die Gefahr oft schon von weitem ahnte, konnte ich ihr zunehmend geschickt ausweichen. Außerdem legte ich mir neue Strategien zurecht, um die Männer und aufdringlichen Jugendlichen zu täuschen.
Auf dem Schulweg schloss ich mich anderen Mädchen an, und auch sonst sah ich zu, dass ich möglichst nie alleine unterwegs war. In der Sonntagsschule achtete ich darauf, meinem Bruder nahe zu sein. Das gab mir Sicherheit, denn es würde ihm auffallen, wenn ich vor seinen Augen beiseitegenommen würde. Mein Fahrrad war mein großes Glück, damit konnte ich vor allem den Jugendlichen, die mir täglich in den Weg traten, entkommen. Zu den erwachsenen Tätern war ich äußerst freundlich, verhielt mich aber still und unauffällig. Mit großer Genugtuung merkte ich, wie ihre Aufmerksamkeit von mir wich. Meine Strategien gingen auf! Das war für

mich ein großer Erfolg. Ich begann mich stärker und stärker zu fühlen, und meine Hoffnung stieg von Tag zu Tag. Es gab mir Sicherheit. Dadurch war es mir möglich, stundenlang unbeschwert in meinen Zeichnungen zu versinken und in meiner selbstgebastelten Welt glücklich zu sein.
Es gab auch andere Ablenkungen: Ich ging wieder mehr raus, spielte und tobte gerne mit anderen Mädchen. Intuitiv bewegte ich mich intensiver, übte hundertfach den Überschlag, das Rad und lernte bei vielen sportlichen Aktivitäten die Angst vergessen. Wieder und wieder kletterte ich auf den obersten Sprungturm, um mich mit dem Kopf voran in den See zu stürzen, ich trainierte den Rückwärtssalto vom Dreimetersprungbrett und bewies mir so, dass ich diese Angst überwinden konnte. Je länger ich übte, desto furchtloser wurde ich.
Am meisten liebte ich es, heimlich in meinem Zimmer zu tanzen. Das gelang mir am besten, wenn meine Eltern im Wohnzimmer ihre Lieder auf dem Kassettenrekorder abspielten. Oft sang meine Mutter laut mit, während sie den Haushalt erledigte. Ich begann mich dann in meinem Zimmer mit weit geöffneten Armen zur Musik im Kreis zu drehen, in fließenden Bewegungen den Raum zu füllen, nur mit mir selbst. Dann fühlte ich mich frei, losgelöst von allem. Mit größter Sorgfalt achtete ich darauf, dass mich niemand, auch nicht meine Geschwister, bei diesem seltenen Genuss ertappen konnten.
Eines Tages rief Papa uns an den Tisch. Feierlich erklärte er, dass wir in den Sommerferien drei Monate in die Staaten und nach Kanada reisen würden. Wir Kinder jubelten. ›Schade, dann komme ich nicht nach San Lorenzo‹, schoss es mir durch den Kopf, ›aber trotzdem drei Monate lang Ruhe vor den Peinigern!‹

Mein Vater und meine Mutter erläuterten uns die vorläufige Reiseroute. »Zuerst fliegen wir mit der Cessna nach Santa Cruz, von dort aus geht es weiter. Dann besuchen wir unsere Freunde und übernachten drei Nächte bei ihnen. Seit ihrem Wegzug aus der Basis haben wir sie nicht mehr gesehen. Christina, dann kannst du mit ihrer Tochter spielen. Es ist doch herrlich, dass sie gerade zu dieser Zeit dort sind und wir bei ihnen wohnen können!«

Mir stockte der Atem. Nein! Nicht schon wieder, das darf doch nicht wahr sein! Endlich dachte ich, ich hätte meine Ruhe, und dann besuchen wir ausgerechnet einen meiner ersten Peiniger, den Schönling mit dem braunen Glasfläschchen. Die Vorfreude wurde von Angst abgelöst. Wut stieg in mir auf. Ich hasste diesen Mann über alles, obwohl ich einmal gedacht hatte, er sei mein Retter und freundlicher als die anderen. Er hatte inzwischen die Basis mit seiner Familie verlassen, und ich hatte endlich Ruhe vor ihm und keine Kopfschmerzen mehr von seinem braunen Fläschchen. Und nun sollte ich in seinem Haus übernachten. Ich wusste genau, was mir blühte. Ich hörte meinem Vater nicht mehr zu. Mit gesenktem Kopf saß ich da, müde und geschockt.

»Was ist nur los mit dir, Christina, freust du dich etwa nicht auf die Reise? Wir werden Disney World und unsere besten Freunde besuchen!«

Disney World war mir egal. Ich wollte nur in Ruhe gelassen werden.

Die Zeit der Abreise rückte immer näher. Als Schülerin einer amerikanischen Schule war mir von der ersten Klasse an ein älterer Schüler als »großer Bruder« zugeteilt worden. Daren war einige Jahre älter als ich und studierte inzwischen weit weg von hier. Nun besuchte er seine Eltern auf der Basis. Ich freute mich riesig, ihn wiederzusehen.

Mit seinen Freunden raste er auf seinem Motorrad durch den Dschungel, über die Sandbänke und durch den Schlamm. Es war eine Clique von Jungs, die ihr Leben im Urwald in vollen Zügen auskosten konnten. Manchmal durfte ich auf seiner Maschine mitfahren. Vorne auf dem Benzintank hatte ich die beste Aussicht und ein geeignetes Plätzchen gefunden. Ich fühlte mich frei und wild, wenn mir der Wind durch die Haare sauste. Meinem großen Schulbruder konnte ich vertrauen, denn ich hatte ihn nie in der Runde des Geheimbundes gesehen.

Nachts vor dem Einschlafen hörte ich die Motoren dröhnen, wenn die Bande im Dunkeln durch den Urwald und über die Sandbank unten am Fluss raste. Lange hatte ich Daren bearbeitet, mich auch im Dunkeln einmal mitzunehmen. Ich war wild entschlossen, dieses Abenteuer zu wagen, auch wenn meine Mutter strikt dagegen war. Aber ich ließ nicht locker, bis sie endlich einwilligte.

»Also gut, Christina. Daren kann dich auf eine Tour mitnehmen, aber nur eine halbe Stunde, dann muss er dich wieder abliefern«, ermahnte sie mich. Ich war überglücklich.

Meine Familie war bei Miss Lilly zum Abendessen eingeladen. Ich hatte mit meinen Eltern und meinem Schulbruder vereinbart, dass er mich nach dem Essen in ihrem Hexenhäuschen abholen und nach einer halben Stunde zurückbringen würde. Bereits vor dem Dessert klopfte es draußen. Ich sprang auf und eilte zur Tür. Da stand er: Sicher zehn Jahre älter als ich, und er schämte sich nicht, ein kleines Mädchen abzuholen und mit ihr eine Tour zu machen. ›Das macht er nicht für jede!‹, dachte ich stolz.

»Tschüss, Mama und Papa, ich komme bald wieder, und danke, dass ich gehen darf!«, rief ich meinen Eltern zu. Mein Fahrer versprach ihnen hoch und heilig, mich gesund wieder abzuliefern, und erklärte, dass der Himmel klar sei und der Mond hell genug, um sicher fahren zu können.
Glücklich eilte ich ihm voraus und hielt meine Hände an den noch warmen Tank der großen Maschine. Vor Aufregung zitterten sie leicht. Begeistert und fasziniert betrachtete ich die Schläuche und verschiedenen Hebel der im Mondschein glänzenden Maschine. Wenn ich groß war, würde ich mir auch ein Motorrad kaufen, das nahm ich mir in diesem Moment ganz fest vor. Ich liebte die Geschwindigkeit, die Spannung und die Gefahr, die von dieser Maschine ausging.
Mühelos setzte Daren mich auf den Tank seines Motorrads.
»Halt dich gut fest! Nachts ist es anders als sonst. Wenn du Angst hast, dann sag es jetzt«, ermahnte er mich.
Ich schüttelte den Kopf. Niemals würde ich meine Angst zugeben.
Mit einem Ruck brausten wir los. Ich kniff die Augen zusammen. Wind, Mücken und der frische Geruch des Sees trafen mein Gesicht. Ich atmete tief ein und ließ einen schüchternen Schrei los.
»Auf der Landebahn geht es richtig los!«, rief er mir zu.
»Ohh jaa! Das ist gut! Aber bitte so schnell wie möglich fahren!«, schrie ich zurück.
Er gab Gas, die Nacht umhüllte uns, der Mond stand voll und mächtig am sternenbesetzten Nachthimmel. Ich fühlte mich schwerelos, spürte den Motor vibrieren und hielt mich an der Lenkstange fest. Freiheit durchflutete mein Inneres, Freiheit, nach der ich mich so sehr gesehnt hatte. Alles wollte ich für diese Freiheit tun! Im Rausch der Geschwindigkeit schien ich zu flie-

gen. Ein hemmungsloser Jauchzer hallte durch die Nacht, mein Fahrer stimmte mit ein. Ich war völlig euphorisch. Mein Vertrauen zu ihm ließ meine Gefühle fließen: frei – einfach nur frei sein! Noch ein Jauchzer. Wie im Rausch rasten wir über die holprige Landepiste. Nichts und niemand sollte mich aufhalten können.
Wieder ein Schrei! Doch nicht von mir. Wortfetzen flogen mir um die Ohren, wollten nicht in meinen Kopf, mein Herz raste vor Freude, alles andere zählte nicht.
»Du musst von der Maschine springen! Spring, wenn ich es dir sage! Hast du mich verstanden, Christina! Da ist Stacheldraht!«
Ich war geschockt und verwirrt, Freiheit, Stacheldraht, Spannung, Freude? Träumte ich?
»Jetzt spring, Christina! Spring, vertrau mir!«
Wie aus weiter Ferne hallten seine Schreie in meinen Ohren. Intuitiv vertraute ich ihm – und sprang. Dunkelheit umhüllte mich. Schmerz. Ich öffnete die Augen, sah, wie Daren sich abmühte, die Maschine aufzuheben. Offensichtlich lag ich unter ihr. Verdattert rappelte ich mich hoch und rannte davon. Schock. Er lief mir nach.
»Geht's dir gut?«
»Ja, ja! Aber ich habe meine Zahnspange verschluckt. Die war so teuer!«, antwortete ich verwirrt.
Daren nahm mich an der Hand, und gemeinsam marschierten wir die Landebahn hinunter. Mein linker Arm hing schief und schlaff an der Schulter. Der Schmerz wurde schlimmer.
»Tut doch weh.« Ich zitterte, mir war kalt, und ich schämte mich. Was war geschehen, war es meine Schuld? Hatte ich eine falsche Bewegung gemacht?
»Bitte sag mir, Christina, soll ich dich nicht tragen? Ist dein Kopf okay? Blutest du? Kannst du wirklich alleine laufen?

Verzeih mir, Christina, das Gras war nass und das Licht der Maschine nicht gut, auf einmal war da der Stacheldraht, und ich musste auf der nassen Landebahn bremsen. Danke, dass du gesprungen bist, das war sehr mutig! Sonst wären wir in den Stacheldraht gefahren.« Behutsam legte er seinen Arm um meine rechte Schulter und stützte mich. Ich konnte die Tränen nicht mehr zurückhalten. Leise rannen sie über mein schmutziges Gesicht. Nach einer Ewigkeit erreichten wir die ersten Häuser, und kurz darauf klopfte er mit gesenktem Kopf am Hexenhäuschen.
»Mama, es ist nicht seine Schuld, wirklich. Das Gras war nass, es tut mir so leid. Und meine Spange ist weg«, schluchzte ich leise. »Kann ich trotzdem mit in die Ferien? Bitte lass mich nicht alleine zurück, Mama, ich will nicht ins Kinderheim!«
Die Aufregung war groß. Meine Geschwister scharten sich um mich. Meine Eltern packten mich sogleich auf ihr Moped und brachten mich in die Klinik.
Der Arzt wartete schon auf uns.
»Lass mal sehen, Christina, wo hast du Schmerzen?«, fragte er liebevoll.
Nach kurzer Untersuchung war klar, dass meine Schulter eingerenkt werden musste. Ich biss auf die Zähne und hielt die Hand meiner Mutter fest. Ein Ruck, stechender Schmerz, dann wurde mir schwarz vor Augen. Ein kalter Lappen lag auf meiner Stirn. Mit Klebeband wurde mein Arm an meinen Körper gebunden.
»So, Christina, jetzt schluckst du diese Schmerztablette und dann kannst du trotzdem mit auf eure Reise.«
Erleichtert, aber völlig erschöpft schlief ich ein. Daren besuchte mich später. Er entschuldigte sich hundertfach und hoffte, dass ich ihm verzeihen würde. Das tat ich gerne. Er

war wie ein großer Bruder für mich, und ich war noch immer stolz auf ihn. Und dann fragte er mich schüchtern, ob ich mich noch einmal auf sein Motorrad setzen würde.
Ich nickte und erwiderte besorgt: »Kann mich nur nicht so gut festhalten, nur mit einem Arm.«
Daren lachte und meinte, dass er nicht fahren wolle. Nur schauen, ob ich es wagen würde, mich je wieder auf ein Motorrad zu setzen. Und ich wagte es, was ihm offensichtlich sehr viel bedeutete.

Glück gehabt

Die Reise war anstrengend, hinzu kam, dass mein Arm heftig schmerzte. Ich fühlte mich eingeengt und gebunden. Das Tanzen, Springen und Hüpfen, alles, was mir so gutgetan hatte und mich meinen Körper spüren ließ, fehlte mir. Und dann stand mir da dieser Besuch bei den Freunden meiner Eltern bevor. Eine Hoffnung hatte ich: Bestimmt würde der Schönling mich in Ruhe lassen, wenn ich verletzt war. Oder würde er diese Schwäche erst recht ausnutzen?
Innerlich festigte sich die Gewissheit von Tag zu Tag, dass nun alles besser würde. Ich hatte überlebt, so vieles überlebt. Auch den Unfall hatte ich ohne größeren Schaden überstanden. Sogar die Zahnspange war wiederaufgetaucht, denn nachdem ich den Schock überwunden hatte, erinnerte ich mich auch wieder daran, dass ich die Zahnspange vor der Fahrt herausgenommen hatte – Glück im Unglück. Meine Engel hatten für mich gesorgt, und ich dankte Gott dafür. Aber wie konnte ich dem Mann mit dem braunen Fläschchen, dem Freund meiner Eltern, diesmal entrinnen? Ich wusste es nicht, aber ich hoffte weiter.

Am ersten Abend, als wir bei seiner Familie ankamen, regnete es. Aus der Küche kam ein feiner Duft, als die beiden Kinder die Tür öffneten und uns herzlich begrüßten. Ihr Vater zwinkerte mir freundlich lächelnd zu.

»Sie hat immer noch die funkelnden Augen«, sprach er mich an.
Ich erstarrte in Panik. Würde er es wagen, mich nachts irgendwo zu bedrängen? Hatte er etwa immer noch sein braunes Fläschchen mit dem Äther? Was hatte er vor? Ich kannte die Bedeutung seiner hinterlistigen Freundlichkeit nur zu gut. Aber das konnte er hier in diesem vollen Haus doch nicht wagen? Was, wenn irgendjemand davon Wind bekäme?
Inständig bat ich um ein Wunder. Und meine Hoffnung wurde nicht enttäuscht. Wir Kinder spielten vor dem Essen Verstecken ums Haus. Der Regen hatte noch nicht nachgelassen. Wo sollte ich mich nur verstecken? Ich rannte auf den Steinplatten entlang zum Garten in der Hoffnung, ein Versteck, vielleicht hinter einem Gartenhäuschen, zu finden. Ich war es nicht gewohnt, mit festen, zugebundenen Schuhen und einem eingebundenen Arm zu rennen. Mein Leben lang hatte ich Flipflops getragen. So dauerte es nicht lange, und ich rutschte aus, verlor mein Gleichgewicht und prallte mit voller Wucht mit dem lädierten Arm auf die Steinplatten. Dort blieb ich wimmernd liegen, bis mich meine Schwester fand. Sogleich wurde ich ins Zimmer meiner Eltern getragen und liebevoll gepflegt. Meine Mutter brachte mir eine Schmerztablette.
»Wieder mal Glück gehabt, auch wenn es weh tut.« Ich war gerettet, und meine Hoffnung hatte sich gelohnt. Zum ersten Mal war ich auch diesem Täter entkommen. Meine Schmerzen konnte ich so akzeptieren, und ich schlief sicher und ruhig ein. Nichts würde er mir antun können, nichts.

Heiliger Geist

Unsere Reise führte uns weiter nach Kanada, eine Woche wollten wir in einem christlichen Zentrum verbringen. Als Missionar war mein Vater ein gefragter Mann, er hielt Vorträge und erzählte von seinen Erfahrungen im Urwald bei den Indianern.
Ich hasste diese Lager, die ich schon öfter hatte über mich ergehen lassen müssen. Ich spürte, dass wir als Missionarskinder auf ein unsichtbares Podest gestellt wurden, dementsprechend hoch waren die Erwartungen an uns.
Außer meinen Geschwistern kannte ich keinen. Ich traute auch in diesem Lager niemandem. Besonders nicht den Erwachsenen. Die Leiter hatte ich genau im Visier. Jede verdächtige Bewegung, jedes zweideutige Wort merkte ich mir und wog ab, ob es eine Gefahr für mich sein könnte oder nicht. Denn ich musste auch auf meine jüngeren Geschwister aufpassen. Ich fühlte mich verpflichtet, sie zu schützen.
Wir Kinder waren zum Schlafen gemeinsam in einem engen Raum untergebracht. Ich verkroch mich in die hinterste Ecke des Massenlagers. Die Eltern schliefen mit meinen kleinen Geschwistern in einem anderen Trakt.
Diese Woche wurde für mich zur Qual. Das Kinderprogramm beschäftigte uns von morgens bis abends. Es wurde gespielt, gesungen, gebastelt und gebetet. Jeden Morgen hatten wir Andacht, bei der alle Kinder im großen Kreis saßen. Reihum

musste jeder laut beten. Jeder Tag stand unter einem anderen Motto aus der Bibel. Die passenden Bibelgeschichten wurden uns vorgelesen, Verse und neue Lieder auswendig gelernt. Die Sportangebote zwischen den Bibelstunden konnte ich mit meinem Arm nicht wahrnehmen, aber ich war dankbar, wenigstens dann etwas Ruhe zu haben.

Es gab auch Großveranstaltungen, an denen ich mich massiv unter Druck gesetzt fühlte. Dabei ging es immer um Themen wie die Bekehrung zum christlichen Glauben und um die Erfüllung mit dem Heiligen Geist. Bei einer solchen Gelegenheit fragten mich die Jugendleiter, ob ich den Heiligen Geist schon empfangen hätte und in Zungen reden könnte. Verlegen schüttelte ich den Kopf; es war mir als Missionarstochter peinlich, dass ich das noch nie erlebt hatte. Sogleich schickten sie mich zusammen mit vielen anderen Kindern auf die Bühne.

Alle leitenden Männer warteten schon auf uns. Sie legten uns Kindern gruppenweise die Hände auf Kopf und Schultern und begannen in mir unverständlichen Sprachen laut und wild durcheinander über uns zu beten. Ein Kind nach dem anderen brach nach einigen Minuten zusammen und blieb wie in Trance liegen. Dann standen sie auf, lobten Gott und schrien in unverständlichen Worten laut durcheinander. Alle Zuschauer im Saal klatschten und dankten Gott für die Erfüllung durch den Heiligen Geist. Und nun war auch ich an der Reihe. Wie sehr hatte ich gehofft, verschont zu bleiben! Ich wollte die Kontrolle über meinen Körper nicht schon wieder verlieren.

›Das können sie mit mir nicht machen!‹ In mir sträubte sich alles gegen dieses Ritual. Ich stand da und weigerte mich, die Augen zu schließen. Gespannt warteten alle im Saal, bis auch meine Gruppe den Heiligen Geist empfangen würde. Neben mir taumelte ein Kind nach dem anderen und fiel zu Boden. Ich stand da, steif und still. Die Hände der Männer wogen tonnenschwer auf meinen Schultern und meinem Kopf. Mein Hals schmerzte bereits. Sie verstärkten den Druck. Ich hätte alles gegeben, um von dieser Bühne fliehen zu können. Aber es gab kein Entrinnen, es kamen nur immer mehr Männer zu mir, um auf meinen Kopf zu drücken und über mich zu beten. Ich hielt ihnen stand und wartete ab, was geschehen würde. Die anderen Kinder wurden wieder an den Platz geschickt. Schließlich stand ich alleine da. Immer noch beteten sie, noch intensiver als zuvor.

Aller Augen waren auf mich gerichtet. Ich schloss meine Lider und versuchte mich zu konzentrieren. Aber es geschah nichts. Ich brach nicht zusammen. Innerlich hielt ich ihnen stand. Niemals würden sie über meinen Körper verfügen, niemals.

›Jetzt muss etwas geschehen, ich kann nicht ewig hier oben bleiben.‹ Panik erfasste mich. Zaghaft begann ich, unverständliche Worte zu stottern. Zuerst nur leise, aus Angst, dass jeder merken würde, wie ich meine Worte soeben aus innerer Not heraus erfand und vor mich hin plapperte. Da war kein Heiliger Geist, keine Ohnmacht und keine Erfüllung. Nach einigen Sekunden fühlte ich mich sicherer und plapperte weiter. Das Publikum klatschte erleichtert. Der Druck der Hände ließ ab von Kopf und Schultern, und ich war frei. Ein Mann flüsterte mir ins Ohr, dass ich nun auch zu den Auserwählten gehörte. ›Schon wieder eine Auserwählte‹, dachte ich panisch, ›und für was soll ich diesmal auserwählt worden sein?‹

Mit hochrotem Kopf schlich ich an meinen Platz zurück. Diese Angelegenheit war mir äußerst peinlich. Fast hätte ich mein Gesicht als Missionarstochter verloren. Im Rampenlicht einer solchen Gesellschaft darf man nicht versagen. War das wirklich das, was Gott von mir verlangte? Wollte er so etwas, und wenn ja, für was sollte das gut sein? Wieso konnte sein Heiliger Geist kein Englisch? Das Gefasel rettete doch keine Menschen oder half irgendjemandem. In meinen Augen war es ein sinnloses Ritual, wie viele andere Rituale, an denen ich teilnehmen musste. Wenn Gott zu mir reden wollte, brauchte er das ganze Getue dafür nicht. Da war ich mir sicher.

Nur langsam konnte ich mich entspannen und meinen Gefühlen freien Lauf lassen. Ich brach in Tränen aus, und eine ältere Frau setzte sich zu mir und erklärte, dass die Erfüllung mit dem Heiligen Geist sehr emotional sei.

»Du darfst ruhig aus Freude weinen, meine Kleine, das tun alle«, tröstete sie mich. Nach der Veranstaltung schlich ich leise und unbemerkt in das Massenlager, versteckte mich unter meiner Decke und weinte bitterlich – und ganz sicher nicht aus Freude.

Die restlichen Sommerferien verstrichen wie im Flug. Ich erlebte ruhige und erholsame Wochen und fühlte mich danach ausgeruht und zufrieden. Innerlich war ich gestärkt und mutiger denn je. Ich wusste, es wartet ein Licht am Ende des Tunnels, und ahnte, dass ich die schlimmste Zeit meines Lebens schon bald überstanden hatte. Es war mir aber auch bewusst, dass ich weiter auf der Hut sein musste. Offene Augen, offene Ohren und schweigen – so würde ich überleben. Am Ende des Sommers kehrte eine reifere Christina in den Dschungel zurück, immerhin war ich jetzt elf. Mit einem unumstößlichen inneren Standpunkt und mit der Klarheit, was für mich wirklich richtig und was falsch war. Gründlich dachte ich täglich über Aussagen und Dogmen nach, die mein Leben beeinflussten.

Trotz meiner inneren Gewissheit, dass es erlaubt war, Zweifel zu haben, haderte ich mit mir selbst über meine Gedanken: War ich ein Ketzer, ein Judas, eine Verräterin? Wusste Gott, was ich mir alles ausdenken musste, um zu überleben? War ich gut genug für ihn? Würde ich in den Himmel kommen? Auch als beschmutztes, missbrauchtes und geschändetes Kind? Was war ich denn nun: eine Auserwählte, vom Heiligen Geist erfüllt, eine Hure oder ein Medium?

»Ich bin ich«, entschied ich eines Nachts. »Ja, ich bin ich und so bleibe ich auch.« Ein ganz normales Mädchen wollte ich sein. Frei und unbeschwert leben können. Und das tat ich in meiner eigenen Welt, mit meiner Geheimschrift, beim Zeichnen und in meinen Gedanken, Träumen und Fantasien.

Honigtütchen

Einige Zeit gelang es mir, den brutalen Männern aus dem Weg zu gehen, und ich wurde nicht mehr zu geheimen Ritualen oder sonstigen Treffen abgeholt. Das freute mich, gleichzeitig machte es mich unsicher. Was war los? Waren sie mich leid? Hatten sie mich durch neue Kinder ersetzt? Oder hatte ich mich tatsächlich vom ständigen Missbrauch befreit? Ein eklig klebriges Gefühl der Leere und Einsamkeit blieb zurück.

So sicher, wie ich mich gefühlt hatte, war ich jedoch nicht lange. Einige Männer verließen mit ihren Familien die Basis, und neue Mitglieder kamen dazu. Vor wem musste ich mich nun in Acht nehmen? Die Narben an meinen Knien waren für diejenigen, die darauf zu achten wussten, sichtbar genug. Ich war gebrandmarkt. Mit offenen Augen und Ohren lauschte und beobachtete ich meine Umwelt genau. Bald merkte ich, dass der Kreis sich verkleinert haben musste.

In dieser Zeit war mein Vater zum Vizedirektor der Organisation gewählt worden. Ich war stolz auf ihn, er war nun der zweitwichtigste Mann in der Missionsbasis. Die Büros der Verwaltung befanden sich am Ende der Basis, nur wenige Minuten vom Bolivianerdorf entfernt. Daneben standen einige kleine Hütten aus Lehmerde mit Strohdach, die als Wohngelegenheit für indianische Besucher dienten.

Das Dorf der Bolivianer war für mich tabu, und aus Angst vor ihren jungen, aufdringlichen Männern hatte ich den oberen Teil von Tumi Chucua bisher gemieden. Nun war ich neugierig geworden und wollte diesen Teil der Mission auch kennenlernen. Dass mein Vater dort arbeitete, machte mich sicherer. Meine Mama erlaubte mir, Papa in seinem neuen Büro zu besuchen, also marschierte ich mutig eines Tages dorthin. Die rote Erde zwischen den Grasbüscheln staubte, als ich den Pfad entlangrannte.

Vor dem Verwaltungshaus hielt ich inne und prüfte die Gegend. Keine Teenagercliquen, keine Jungs, die mir nachjagten, keine Peiniger – die Luft war rein, ich war alleine. Mein Herz pochte, als ich anklopfte. Stille. Sachte öffnete ich die Haustür einen Spalt und schaute hinein.

Dokumente stapelten sich auf dem Tisch. Es musste unglaublich wichtig sein, was mein Vater da arbeitete. Aber wo war er nur? Da war noch eine Tür im Raum, ich ging auf sie zu und hörte im gleichen Moment eine Männerstimme rufen: »Komm nur rein, Kleines!«

Ich erstarrte.

»Suchst du deinen Vater? Ich habe dich kommen sehen, komm nur rein, ich beiße nicht«, rief die Stimme freundlich.

Neugierig öffnete ich die Tür. Ein Mann in einem weißen T-Shirt saß hinter einem großen Pult, es war einer der Bibelübersetzer. Er stand auf und gab mir die Hand. »Dein Vater ist heute nicht im Büro, aber ich freue mich über jeden Besuch, besonders von einer so netten, adretten jungen Frau wie dir.« Er schob mir einen Stuhl zu. »Setz dich, wir können uns kurz unterhalten.«

Ich gehorchte und sah mich um. Der Mann fragte mich, ob ich jemals im kleinen Laden im Bolivianerdorf gewesen sei. Ich schüttelte den Kopf. »Nein, es ist verboten.«

»Ich kann es dir aber erlauben. Willst du mal hingehen und

dir was Süßes kaufen?« Er hielt mir ein großes Geldstück unter die Nase.

Fünf Pesos! Für mich war das ein Vermögen. Ich zögerte kurz und nahm dann die Münze dankend an. Er erklärte mir den Weg und bat mich, ihm das Rückgeld zu bringen.

Ich rannte zur Tür hinaus, schaute nach links und rechts. Die Luft war rein. ›Wenn mich mein Vater erwischt, ist es aus mit den Süßigkeiten‹, dachte ich.

In wenigen Minuten hatte ich den Laden erreicht. Ich bewunderte die bunten Waren und kaufte mir einige kleine Honigtütchen. Dann rannte ich, so schnell mich meine Beine trugen, zurück zum Bürohäuschen. Niemand hatte mich gesehen. Ich hatte Glück – dachte ich jedenfalls.

Der Missionar erwartete mich schon und bat mich, auf dem Stuhl vor seinem Tisch Platz zu nehmen. Er lächelte, als ich ihm die Münzen in die Hand gleiten ließ. »Bist ein anständiges Kind«, flüsterte er.

Ich wollte mich verabschieden, doch er forderte mich auf, eines der Honigtütchen gleich hier bei ihm zu probieren. Vorsichtig biss ich ein kleines Loch in das Plastik und ließ die dicke, leckere Flüssigkeit auf meine Zunge fließen. Er schaute mir zu und sagte kein Wort. Meine Alarmglocken klingelten zu spät, denn als ich aufstehen wollte, stand er völlig unerwartet hinter mir und legte seinen Arm um meinen Hals.

»Mein Kind, ich will dir nur Gutes. Sei schön brav und ruhig!« Er würgte mich, ich sah noch seine haarigen, muskulösen Arme mit den dicken Adern, dann schmerzte mein Hals, ich begann zu husten. Der Mann drückte etwas Weißes auf meine Nase und Mund. Ich dachte, ich sterbe, denn ich bekam keine Luft mehr. Es ging schnell. Mir wurde schwarz vor Augen.

Beim Erwachen fühlte ich, wie ich leicht wurde und zu schweben begann. Seltsam, ich konnte meinen Körper von oben betrachten, und obwohl es ziemlich dunkel war, sah ich ganz deutlich die kleine Christina am Boden liegen, gekrümmt und gebrochen. Plötzlich spürte ich Schmerzen, öffnete die Augen und blickte in ein Strohdach; durch undichte Stellen blitzten einzelne Sonnenstrahlen in den düsteren, unbekannten Raum. Wo war ich? Instinktiv suchte ich den Ausgang. Was war passiert? Ich erkannte ein Fenster, das mit einem Holzladen verschlossen war. Dann die Tür, ebenfalls verschlossen. Wieso tat mir alles weh? Unter mir spürte ich die nackte Erde. War ich alleine?

»Steh auf, du kleiner Bastard! Mach schon, beweg dich!« Erschrocken drehte ich mich um und blickte dem schreienden Mann über mir in die Augen. »Verschwinde! Ich will dich hier nie wiedersehen!«

»Er hat Angst!«, schoss es mir durch den Kopf. Wütend schimpfte er weiter, auf mich, auf alle Frauen, wir alle würden die Männer reizen, wären schuld an seinem Elend.

»Ihr Weiber macht uns Männern das Leben schwer, ihr Schlangenbrut!« Mit zitternden Händen wies er zur Tür.

Fluchtartig rappelte ich mich hoch, Schmerz durchfuhr meinen Körper, ich stöhnte leise auf.

Der Mann stand in der Ecke und starrte mich hasserfüllt an. »Verschwinde und wage ja nicht, jemandem etwas zu erzählen! Schon gar nicht deinem Vater!«

Er öffnete die Tür einen Spalt. Schnell schlüpfte ich aus der Lehmhütte in die Freiheit. Wieder konnte ich meinen Körper und den Schmerz nicht spüren, ich schien lautlos, hoch oben nach Hause zu schweben. Mein Kopf war leer, der Körper leicht und hell. Der Schock saß tief. Ich nahm den hinteren

Dorfweg. Als ich bemerkte, dass Blut an meinem Bein hinablief, geriet ich in Panik und suchte schnell das nächste Toilettenhäuschen auf. Ich war froh, dass es Klopapier hatte. Oft gab es keines, weil es geklaut wurde. Lange saß ich still da und starrte vor mich hin. Schließlich säuberte ich meine Beine und stoppte die Blutung wie so oft mit einem Papierknäuel. Ich schämte mich, weil ich keine Unterhose mehr anhatte, und hoffte, dass es niemandem auffallen würde. Erst nach langer Zeit war ich in der Lage, nach Hause zu gehen. Je näher ich meinem Haus kam, desto schwerer fühlte ich mich. Bis ich vor der Haustür stand, waren auch die Schmerzen da.

»Hallo, Mama. Bin wieder da, muss aber schnell aufs Klo!«
Es war der einzige Raum, in dem ich ungestört und alleine sein konnte, denn die Tür hatte einen Schlüssel. Erschöpft ließ ich mich auf den Klodeckel fallen und hielt mir den schmerzenden Bauch.

Meine Mutter rief mir nach, wollte wissen, wo ich so lange gewesen war; offensichtlich wusste sie bereits, dass mein Vater gar nicht im Büro war.

Mit letzter Kraft gab ich ihr Antwort: »Ich habe eine ganze Weile auf ihn gewartet, dachte, er kommt sicher gleich.« Mutter war zufrieden damit.

Tränen rannen über mein schmutziges Gesicht. ›Ich bin selber schuld‹, dachte ich verzweifelt. ›Ich hätte wissen müssen, dass ich das Geld nicht annehmen darf. Er hat mich reingelegt, nie wieder werde ich Geld annehmen, nie wieder!‹

Ich war unheimlich wütend auf mich selbst. So lange hatte ich allen Angriffen getrotzt, und nun war ich geradewegs in die dümmste Falle getappt. Meine Nachlässigkeit büßte ich mit tagelangen Schmerzen und starken Migräneanfällen. Beson-

ders nachts kratzte mein Hals, und die Hustenanfälle nervten die ganze Familie.
Eines Nachts quälte mich der Hustenreiz bis zum Erbrechen. Einmal mehr rannte ich aufs Klo und übergab mich. Verzweifelt wusch ich mein Gesicht, als ich hörte, wie meine Mutter laut schreiend durch die Stube stürmte. »Wir können alle wegen dir nicht schlafen, ich habe genug davon! Geh und schlaf im Gartenhäuschen!«
Zitternd packte ich mein Kissen und rannte durch den dunklen Garten zum Gartenhäuschen. Meine Mutter folgte mir, warf die Tür zu und verschloss sie von außen mit einem Riegel.
»Sie hat mich tatsächlich eingesperrt!«, dachte ich schockiert. »Wieso? Ich hätte die Tür einfach schließen können. Das ist gemein! Ich lasse mich nicht einschließen! Nie wieder lasse ich mich einsperren!«
Es war stockdunkel. Ich fiel über Gartenwerkzeug und schlug mit dem Kopf auf einen harten Gegenstand auf. Heulend lag ich am Boden, fühlte mich verstoßen und hoffnungslos. Fledermäuse sausten mir um die Ohren, die Tiere der Nacht machten mir Angst. Wut und Verzweiflung kämpften in mir mit Trauer und Resignation. Wieder saß ich alleine in diesem dunklen Häuschen, ausgeschlossen von meiner Familie.
Schonungslos wurde mir gezeigt, dass ich mich alleine durchs Leben kämpfen muss. Der Husten quälte mich hartnäckig, bis ich vor Erschöpfung einschlief. Ich erwachte in den Armen meines Vaters, der mich zurück in mein Bett brachte – er hatte Erbarmen mit mir.
Mit zwei Kissen vor dem Gesicht und oft vom Husten erschöpft im Sitzen schlafend, konnte ich es vermeiden, wieder ins Gartenhäuschen eingesperrt zu werden. Verzweifelt grübelte ich, wie ich mich noch besser schützen könnte.

Hatte ich zu wenig gebetet? »Lieber Gott, bitte hilf mir, dass mir das nicht mehr passiert und sie mich in Ruhe lassen!« Immer wieder, Tag und Nacht wiederholte ich dieses Gebet. Ich sagte es stumm vor mich hin, indem ich nur die Zunge hin und her bewegte, besonders aber in der Nacht flüsterte ich es in mein Kopfkissen hinein. Ich war mir ganz sicher, wenn ich es nur oft genug wiederholte, würde Gott mich endlich erhören. Er musste mich einfach erhören! Ich entschied mich, so lange weiterzubeten, bis ich meine Freiheit zurückbekommen hatte. Und ich bekam sie zurück, meine Freiheit. Und zwar schneller, als ich dachte. Hatte Gott meine Gebete erhört? Hatte er Erbarmen mit mir? Ich war mir nicht sicher, aber ich hoffte es von ganzem Herzen.

Eines Nachts, als ich wieder nicht einschlafen konnte, hörte ich zu, wie meine Eltern im Wohnzimmer intensiv miteinander diskutierten. Ich konnte nicht alles verstehen, aber irgendwie ging es um eine Reise, die sie vorbereiten wollten. Schweiz, Zürich, packen, Kinder auf die Reise vorbereiten. Ich wusste, dass sich in meinem Leben wieder irgendetwas verändern würde, aber was nur?

Bolivien – Schweiz

1979, kurz vor meinem 11. Geburtstag, entschlossen sich meine Eltern, in die Schweiz zurückzukehren. Sie hatten den größten Teil ihrer Übersetzungsarbeit geschafft, den Rest konnten sie gut auch in der Schweiz vollenden.
Bei einer der alltäglichen Andachten erzählte Mama uns, was sie vorhatten: »Kinder, wir werden nun für immer wieder in die Schweiz zurückkehren. Die Schweiz ist unsere Heimat, und Papa ist fast fertig mit der Übersetzung. Dann kann Philip in die Oberstufe gehen.«
Philip fragte nach, was denn die Oberstufe sei und warum wir nicht hierbleiben durften.
Ich hasste Veränderungen über alles, aber ich sagte kein Wort. Für mich war diese Nachricht die Chance meines Lebens! Würde ich nun endlich frei sein? Meinen Peinigern entkommen? War das die Antwort auf meine Gebete? War das endlich das Ende meiner Hölle, die ich in diesem Paradies erlebte? Würde ich nun das wahre Paradies finden und die Hölle loswerden?
Ich hörte nicht mehr zu, was Mama uns erzählte. Freiheit – würde das meine Rettung bedeuten? Meine Freiheit? Ja, das würde es sein, die Täter würden mich nicht mehr belästigen können, und bestimmt war alles besser und schöner in der Schweiz. Davon war ich überzeugt, obwohl ich dieses Land kaum kannte. Als Kleinkinder waren wir in den Ferien dort zu Besuch gewesen, ich konnte mich jedoch nur vage an ver-

schiedene Gesichter der Verwandtschaft erinnern. Und Süßigkeiten gab es dort, und alle waren nett zu uns. So malte ich mir die Zukunft aus, träumte mit offenen Augen von hübschen Kleidern, tollen Schuhen, neuen Freundinnen.
Trotz aller Freude und aller Hoffnung schlich sich Trauer in mein Herz. Den Dschungel, die Tiere, die Pflanzen und Blumen, meine Freundinnen und unseren See – nichts davon konnte ich mitnehmen! Und San Lorenzo? Die Indianer? Das war doch meine Heimat. Und nun sollte ich alles verlassen, alles, was mir lieb war. Und doch war dieses Paradies auch meine Hölle. Ich war hin- und hergerissen, doch schlussendlich siegte die Freude, die Freude auf das ferne Land, weit weg von meinen Peinigern. Weit, weit weg.

Der Umzug wurde zum reinsten Horror. Meine Mutter begann schon Monate zuvor, alles zu entsorgen, was wir nicht mitnehmen konnten. Ich fühlte mich in dieser Phase äußerst unsicher. Angst und Freude gleichzeitig dominierten mein Leben. Meine Freundinnen weinten, als sie hörten, dass ich weggehen sollte. Ich wusste, dass ich kaum etwas mitnehmen konnte. Keine Zeichnungen, keine Spielsachen, nur ein kleines Köfferchen. Meine Puppe, den Sportpokal und wenige Kleider – mehr hatte nicht Platz. »Wir kaufen in der Schweiz alles neu, ihr Lieben, seid bitte nicht traurig, wenn wir nur ganz wenig mitnehmen können«, beschwichtigte uns Mama. Mein Bruder legte seinen Bonus als Erstgeborener ins Zeug und schaffte es, einen Extra-Koffer für seine Schlangen- und Messersammlung zu bekommen.
Zu meinem Schrecken musste ich feststellen, dass wir die Reise ohne unseren Vater antreten sollten. Er reiste zwei Wochen vorher zu einem Vorbereitungskurs für seine zukünftigen Aufgaben ab. Danach wollte er – wann immer das auch sein

würde – auf der Reise zu uns stoßen. Wie sollte meine Mutter diesen Umzug mit uns vier Kindern schaffen? Sie war auch ohne diese Belastung oft am Rande eines Zusammenbruchs und nach einer Totgeburt während ihrer letzten Schwangerschaft oft traurig und sehr gereizt.

Nun war sie wieder schwanger, und ich hatte Angst, dass sie durch den Umzug das Kind verlieren würde. Ich war wütend auf meinen Vater. So hatte ich mir die Reise ins gelobte Land nicht vorgestellt.

Irgendwie schaffte es meine Mutter, den gesamten Umzug zu organisieren und mit uns vier Kindern und Sack und Pack alleine in Tumi Chucua ins Flugzeug zu steigen. Nach drei beschwerlichen Tagen in immer größeren Flugzeugen und unbekannten Flughäfen landeten wir endlich in Zürich. Wir wurden von vielen Menschen begrüßt und umringt. Meine Großeltern umarmten uns und ließen uns fast nicht mehr los. Leute, die ich nicht kannte, umarmten und küssten mich, strichen mir übers Haar, als wäre ich eine Außerirdische, die auf dieser Erde gelandet war. Ich suchte Schutz hinter meiner Mutter. Von der ersten Minute an schämte ich mich für unser Aussehen, denn die Schweizer waren ganz anders gekleidet als wir. »Mein Gott, was müssen diese modernen Menschen nur von uns denken?«

»Es tut so gut, wieder zu Hause zu sein«, hörte ich meine Mutter schluchzen.

›Zu Hause?‹, dachte ich. Das war vielleicht ihr Zuhause, aber bestimmt nicht meines. Nein, das war nicht mein Zuhause, das war ein fremdes Land mit fremden Menschen. Und all die Dinge, die es am Flughafen gab! Die Läden, die geteerten Straßen und die glänzenden Autos. Nein, um Himmels willen, das war nicht meine Heimat!

Trotzdem faszinierte mich all das. Alles war anders, ich konn-

te mich kaum sattsehen, dabei hatten wir noch nicht einmal den Flughafen verlassen. Wissbegierig sog ich alles in mich auf, bis mir fast schwindlig wurde. Ein freundlicher Herr half uns, die vielen Koffer in sein Auto zu packen. Dann fuhren wir los, zu unserem neuen Heim.
Mir wurde schlecht, ich war das Autofahren nicht gewohnt. Philip schrie, und wir beide schafften es gerade noch, aus dem Auto zu klettern, bevor wir uns übergeben mussten. Meine zwei kleinen Geschwister begannen zu weinen. Wir waren alle erschöpft und mit den Nerven am Ende nach der langen, beschwerlichen Reise. Der Mann stieg aus und reichte uns ein Papiertaschentuch.
»Ein Tuch aus Papier! Der muss sehr reich sein«, dachte ich.
Endlich erreichten wir das kleine Dorf an einem Berg. Feierlich öffnete der Mann uns die Tür zu einem Mehrfamilienhaus. Ich konnte es nicht fassen. Wir hatten kein eigenes Haus! Wir mussten unsere Bleibe mit vielen anderen Menschen teilen.
›Wir sind arm‹, dachte ich, ›in diesem Land sind alle Menschen reich, nur wir, wir sind arm.‹ Das war eine neue Erfahrung für mich, denn im Urwald waren wir die Reichen und Wohlhabenden gewesen. Mit diesem Verständnis war ich aufgewachsen, und so hatte ich mich auch gefühlt.
Trotzdem waren die ersten Tage wunderschön für uns Kinder. Wir wurden eingeladen, bekamen Schokolade, Süßigkeiten, Kuchen und Kleider geschenkt. Unsere Wohnung war wie ein Bienenhaus. Wir mussten für die Leute etwas Besonderes sein, exotisch und spannend und auch ein wenig verrückt, schien es mir. Von allen Seiten wurden wir betrachtet und begutachtet. Zuerst gefiel mir diese Situation sehr.
Gemeinsam mit meiner Großmutter, die unserer Familie finanziell aushalf, wurden wir neu eingekleidet. Zu meiner

Freude setzte sich meine Mutter gegen deren strenge Vorstellungen durch und kaufte auch für uns Hosen. Nun würde ich in der neuen Schule nicht auffallen.

Alle, die ich bisher in dieser Schweiz kennengelernt hatte, waren Christen wie wir gewesen. Bald begannen meine Eltern, uns auf den Umgang mit den Nichtchristen vorzubereiten. Eines Abends saßen wir wie immer gemeinsam in der Stube und sangen unsere Lieder. Philip wünschte sich das Lied von Moses mit dem Pharao, das mir auch so lieb war. Beim Singen überkam mich Wehmut: »Pharao let my people go …« Wie oft hatte ich mir in Bolivien meine Freiheit gewünscht; jetzt war sie Wirklichkeit geworden. Verstohlen wischte ich meine Tränen weg, Gott hatte mich wirklich erlöst. Ich war endlich frei, und die Peiniger waren weit weg.

Ich war so weit weg in Gedanken, dass ich erst gar nicht mitbekam, was mein Vater aus der Bibel vorlas. Doch die Stimme meiner Mutter holte mich wieder zurück: »Hört mir bitte alle ganz genau zu! Ihr müsst aufpassen, denn hier in der Schweiz sind nicht alle Leute Christen, so wie in Tumi Chucua. Nehmt euch in Acht, es gibt viele Wölfe im Schafspelz. Das sind Menschen, die Gott nicht fürchten und euch Böses tun könnten!«

Ich schreckte auf, ich hatte gedacht, im Paradies angekommen zu sein, und nun warnte mich meine Mutter vor den Menschen hier. Nichtchristen waren offensichtlich noch viel gefährlicher als Christen! Das durfte nicht wahr sein, dass es hier noch unsicherer sein sollte als in meiner Heimat Bolivien. Nein, das konnte nicht sein! Ich entschloss mich an diesem Abend, meine Freiheit um jeden Preis zu verteidigen.

Bei unserem Schlussgebet bat ich laut darum, dass Gott mich vor diesen bösen Nichtchristen beschützen solle. Daraufhin umarmte mich meine Mutter und beruhigte mich. »Es gibt auch ganz liebe Menschen unter den Nichtchristen, du musst einfach nur immer ein waches Auge behalten.«

Ich ging einigermaßen beruhigt zu Bett, doch die gewohnten Alpträume waren in dieser Nacht heftiger denn je. Zum Glück hatte ich fast keine Hustenanfälle mehr, seit wir in der Schweiz waren, und niemand bemerkte meine nächtlichen Kämpfe.

Dann kam der erste Schultag, und ich nahm mir die Warnungen meiner Mutter sehr zu Herzen. Ich beobachtete die Lehrer misstrauisch und sorgte dafür, niemals alleine mit einem zu sein. Gegenüber den anderen Kindern fühlte ich mich jedoch sicher. Alle Kinder wunderten sich über unsere Herkunft. Mit meinem braungebrannten Gesicht und den nachgewachsenen dunkelbraunen Haaren hielten mich viele für ein Indianermädchen; sie sprachen unverhohlen davon, dass ich ein Adoptivkind sein müsse, denn meine Geschwister waren alle blond gelockt. Das beleidigte mich sehr, denn ich fühlte mich als ein stolzes Mitglied der Familie Krüsi. Alles andere hatte ich verloren, nur meine Familie – die war mir geblieben und gab mir Halt und Sicherheit.

Wir sprachen recht gut Schweizerdeutsch und hatten viele spannende Geschichten auf Lager. Die Schweizer Kinder umringten uns und hingen an unseren Lippen. Wir verhielten uns jedoch in vielen Situationen offensichtlich nicht so, wie es erwartet wurde. Ich war es gewohnt, alle Lehrer mit »you« anzusprechen, und sah keinen Sinn darin, meine Lehrpersonen zu siezen. Wenn es mir wieder passierte, dass ich einen Erwachsenen duzte, lachten alle und freuten sich darüber. Ich schämte mich dann zutiefst. Traurig erkannte ich, dass ich wohl anders war als die anderen Kinder; sehr anders. Nach und nach zog ich mich zurück. Wieder suchte ich Zuflucht in meinen Zeichnungen. Kurz darauf kündigte mein Lehrer einen Zeichenwettbewerb zum Thema »Leicht wie Seifenblasen« an. Eine tiefe innere Sehnsucht nach Erfolg, Anerkennung und Würde trieb meinen Ehrgeiz an. Tagelang verschanzte ich mich in meinem Zimmer und zeichnete. Begeistert suchte ich nach Lösungen, die Leichtigkeit der schwebenden Seifenblasen darzustellen. Diese Leichtigkeit kannte ich. Auch die Sehnsucht nach ihr und nach Freiheit und gleichzeitig die Angst, bei der geringsten Berührung zu platzen – das alles war mir nicht fremd. Im Gegenteil, das war ich! Ich war die Seifenblase und ich war nicht alleine. Es waren viele, die aneinanderklebten.

Ja, die Seifenblasen klebten, aber nicht nur aneinander, sondern auch noch viel zu schwer auf dem Papier. Geduldig versuchte ich es immer wieder, doch nie war es gut genug. Zu ungenau, zu wenig realistisch – Verzweiflung machte sich breit.

»Bitte, bitte, Mama, kannst du mir zeigen, wie ich diese Seifenblasen durchsichtig und farbig zeichnen kann?«, bettelte ich sie an. Zu meinem Erstaunen setzte sie sich zu mir. Sie nahm Farbstifte zur Hand und führte mir vor, wie ich Schicht für Schicht mit feinen Strichen die Blasen schraffieren könnte. Ich war begeistert, fiel ihr um den Hals und bedankte mich innig. Bestimmt war ihr die Bedeutung ihrer Hilfe nicht bewusst gewesen.

Nun verkroch ich mich in mein Zimmer und zeichnete stundenlang. Der Abgabetermin für den Wettbewerb rückte näher, ich nutzte jede freie Minute, um meine Zeichnung zu verfeinern. Das Blasenbündel schwebte nun regelrecht auf dem Papier. Stolz überreichte ich mein Werk dem Lehrer. Wenige Wochen später verkündete er vor der gesamten Klasse, dass ich den ersten Preis im Kanton Zürich gewonnen hatte. Glück und tiefe Dankbarkeit erfüllten mich, und ich genoss die Achtung, die mir nun entgegengebracht wurde.

»Ich hab's geschafft, ganz alleine!« Dieser Erfolg gab mir Auftrieb; eine neue Welt öffnete sich mir.

In der Kälte

Großmutter Elsa erfüllte mir meinen sehnlichsten Wunsch, kaufte mir eine versilberte Querflöte und bezahlte den Unterricht in der nahen kleinen Stadt. Meine neue Querflöte liebte ich über alles. Ich polierte und pflegte sie täglich. Es war das kostbarste Gut, das ich jemals besessen hatte. Ich war begierig, das Instrument zu erlernen, wollte ständig besser werden und freute mich über jeden Erfolg. Ein Stück nach dem anderen spielte ich, bis ich es auswendig konnte. Die Vorstellung, dass ich es so auch noch Jahre später spielen könnte, faszinierte mich und trieb mich an.
Mit dem Bus fuhr ich jede Woche in die Stadt zur Musikschule. Allerdings wirkte der große, übergewichtige Flötenlehrer mit seinem Bierbauch und den grauen, zotteligen Haaren von Anfang an abstoßend auf mich. Meist war er ungepflegt und roch so penetrant nach Schweiß und billigem Parfüm, dass mir fast schlecht wurde. Ich mochte ihn nicht, aber er war ein strenger, fordernder Lehrer, und das motivierte mich.
Nach einiger Zeit fing er an, mich über meine Familie auszufragen. Die Vorstellung, dass ich im Urwald aufgewachsen war, faszinierte ihn. »Ich habe mir gleich gedacht, dass du wie ein Indianermädchen aussiehst, als ich dich das erste Mal hier zur Tür reinkommen sah.«
Ich wunderte mich nicht über seinen Ausspruch, denn diesen Satz hörte ich von fast jedem Lehrer, der von meiner Ge-

schichte erfuhr. Doch dieser Flötenlehrer ließ nicht locker. Er bohrte und bohrte, wollte alles genau wissen. Als er mich nach den Schamanen bei den Indianern fragte, wusste ich gar nicht, was er meinte. »Bei den Chiquitanos gab es nur Zauberdoktoren. Aber das waren keine guten Menschen, die haben die Leute nur reingelegt.«

Mein Vater hatte stets darauf geachtet, dass wir mit ihnen nichts zu tun hatten. Er hatte uns Kindern oft von den Machenschaften dieser Zauberdoktoren erzählt. Doch der Flötenlehrer war ganz anderer Meinung als ich und lobte diese Schamanen in den höchsten Tönen. Sie würden den Menschen helfen und Heilung bringen. Langsam wurde ich wütend, er hatte ja keine Ahnung vom Dschungel. Mein Vater hatte uns vor dem gottlosen Tun dieser Menschen gewarnt. Ich wusste von ihm, dass sie die Leute von sich abhängig machten und sie ausnutzten. Sie nahmen ihnen die Ernte ab und ließen sich mit ihren Tieren fürstlich bezahlen. Was sollte daran gut sein? Ich verstand es nicht. Der Flötenlehrer wollte jedoch Genaueres wissen, und so berichtete ich ihm, was ich von meinem Vater gehört hatte.

Ein verwundeter Indianer war zu einem Zauberdoktor gegangen. Dieser hatte heimlich einen rostigen Nagel in den Mund genommen und so getan, als würde er die Wunde aussaugen. Dann hatte er dem armen Mann den Nagel gezeigt und ihm erklärt, dass das die Ursache für seine Entzündung gewesen sei. Außerdem redeten die Zauberdoktoren den Menschen alle möglichen Geister ein. Das ging manchmal so weit, dass die Leute ihre Ernte verderben ließen, nur weil ein Regenbogen am Himmel stand und dies als böses Zeichen des Himmels gedeutet wurde. Dann hatten die Indianer wieder nichts zu essen, und viele mussten deswegen sterben.

»Und das ist doch für die Menschen ganz schlimm, und darum hat mein Vater die Bibel für sie übersetzt!« Ich merkte sogleich, dass dieser Lehrer mich nicht ernst nahm, er lächelte mich mitleidig an.
»Offensichtlich weißt du nicht alles über den Schamanismus, aber das ist ja klar. Als Missionar hat dein Vater den Glauben dieser Urvölker bekämpft und dir ganz bestimmt nicht von dem uralten Wissen und den Heilungsmethoden der echten Schamanen erzählt. Das ist sehr schade, denn so ging auch jahrtausendealtes Wissen verloren.«
Ich war empört, doch ich merkte, dass es keinen Sinn hatte, mich weiter zu verteidigen. Mir wurde das alles langsam peinlich, und ich versuchte, vom Thema abzulenken. Vergeblich.
»Weißt du, Christina, ich kann dir zeigen, was ich meine und wie wir dieses alte Wissen gebrauchen können. Wenn du einmal bei irgendeinem Problem nicht weiterweißt, zeige ich dir, wie du mit den Geistern der Verstorbenen in Verbindung treten kannst.«
Mir wurde angst und bange, ich schüttelte nur den Kopf und hörte ihm nicht weiter zu. So etwas war verboten, genau vor solchen Menschen hatten unsere Eltern uns immer gewarnt. In mir drehte sich alles, ich wusste gar nicht, wie ich mich verhalten sollte. Irritiert schaute ich mich um, bis mein Blick auf die Wanduhr fiel. Gott sei Dank, es war höchste Zeit, zusammenzupacken und zum Bus zu eilen.
»Das war eine tolle Stunde mit dir, Christina. Nächstes Mal können wir weiter darüber reden.«
Auf dem Heimweg überlegte ich fieberhaft, was ich tun sollte. Ich war mir ganz sicher, dass meine Eltern mir den Flötenunterricht verbieten würden, wenn ich ihnen von diesem Gespräch erzählte. Nach langem Hin und Her entschied ich

mich, zu Hause nichts zu sagen und in der nächsten Flötenstunde ein Gespräch über dieses Thema zu verweigern.

Beim nächsten Mal erklärte ich dem Lehrer also, dass meine Eltern mir verboten hätten, über solche Dinge zu reden. Zu meinem Erstaunen entschuldigte er sich und sprach mehr zu sich als zu mir: »Ja, da haben deine Eltern schon recht, ich sollte mit meinen Schülern nicht über so etwas reden.«

Die Gespräche über den Schamanismus hörten auf, jedoch fragte er mich nun eindringlicher über mein privates Leben aus. Langsam begann er, meine Grenzen auszutesten. Ich fühlte mich zunehmend unwohl.

An einem kalten Dezemberabend öffnete ich die schwere Holztür zur Musikschule und betrat das Zimmer. Der Musiklehrer kam mir lächelnd entgegen und half mir aus meiner Jacke.

»Das hat er noch nie gemacht«, schoss es mir sofort durch den Kopf. Mein eingeschlummerter Instinkt meldete sich, Achtung, Gefahr! Meine Mutter hatte recht, auch in der Schweiz gab es Menschen, die es nicht gut mit uns Kindern meinten. Mir wurde mulmig, meine Hände begannen zu schwitzen. Ich setzte meine Querflöte zusammen und achtete auf genügend Abstand zum Lehrer.

»Gut hast du geübt, bist ein fleißiges Mädchen und schön noch dazu«, bemerkte er. »Schau, diese Hand muss sich noch mehr nach links beugen und der Finger da ein wenig mehr nach oben rutschen.« Er stand nun hinter mir in seiner vollen Größe. Dann beugte er sich von hinten über mich, nahm meine Finger in seine Hand und zeigte mir, wie ich die Flöte halten sollte. Dabei spürte ich, wie er seinen Körper an meinen drückte.

›Nein, nicht schon wieder, nicht schon wieder so einer. Der kriegt mich nicht, niemals! Er ist so dick und hässlich, nein, bitte nicht!‹ Alles in mir verkrampfte sich. Ich begann zu zittern, was der Lehrer offensichtlich bemerkte.
»Du brauchst dich vor mir nicht zu fürchten, meine Liebe, entspann dich und leg die Flöte kurz beiseite. Ich werde dir zeigen, wie du dich besser entspannen kannst.« Ich zitterte weiter. Vorsichtig legte ich die Flöte auf den Stuhl. Der Lehrer wollte nun, dass ich mit ihm Übungen machen sollte. Er hüpfte auf und ab. Sein dicker Bauch schwabbelte mit, dabei kamen die Wülste immer wieder unter seinem Hemd hervor. Ich schaute weg. »Mach mit, Kleine, das wird dir guttun«, forderte er mich eindringlich auf.
Ich gehorchte. Meine Brüste, die sich zu meinem Ärgernis schon füllig gebildet hatten, hopsten mit, zur sichtlichen Freude des Lehrers. Ich schaute um mich, irgendwie musste ich mich retten! »Bitte, ich muss dringend aufs Klo«, stammelte ich und eilte zur Tür hinaus und auf die Toilette. Endlich alleine. Im Spiegel betrachtete ich mich eine Weile. ›Nein, dieses dicke, hässliche Schwein kriegt mich nicht!‹ Mein Spiegelbild gab mir Kraft. Ich wiederholte meine Entscheidung laut und bestärkte mich nochmals. Nie wieder würde mich einer vergewaltigen! Ich ließ mir Zeit auf dem Klo. Immer wieder schaute ich auf meine Uhr. Nach einer ganzen Weile schlich ich wieder ins Musikzimmer. Der Lehrer wartete bereits ungeduldig.
»Hast du deine Periode, dass du so lange auf dem Klo bleibst?«
Ich antwortete nicht, schaute nur auf meine Uhr und bemerkte, dass mein Bus in fünf Minuten fahren würde. Er ließ mich meine Tasche packen, half mir in meine Winterjacke und be-

gleitete mich zur Tür. Ich wusste, das nächste Mal würde sein Spiel ein Stück weiter gehen.

Wieder schlich sich Angst in meine Seele. War es in der Schweiz doch nicht besser als in Bolivien? Hatte ich mich getäuscht? Offensichtlich war ich auch in der Schweiz nicht in Sicherheit. Panik überkam mich, ich wusste weder ein noch aus. Wie sollte ich mich retten? Kurz bevor der Bus mein Dorf erreichte, erinnerte ich mich endlich an meine Entscheidung: Ich würde mich nie wieder missbrauchen lassen. Dieses Gelübde wiederholte ich innerlich ständig, es half mir auch in den nächsten Tagen, um die Panik zu überwinden.

Wieder begann ich, Strategien zu entwickeln. Vorerst nutzte ich die gleichen, die ich in Bolivien so oft geübt hatte. Vor der nächsten Querflötenstunde lag ich mit fiktiven Kopfschmerzen im Bett. Dann verpasste ich den Bus, es folgten fürchterliche Bauchschmerzen. ›Das war's dann‹, dachte ich, als ich den Bus ein zweites Mal verpasst hatte und meine Mutter mit hochrotem Kopf ins Zimmer stürmte.

Sie schrie mich an, warf mir »Schwänzerei« vor und befahl mir, zur Strafe mit dem Flötensack zu Fuß in die Stadt zu rennen. Es war Januar, ein eiskalter Mittwochnachmittag. Es hatte tagelang geschneit, und die Straßen waren vereist. Völlig entgeistert packte ich meine Flötensachen, zog meine Jacke an und verließ Hals über Kopf unser Haus. Ich wusste genau, dass ich den Weg nicht finden würde – meinen Orientierungssinn hatte ich schon vor Jahren in irgendeinem der öffentlichen WC-Häuschen in Tumi Chucua verloren. Auch hier in der geordneten Schweiz fand ich kaum den Weg, oft lief ich genau in die entgegengesetzte Richtung.

Es war Spätnachmittag, und es dämmerte bereits. Die Autos auf den rutschigen Straßen mussten sehr langsam fahren.

Blindlings eilte ich die Straße entlang. Wutentbrannt kickte ich die Schneehaufen weg.
›Das ist ungerecht‹, dachte ich, ›ich finde den Weg niemals! Wo muss ich nun abbiegen? Rechts, nein doch lieber links.‹ Trotz der Kälte begann ich zu schwitzen, die Wut trieb mir den Schweiß auf die Stirn. Nach einiger Zeit hatte ich mich ausgetobt. Langsam beruhigte ich mich und fiel in einen gemütlicheren Schritt. Inmitten des Wintersturms fühlte ich mich plötzlich geborgen. Vereint mit der Kraft der Natur, die mein Inneres widerspiegelte. Mit der Ruhe kehrte mein Wille zurück und bäumte sich in meiner Seele auf.
›Nein! Ich gehe nicht mehr zu diesem Mann, niemals!‹ Obwohl ich vor einigen Minuten noch geschwitzt hatte, fror ich nun und begann zu zittern. ›Diese Straße kenne ich, sie führt in die Stadt. Aber dann, wie war das, links zur Kirche, dann rechts vorbei, nein links?‹ Es war mir egal, denn ich war entschlossen, die Flötenstunde sausen zu lassen. Ich würde zwei bis drei Stunden einen Spaziergang machen und mich verlaufen. Und dann würden sie mich in der dunklen Nacht suchen müssen. Schadenfroh stellte ich mir das Gesicht meiner Mutter vor. Meine Geschwister würden sich sorgen, und alle würden nach mir suchen. Diese Gedanken gefielen mir äußerst gut.
Die Lichter der entgegenkommenden Autos blendeten mich. Schneeflocken tanzten um meine Nase. Ich band mein Halstuch noch fester. Und dann waren sie plötzlich da – meine üblen Weggefährten: die Einsamkeit, die Hoffnungslosigkeit, die Trauer. Das ganze Spiel begann von vorne. In der vermeintlich sicheren Heimat meiner Eltern.
Warme Tränen tropften auf den Schal, verschleierten die Sicht und grenzten mich von der Umwelt ab. Meine Wut vermisch-

te sich mit Trauer und ließ meine Schritte schneller werden. Ich achtete nicht mehr darauf, wohin ich lief, rannte einfach blindlings weiter. Im Tal angekommen, irrte ich umher, lief die Straßen auf und ab, sah nicht rechts und nicht links. Meine Schuhe waren schon lange durchnässt, ich zitterte am ganzen Körper, und meine Finger waren gefühllos vor Kälte. Ich bedauerte nun, in meiner Wut nicht die Mütze und die Handschuhe angezogen zu haben. Die Flötenstunde war längst vorbei, irgendwie musste ich nach Hause finden. Mir war so schrecklich kalt, von innen und von außen. Ich hielt inne, versuchte herauszubekommen, wo ich war. Die Straße kannte ich nicht, doch ich folgte ihr, denn sie führte bergan, und ich wollte nicht auf dem normalen Heimweg gehen. Sie würden mich nun suchen, ja, und ich würde mich verstecken.
›Mama soll Angst um mich haben‹, dachte ich. Die Lage war verzwickt, ich war im Recht und wagte es nicht, etwas zu sagen. Die Täter in Bolivien hatten mir von meinem sechsten Lebensjahr an eingetrichtert, dass man mir niemals so etwas glauben würde. Drei Stunden waren schon verstrichen, und ich wusste genau, dass mich nun alle suchten. Ich bezahlte mit der Kälte für diese Aufmerksamkeit, aber es war mir egal, sollten sie mich ruhig suchen.
Ein Auto fuhr mir entgegen und bremste. Es war nicht das Auto meiner Eltern. Ich wurde langsamer und beobachtete es argwöhnisch. Ein Mann kurbelte die Scheibe herunter und blieb neben mir stehen. Mit seinen braunen Augen schaute er mich freundlich an. Unter seiner grauen Mütze drängten sich dunkle Locken hervor. Dicke Zigarrenluft kam mir aus dem Fenster entgegen.
»Wie heißt du? Wohin willst du, soll ich dich ein Stück mitnehmen?«, fragte der bärtige Mann freundlich. »Du bist ja

total durchnässt und überhaupt, was machst du hier so alleine auf der Straße? Soll ich dich nach Hause bringen?«
Am liebsten hätte ich sein Angebot angenommen, er sah in seinem Stallkittel eigentlich ganz liebenswürdig aus. Aber ich war ein gebranntes Kind, und nach der Erfahrung mit dem Flötenlehrer traute ich erst recht niemandem mehr.
»Nein danke, bin gleich um die Ecke zu Hause«, entgegnete ich.
Der Mann gab nicht auf. »Steig nur ein, ich sehe doch, wie du frierst. Musst vor mir keine Angst haben, ich bin der Heiri und habe dich schon in der Stadt herumirren sehen. Mit dir stimmt doch etwas nicht, wo wohnst du eigentlich? Wissen deine Eltern, dass du dich hier rumtreibst?«
Mir stockte der Atem, reflexartig rannte ich los. Hinter dem Auto hupte ein anderes Fahrzeug, Heiri gab auf und fuhr winkend an mir vorbei.
Ein Stück weiter war ein kleiner Schuppen. Ich entschied mich, dort auf meine Eltern zu warten. Ich weinte nun bitterlich und wünschte mir sehnlichst, dass ich abgeholt würde. Der Schuppen bot mir ein wenig Schutz vor dem beißenden Wind und dem Schneegestöber. Ich wartete und wartete. Mein Körper zitterte unkontrolliert, meine Zähne klapperten.
»Lieber erfrieren, als in die Musikstunde zu gehen, lieber sterben, als ein Sklave zu sein. *Morir antes que esclavos vivir, morir antes que esclavos vivir, morir antes que esclavos vivir.*«
Ich sang die Hymne leise vor mich hin. Auf einmal passte mir dieser Text nicht mehr. Ich stampfte auf den Boden und entschied mich, ihn zu ändern. »Lieber gut leben, als ein Sklave zu sein! Lieber gut leben, als ein Sklave zu sein!«
Nein, sterben wollte ich nicht, auf keinen Fall. Ich wurde lauter und lauter, schließlich schrie ich immer wieder in das

Schneegestöber hinein: »Lieber gut leben, als ein Sklave zu sein! Lieber gut leben, als ein Sklave zu sein!«
Und dann sah ich endlich das ersehnte Auto. Erleichtert kroch ich aus meinem Versteck und stapfte, so schnell es mir meine steif gefrorenen Glieder erlaubten, durch die dicken Schneehaufen zur Straße. Das Auto hupte, als es näher kam. Gott sei Dank, sie hatten mich erkannt!
Mit Tränen in den Augen öffnete Mama die Autotür und rannte mir entgegen. »Mensch, Christina, wir haben dich so lange gesucht! Bald hätten wir die Polizei eingeschaltet, wir sind so froh, dass du wieder da bist.«
Meine Mutter umarmte mich schluchzend und bat mich um Verzeihung. Welche Genugtuung für mich. Ich erzählte vom Heiri, der mich mitnehmen wollte. Dies ließ meine Mutter noch mehr erschauern, und sie lobte mich sehr, dass ich nicht eingestiegen war.
Das Problem mit der Flötenstunde löste sich von allein. Kurz nach dem Vorfall stürzte ich auf der eisigen Straße und brach mir den Arm. Die Schmerzen, die ich ertragen musste, waren mir egal, sie schützten mich vor viel größerem Leiden. Ich hatte Glück im Unglück. Einige Monate lang musste ich nicht mehr in die Musikschule, und danach zogen wir in ein eigenes Haus in einem anderen Kanton.

Teenager

Es war unser drittes Jahr in der Schweiz, als meine Mutter ihr sechstes Kind zur Welt brachte. Mein Vater war inzwischen Schweizer Direktor von Wycliffe geworden und sehr viel unterwegs. Einerseits war ich stolz auf ihn, andererseits fehlte er mir auch.

Denn die Verhältnisse in unserer Familie waren für mich extrem belastend. Mein 16-jähriger Bruder hatte sich noch immer nicht in der Schweiz zurechtgefunden. Einmal stand ein wütender Förster vor der Tür: »Frau Krüsi, Ihr Sohn hat einen wertvollen Baum gefällt. Das ist strafbar, ich werde Ihren Sohn anzeigen!« Mit Müh und Not konnte meine Mutter ihn davon abhalten. Sie erklärte ihm, dass wir im Urwald aufgewachsen waren und Philip dort oft mithelfen musste, Bäume zu fällen. Der Förster war derart erstaunt über diese Antwort, dass er für dieses eine Mal auf eine Anzeige verzichten wollte.

Immer wieder schaffte es Philip, auf solche Weise mit dem Schweizer Gesetz in Konflikt zu kommen.

Mit seinen neuen Freunden hielt er sich fast immer im düsteren Musikkeller unserer Siedlung auf. Meine Mutter war völlig überfordert und mit den Nerven am Ende, manchmal war es so schlimm, dass sie schreiend aus dem Haus rannte. »Ich komme nie mehr zurück«, hörten wir noch von ihr und sahen sie dann für einige Stunden nicht. Ich übernahm so lange schweigend ihre Rolle, machte den Haushalt, kochte und hütete die Kleinen, tröstete sie und machte mit ihnen Hausaufgaben. Kam meine Mutter dann zurück, gab es für alle eine Strafpredigt. Ich liebte sie trotz allem und versuchte ihr zu helfen, wo ich konnte. Meine kleinen Geschwister brauchten Schutz und Erziehung und meine Mutter Trost. Immer wieder lag sie mit Migräneanfällen oder krank im Bett, und ich fühlte mich dann für alles verantwortlich.

»Weißt du, Christina, jetzt würde ich am liebsten einschlafen und nie wieder aufwachen«, stöhnte sie so manches Mal. Ich tröstete sie. Diese Sprüche waren mir nicht neu. Ich bemühte mich noch mehr, für alles zu sorgen, damit sie sich besser fühlen würde. Ich war für das Backen von Brot und Zopf für die gesamte Familie zuständig, half mit der Wäsche und kochte oft, ging einkaufen, hackte Holz und werkelte im Garten.

Immer wieder beteten wir am Tisch, dass wir Geld für Esswaren bekommen würden. Oft stellten uns Bauern aus unserer Kirchengemeinde Gemüse und Kartoffeln vor die Tür. Wir dankten Gott für die Erhörung unserer Gebete. Doch heimlich wünschte ich mir, unser Vater hätte einen ganz normalen Beruf und würde genügend Geld für uns alle verdienen. Wenn ich von Fremden oder in der Schule nach dem Beruf meines Vaters gefragt wurde, sagte ich, er sei Sprachforscher, Linguist. Denn inzwischen war es mir peinlich, dass er ein Missionar war.

Auch gegen die regelmäßigen Kirchgänge sträubte ich mich innerlich immer mehr. Kaum hatte ich Anschluss in der Jugendgruppe gefunden und mich mit einigen Mädchen angefreundet, merkte ich, dass ich auch hier nicht sicher vor neuen Tätern war.

Innerlich spürte ich, dass in dieser Gemeinde etwas nicht stimmen konnte, ich fühlte die Gefahr regelrecht. Konnte es sein, dass auch hier in der Schweizer Kirche Missbräuche stattfanden? Ich wehrte mich gegen solche Gedanken, doch leider wurde meine Intuition bald bestätigt. Eine meiner Freundinnen kam mehrere Wochen lang nicht mehr in die Jugendgruppe, und ich vermisste sie. So rief ich eines Tages bei ihr zu Hause an. Ihre Mutter war am Telefon, und ich fragte nach ihrer Tochter.

»Ich vermisse Henrike, ist sie krank, oder was ist los?« Ich machte mir wirklich Sorgen, aber so eine Antwort hatte ich nicht erwartet:

»Eigentlich sollte ich nicht darüber reden, denn die Gemeinde hat mir verboten, öffentlich darüber zu sprechen. Aber vielleicht kannst du ihr helfen, sie vertraut dir sehr.«

Ich war ratlos, was würde nun kommen? Am anderen Ende hörte ich die Frau leise weinen. »Was ist los mit Henrike, was ist passiert?«

Eine Weile lang blieb das Telefon stumm, dann brach es aus ihr heraus: »Henrike wurde vergewaltigt.«

»Wer was es?« Ohne nachzudenken, hatte ich diese Worte ins Telefon gebrüllt.

»Einer aus der Jugendgruppe. Mehr kann und darf ich dir nicht sagen. Es geht Henrike wirklich sehr, sehr schlecht. Die Ältesten der Gemeinde kümmern sich aber gut um sie.«

Ich war schockiert, wusste aber sofort, wer der Täter war. Zu oft war er mir aufgefallen, wie er die Grenzen bei uns Mädchen überschritten hatte. Ich hatte mitbekommen, wie er eine nach der anderen aufgefordert hatte, sich mit ihm an geheimen Orten zu treffen. Ich wusste genau, dass er es war, und ich sollte recht behalten.

Dies alles trug nicht dazu bei, dass ich mich in der Kirche wohl fühlte. Ich hielt Augen und Ohren auf, wagte es aber nicht, mich meinen Eltern zu widersetzen und nicht mehr in die Kirche oder Jugendgruppe zu gehen. Aber ich schwor mir innerlich, dass ich mich selbst schützen würde, nie wieder sollte mir so etwas passieren, ich würde ganz genau aufpassen.
Ich fühlte mich mit Henrike verbunden, weil wir Leidensgenossen waren, auch wenn ich ihr meine Geschichte nicht erzählt hatte. Sie veränderte sich sehr und brach irgendwann den Kontakt zu mir ab. Ich dachte oft an sie und wie ich ihr helfen könnte.
Zudem beschäftigte mich seit neuestem etwas ganz anderes. Ich merkte, dass sich immer mehr Jungen in der Schule für mich interessierten. Im Gegensatz zu den Jugendlichen, vor denen ich mich in Bolivien und in unserer Kirchengemeinde in Acht nehmen musste, schienen diese Mitschüler keine bösen Absichten zu haben. Ein Junge hatte mir während der Pause einen zusammengefalteten Zettel überreicht. Ich hatte zuvor öfter beobachtet, wie andere Kinder sich Zettel zuschoben, doch war ich viel zu schüchtern, um sie zu fragen, was denn auf den Zetteln stand.
Naiv, wie ich war, nahm ich den Zettel an, öffnete ihn und las laut vor: »Willst du mit mir gehen?« Ich schaute dem Jungen mit hochrotem Kopf in die Augen und fragte ihn geradeheraus: »Wohin?«
Alle Kinder rings um uns lachten laut, und es dauerte eine ganze Weile, bis ich aufgeklärt wurde, dass dieser Junge mein Freund sein wollte. Einerseits war ich sehr stolz darauf, andererseits war es mir sehr peinlich, und ich stammelte, dass ich erst 14 Jahre alt sei und viel zu jung für so etwas.

Dieser Vorfall veränderte für mich in der Schule alles. Ich begann mich ebenfalls für die Jungen zu interessieren. Während des Skilagers fiel mir ein Junge aus der Parallelklasse besonders auf. Christof war nicht sehr groß, hatte aber ein verschmitztes Lächeln, das mir besonders gefiel. Außerdem war er ein sehr guter Schüler, was mich beeindruckte. Ich fühlte mich zu diesem blonden Jungen hingezogen, und auch ihm ging es offensichtlich so. Wir hatten viel Spaß zusammen, im Schnee tobten wir miteinander, rieben uns den Schnee ins Gesicht und rannten einander nach.

Im Gegensatz zu mir war Christof ein ausgezeichneter Skifahrer und der absolute Favorit für den Wettkampf am Ende unseres Skilagers. Ich jedoch hatte erst ein Jahr zuvor richtig Skifahren gelernt. Als ich ihm erzählte, dass ich mich vor dem Rennen fürchtete, erwiderte er: »Am besten ist es, wenn du keine Angst hast und einfach so schnell wie möglich herunterfährst, ohne an irgendwas zu denken.« Der große Tag kam immer näher. Als ich schließlich oben am Start stand, entschied ich mich, ohne Angst alles zu geben, was ich geben konnte. Ich hatte sowieso nichts zu verlieren. Mutig stürzte ich mich den Hang hinunter und dachte an gar nichts mehr. Ich spürte nur noch die Sonne, den Wind und fühlte mich wie in einem Rausch. Von außen hörte ich die Rufe der anderen Kinder, die mich kräftig anfeuerten. Alle Angst war weg, ich schien zu fliegen. Auf einmal war da das Ziel, ich wusste gar nicht, wie ich es, ohne zu stürzen, dorthin geschafft hatte.

Alle waren total überrascht und klatschten laut. »Du hast gewonnen! Du hast gewonnen! Du bist wie eine Sau gefahren. Mein Gott, wir hatten Angst um dich, du hättest dich sehen sollen!«

Christof fiel mir vor allen Zuschauern um den Hals, um mir zu gratulieren. »Ich hab's dir ja gesagt. Wenn du die Angst verlierst, ist alles ganz einfach.«
Ich freute mich wahnsinnig über all diese Glückwünsche, doch gleichzeitig war es mir etwas peinlich, ich musste wirklich wie eine Verrückte den Berg hinuntergerast sein. Abends wurde die Siegerehrung gefeiert, es war ein rauschendes Fest für uns Schüler. Zuerst wurde Christof auf das Podium gebeten. Ich war so stolz auf ihn, wie er dort mit der Siegermedaille um den Hals stand.
Dann war ich an der Reihe: »Das schnellste Mädchen ist – man höre und staune – Christina Krüsi, unser Urwaldmädchen!« Nach der Siegerehrung forderte uns der Lehrer auf, als erstes Tanzpaar die Disco zu eröffnen. *Do you really want do hurt me, do you really want to make me cry,* ich wusste weder, was ich von diesem Lied halten, noch, wie ich mich verhalten sollte, denn ich hatte ja noch nie mit einem Jungen getanzt. Aller Augen waren auf uns gerichtet, aber Christof nahm mich einfach in die Arme und führte mich. Nach einer Weile entspannte ich mich und begann den Tanz zu genießen.
»Schaut euch mal dieses schöne Pärchen an, die passen doch so gut zusammen.« Ich hörte den Lehrer trotz der lauten Musik und schaute beschämt weg. Wir ließen einander nicht mehr los und tanzten ununterbrochen Runde um Runde. Ich staunte darüber, dass Christof gar nicht mit anderen Mädchen tanzen wollte, und auf einmal schoss es mir in den Kopf, dass er ernsthafte Absichten mit mir hatte. Ein ungutes Gefühl überkam mich, und ein innerer Kampf begann in mir zu toben. Ich durfte mich doch nicht in ihn verlieben! Er war nicht in meiner Kirche, und sich in einen Nicht-

christen zu verlieben war verboten. Meine Mutter hatte mich zu oft vor solch einer Verbindung gewarnt. Ich wusste mir nicht anders zu helfen, also gab ich vor, auf die Toilette zu müssen.

Anstatt in den Saal zurückzukehren, schlich ich mich ins Mädchenzimmer und legte mich auf meine Matratze. ›Hilfe, Hilfe, was soll ich nur tun?‹ Die Gedanken drehten sich im Kreis. Ich bekam nicht mit, wie sich die Tür öffnete, doch auf einmal flog mir ein Kissen an den Kopf. Christof war mir gefolgt! Im Nu entwickelte sich eine Kissenschlacht, alle Sorgen waren wie weggeblasen, in meinem Bauch kribbelte es, und ich konnte der Anziehungskraft nicht mehr widerstehen. Ich verlor alle Hemmungen, und irgendwann landeten wir total verschwitzt auf all den Kissen und küssten uns innig. Die Zeit stand für mich völlig still, bis die anderen Mädchen auftauchten.

»Da ist ein Pärchen, ein Liebespaar!«, kreischten sie laut.

›O Gott‹, schoss es mir durch den Kopf, ›das dürfen meine Eltern niemals erfahren.‹

Trotz aller Ängste und Sorgen entschied ich mich, unserer Verbindung eine Chance zu geben, was in der Schulzeit relativ einfach war, doch in meiner Freizeit fiel es mir sehr schwer, ihn zu treffen. Ich musste zu viel zu Hause helfen und schaffte es höchstens einmal pro Woche, mich mit Christof zu treffen. Ihm lag sehr viel daran, mich öfter zu sehen, weshalb er immer wieder bei mir zu Hause anrief.

Meine Mutter merkte bald, was im Busch war, und stellte mich zur Rede. Unter Tränen gestand ich ihr, dass ich mich total in ihn verliebt hatte.

»Weißt du eigentlich, dass sich seine Eltern scheiden lassen wollen?«

Natürlich wusste ich davon, doch was hatte das mit uns zu tun?
»Wenn die Eltern sich scheiden lassen, färbt das auf die Kinder ab, du wirst mit ihm nie glücklich werden. Abgesehen davon weißt du genau, was passiert, wenn du dich mit einem Nichtchristen einlässt. Es wäre besser, du würdest sofort Schluss machen!«
So schnell wollte ich ihn aber nicht loslassen, denn ich liebte ihn wirklich sehr. In seiner Gegenwart fühlte ich mich geborgen, und unsere Gespräche auf den Spaziergängen am Rhein entlang waren einfach himmlisch. Wir konnten über Gott und die Welt reden, nur meine Kindheit ließ ich außen vor. ›Eines Tages erzähle ich ihm alles‹, schwor ich mir jedoch innerlich und war mir ganz sicher, dass ich ihm vertrauen konnte.
Meine Eltern beobachteten mich sorgenvoll und machten mich auf die verheerenden Folgen einer solchen Verbindung aufmerksam. Christofs Eltern ließen sich wirklich scheiden, und er zog mit seiner Mutter in eine andere Stadt. Dies bewog uns nach einem Jahr beide, die schwierige Beziehung schweren Herzens abzubrechen.
Ich hatte nicht viel Zeit, der Beziehung nachzutrauern, denn eines Tages schlich sich meine fünfjährige Schwester Stefanie heimlich in den Musikjugendkeller unserer Siedlung. Was dort geschah, veränderte ihr Verhalten massiv. Sie schrie jede Nacht, knirschte mit den Zähnen und schlafwandelte. Von dem Zeitpunkt an war sie völlig verändert, sie konnte mir jedoch nicht erzählen, was passiert war. Meine Mutter war nervlich dermaßen am Ende, dass ich Nacht für Nacht aufstand und die Kleine in den Armen wiegte, bis sie wieder eingeschlafen war. Ich wusste ganz genau, dass sie ein schlimmes

Erlebnis mitgemacht haben musste, aber ich wusste nicht, was geschehen und wer dabei gewesen war. Ich fühlte mich dafür verantwortlich. Und extrem schuldig, denn ich hatte sie nicht schützen können.

Stuttgart

Diese zwei Jahre ohne unseren Vater waren für mich extrem anstrengend. Nebenbei musste ich meine Schule irgendwie abschließen. Es war mein inniger Wunsch, die Matura zu machen, aber daran war nicht zu denken. Ich hatte schlicht nicht die Zeit, neben all der Arbeit zu Hause. Außerdem meinte meine Mutter, ich würde die Matura niemals schaffen.
Damit traf sie mich tief, auch wenn ich wusste, dass meine Noten meiner Mutter recht gaben. Unglaublich enttäuscht und desillusioniert stürzte ich mich in meine Malerei. Ich übte und wurde stetig besser. Mein großes Ziel war es, die Kunstschule zu besuchen. Die Prüfung für diese Schule war zu dieser Zeit äußerst schwierig. Nur mit sehr guter Vorbereitung hatte ich eine Chance. Meine Eltern kannten eine christliche Künstlerin in Stuttgart; Gertrud Tonne war Schülerin von Ida Kerkovius und mit dieser viele Jahre zuvor auf Reisen gewesen. Von ihr bekam ich ein Angebot, das ich liebend gerne annahm. Ihr Sohn war glücklich verheiratet und hatte drei Kinder, und das vierte war unterwegs. Ich sollte im Haushalt der jungen Familie helfen, dafür würde sie mir gratis Kunstunterricht geben.
Ich war 16 und bekam ein ganzes Jahr lang Kunstunterricht – ein Traum für mich!
Meine neue Lehrerin lebte mit ihrem Mann, einem erfolgreichen Erfinder und Unternehmer, in einer riesigen Villa mit

eigenem Personal oben auf einem Hügel in einem Vorort von Stuttgart mit wunderbarer Aussicht über die Stadt. Ich wurde im obersten Stockwerk einquartiert. Mein Zimmer war sehr klein, dafür hatte ich ein eigenes Bad ganz für mich alleine. Ich fand mich also auf einmal in reichem Hause wieder. Ich war dankbar, von meiner Familie wegzukommen, unterschätzte jedoch die Tatsache, dass ich nun in einem mir fremden Land alleine war.

Die ersten drei Monate litt ich an schlimmem Heimweh. Ich vermisste besonders meine jüngeren Geschwister, sie waren noch so klein und hätten mich gebraucht, vor allem Stefanie. Was würde Mama nur ohne meine Hilfe tun? Erst im Nachhinein erfuhr ich, dass sie ein amerikanisches Au-pair-Mädchen aufgenommen hatte.

Dazu kam die Sehnsucht nach Christof, je länger wir getrennt waren, desto weniger sicher war ich mir, ob meine Entscheidung richtig gewesen war. Er bereute seine Entscheidung ebenso, was ich seinen Briefen entnahm. Er beteuerte, mich immer noch zu lieben, doch ich getraute mich nicht, ihm zu antworten, ich hatte den Mut nicht, mich nochmals auf ihn einzulassen, denn es war aussichtslos. Da ich ihm nicht weh tun wollte, dachte ich, es wäre das Beste, seine Briefe nicht zu beantworten.

So stürzte ich mich voller Eifer in meine Arbeit. Das Haus der jungen Stuttgarter Familie lag zehn Minuten zu Fuß unterhalb des Berges, pünktlich um sieben fing ich dort meinen Dienst an. Es gab sehr viel für mich zu tun, ich arbeitete fleißig und pflichtbewusst. Um drei Uhr nachmittags durfte ich wieder hoch zur Villa ins Atelier. Die vielen Treppenstufen den Berg hinauf rannte ich immer und zählte sie dabei. Mit jeder Stufe freute ich mich mehr und mehr auf das, was mich erwartete.

»241, 242, endlich oben!« An der Haustür musste ich mich etwas zusammennehmen. Ich durfte nicht einfach mit meinem Schlüssel aufschließen und ins Atelier rennen, nein, ich musste klingeln und eine Weile warten. Gertrudes Mann hatte eine neue Alarmanlage erfunden, die vor dem Öffnen der Tür zuerst abgestellt werden musste. Dieser Vorgang beeindruckte mich jedes Mal – wie reich waren sie wohl wirklich? In meinem ganzen Leben hatte ich noch niemanden kennengelernt, der eine Alarmanlage benutzte.

Meine Lehrerin hatte es sehr schnell geschafft, von mir ins Herz geschlossen zu werden. Ich wurde immer liebevoll von ihr umarmt und begrüßt und sogleich an den Esstisch geführt. Sie verwöhnte mich mit Streuselkuchen oder mit Brezeln, die ich so liebte. Im Atelier hielt sie immer eine große Schale mit Früchten bereit. Gemeinsam arbeiteten wir dort oft bis in die Nacht. Trotz ihrer grauen Haare und ihres strengen Pagenschnitts kam sie mir in ihrer quirligen und humorvollen Art jung vor. Sie interessierte sich für alles und wollte von mir wissen, welche Musik die jungen Menschen heutzutage hören, welche Bücher »in« waren und was die jungen Leute in ihrer Freizeit machten. Zudem war sie eine strenge Lehrerin, was meinen Ansprüchen aber sehr entgegenkam. Ich sog alles wie ein trockener Schwamm in mich auf.

»Christina, ich erwarte von dir, dass du pro Woche ein Buch eines Künstlers durchliest und eine kurze Zusammenfassung schreibst«, forderte sie von mir. Konsequent malte und übte ich.

Meine Gastgeber waren fromme Menschen und lebten ihre Auffassung des Christentums aus. Als intellektueller Forscher hatte der Hausherr viele Fragen zur Bibel. Oft hielten

sie Bibelstunden mit bis zu vierzig Gästen in ihrer Villa und luden Heilprediger ein.
Diesen stellte man mich als begnadete Missionarstochter vor. Immer wieder sprachen mich diese Heiler an und behaupteten, dass ich mit der Gabe des Heiligen Geistes gesegnet sei und dies nutzen solle. Auch bei diesen Veranstaltungen fielen des Öfteren Menschen in Trance und redeten in unverständlichen Sprachen. Ich saß zumeist hinten im Saal in der Hoffnung, dass mich niemand ansprechen würde. Dennoch forderte man mich mehrmals auf, diese Botschaften zu übersetzen. Dann sprach ich einfach aus, was mir gerade in den Sinn kam. Ich konnte mir nicht vorstellen, dass meine Aussagen eine wirkliche Übersetzung waren, da ich diese Sprachen nicht kannte. Die Männer und Frauen akzeptierten das Gesagte und wussten offensichtlich etwas damit anzufangen.
Ich wunderte mich, warum die Erwachsenen nicht fähig waren, selbst diese sogenannten Botschaften zu verstehen. Was hatte dieses Zungenreden für einen Sinn, wenn keiner etwas damit anfangen konnte? Wieso sollte Gott auf diese komplizierte Art mit den Menschen reden wollen? Man stellte mich auf einen Sockel, auf den ich gar nicht wollte. Ich spürte die Macht, die man in mich hineinprojizierte, und rutschte in eine Sonderstellung – eine, die ich vom Gefühl her aus Bolivien kannte. Auserwählt. Schon wieder. Ich begann die Menschen zu beobachten, dachte über ihr Verhalten und ihren Glauben nach. Bald durchschaute ich, wie sich diese Abhängigkeiten bildeten; die einen brauchten Hilfe, die anderen Geld. Das gefiel mir nicht, es drängte mich immer öfter, darüber nachzudenken.
Noch nie in meinem Leben hatte ich trotz der Arbeit in der Familie und des Unterrichts so viel Ruhe wie jetzt. Niemand

störte mich in meinen Gedanken, beim Malen, Lernen oder in der Nacht. Die Auswirkungen dieser Ruhe waren jedoch fatal für mich. Ich hatte Zeit. Und ich nutzte die Zeit intensiv. Es begann ein innerer Kampf zwischen meinem Gewissen und dem Verstand. Ich dachte immer öfter über meine Kindheit nach. Nachts verstärkten sich die Alpträume wieder, immer die gleichen, die mich seit meiner Kindheit begleiteten. Sie ließen mich oft schweißgebadet aufwachen. Je mehr ich mich mit meinem eigenen künstlerischen Schaffen und den anderen Künstlern auseinandersetzen musste, desto mehr wollte die Wahrheit an die Oberfläche.

»Was innen ist, kommt nach außen.« Das war eine Grundaussage zum Vorgang des künstlerischen Schaffens meiner Lehrerin. Doch mein Innerstes durfte nicht raus aus mir, ich hielt es krampfhaft in mir zurück. Der Wunsch zu sprechen wurde immer größer, aber die Angst, die mir die Täter in Bolivien eingetrichtert hatten, überlagerte immer noch alles. Ich versuchte, nur Schönes zu malen, manchmal konnte ich den Schmerz jedoch nicht zurückhalten, dann zeichnete ich heimlich in meinem Zimmer. Sehnsüchtig erinnerte ich mich an die Gespräche mit Christof. Hätte ich doch nicht mit ihm Schluss machen sollen? Er würde mich verstehen, und ich spürte noch immer eine innige Liebe zu ihm. Es war zum Verzweifeln.

Ich fühlte mich mit einer schweren Last beladen, je mehr ich mich an meine Kindheit erinnerte. Dazu kam, dass die geistigen Aufgaben bei den Veranstaltungen meiner Gastgeber zur Bürde und die Erwartungen an mich immer größer wurden. Wieder stand ich unter Druck, den ich so nicht mehr wollte. Nach und nach verging mir der Appetit, und es war mir gerade recht so. Je weniger ich aß, desto leichter fühlte ich mich. Und je leichter ich mich fühlte, desto mehr hatte ich das Ge-

fühl, die Umwelt würde meine innere Zerbrechlichkeit endlich wahrnehmen. Hoffentlich auch meine Eltern.
Ich aß nur, wenn ich musste. Meine Mentorin wunderte sich als Erste, dass ich die Speisen verschmähte. Ich sagte ihr, dass ich fasten wolle, was für sie vorerst ein gutes Argument war. Fasten war in diesen christlichen Kreisen ein hochangesehenes Ritual; trotzdem war sie überrascht. Sie machte sich Sorgen, ob dies in meinem Alter vernünftig sei. Ich beruhigte sie, indem ich ihr erzählte, dass meine Eltern oft fasten würden und es auch für mich nicht das erste Mal sei. Bald merkte ich, wie meine Kleider lockerer an meinem Körper saßen. Ich fühlte mich müde, aber gut. Dann purzelten die Kilos regelrecht. Nun machten sich alle um mich herum Sorgen. Ich malte stillschweigend weiter.
Nach sieben Wochen war jedem klar, die junge Schülerin hat ein Problem. Immer wieder wurde ich gefragt, was denn wirklich los sei. Ich wich ihnen aus oder erfand Ausreden und wagte es nicht, ihnen zu sagen, was mich wirklich innerlich plagte.
Eines Tages konnte Gertrude es nicht mehr mit ansehen, und sie und ihr Mann baten mich in den großen Saal. »Christina, wir müssen ein ernsthaftes Gespräch mit dir führen. Wir machen uns große Sorgen um dich. Mit dir stimmt etwas nicht.« Ich versuchte mich herauszuwinden, doch sie ließen mich kaum zu Wort kommen. »Wie viel hast du denn abgenommen, weißt du das überhaupt? Du siehst sehr dünn und abgemagert aus, so können wir dich in den Ferien nicht nach Hause lassen, deine Eltern würden sich zu Tode erschrecken. Bestimmt sind es über fünf Kilo.«
Ich wusste nichts zu entgegnen, denn ich hatte selbst keine Ahnung, wie viel ich abgenommen hatte. Sie forderten mich

auf, in ihr Badezimmer zu gehen und mich zu wiegen. Das Ergebnis war erschreckend, denn obwohl ich nie pummelig gewesen war, hatte ich zehn Kilo abgenommen.
»Ich habe so fürchterliches Heimweh, dass ich kaum was essen kann«, versuchte ich sie zu beschwichtigen.
Darauf setzten sie sich mit meinen Eltern in Verbindung und vereinbarten, mich für zwei Wochen nach Hause zu schicken. Ich sollte dort Ferien machen, nach sieben Monaten in Deutschland meine Familie wiedersehen.
Am nächsten Tag saß ich bereits im Zug zurück in die Schweiz. Zehn Kilo leichter, deutlich untergewichtig und mit den Nerven am Ende, wurde ich vom Bahnhof abgeholt.
›Bestimmt wird auch meine Familie merken, dass etwas mit mir nicht stimmt‹, dachte ich hoffnungsvoll, ›und dann werde ich ihnen alles erzählen, einfach alles.‹ Die Kleinen ließen mich kaum mehr los, alle freuten sich. Meine Mutter umarmte mich und meinte: ›Siehst sehr gut aus, deinen Babyspeck hast du endgültig los.‹
Meine Enttäuschung war riesig. Wie sollte ich ihr nun erklären, dass es mir nicht gutging?

Beste Kindheit?

Auch zu Hause wurde mein Appetit nicht größer. Ich genoss es sehr, mit meinen kleinen Geschwistern zusammen zu sein, doch innerlich machte sich in mir eine Leere breit. Für die Kirche interessierte ich mich gar nicht, jedoch hatte ich keine Chance, dem zu entgehen. Kirchgang und Jugendgruppe waren einfach meine Pflicht, selbst in diesen kurzen Ferien.

In der Jugendgruppe wurde ich freudig wieder aufgenommen. Erst jetzt fiel mir auf, dass ich gar keine anderen Freunde hatte als diejenigen aus der Kirche. Der Jugendgruppenleiter bemerkte, dass ich nun erwachsener und reifer aussähe, etwas zu dünn, aber natürlich noch schöner als zuvor. Zwei junge Männer interessierten sich offensichtlich für mich, und das gefiel mir. Es gab mir das Gefühl, begehrt zu sein. Dem Gruppenleiter entging das nicht, und sogleich sprach er an diesem Abend das Thema Sexualität vor und nach der Ehe an. »Es wird euch Unglück bringen, wenn ihr vor der Ehe die Sexualität ausübt, ja es ist eine Todsünde. So eine Ehe ist zum Scheitern verurteilt, das ist statistisch bewiesen. Haltet euren Körper unbefleckt und rein und trotzt euren Trieben. Ihr Männer, auch die Masturbation sollt ihr lassen, sie verdirbt die Gedanken und schadet der Seele. Im geschützten Rahmen der Ehe soll sich die Frau dem Manne unterwerfen. Das bedeutet, dass sie ihm jederzeit zur Verfügung stehen soll. Habt ihr gehört, ihr schönen Frauen, ihr müsst die Männer nicht lieben, sie nur achten!«

Mir wurde bei seiner Predigt mulmig. Von welchen Statistiken redete er, und wie konnte man so etwas beweisen? Wie sollte meine zukünftige Ehe erfolgreich sein, wenn ich doch als Kind schon hundertfach zum Sex gezwungen worden war? Ich fragte ihn, warum wir Frauen die Männer nicht lieben, aber jederzeit zur Verfügung stehen sollten.

Er antwortete: »Ihr Frauen! Ihr habt das Glück, geliebt zu werden. Eure Männer müssen euch lieben und versorgen, also haben sie es viel schwieriger als ihr, die ihr euch nur unterwerfen müsst.«

Mir war das Thema äußerst peinlich. Ausgerechnet jetzt, wo ich mich so elend und schwach fühlte. Nach der Andacht kam der Leiter auf mich zu und bemerkte, dass die beiden jungen Männer, die bereits ein Auge auf mich geworfen hatten, nicht gut genug für mich seien. Es sei besser für mich, mir einen anderen Umgang zu suchen. Ich sei als Missionarstochter verpflichtet, einen Prediger oder einen der geistlichen Führer zu suchen.

Ich war schockiert. Ich wollte von den beiden gar nichts wissen, wir hatten kaum ein Wort gewechselt. Der Leiter hatte nicht das Recht, sich in meine persönlichen Angelegenheiten einzumischen. Zutiefst beleidigt fragte ich mich, ob mich überhaupt jemand aus dieser Kirche interessierte. Christof, ja Christof interessierte mich. Ob ich ihn je wiedersehen würde?

Der innere Druck verstärkte sich, die Wahrheit wollte aus meiner Seele. Sie drückte nach oben und ließ sich nicht mehr kontrollieren. Ich wollte meiner Mutter unbedingt von den

Vorfällen in Bolivien berichten, bevor ich nach Stuttgart zurückmusste, sonst würde ich wieder alles tief in mir vergraben, das wusste ich. Doch ich fand nicht mehr die Kraft, ein Gespräch in diese Richtung zu lenken. Ich fühlte mich körperlich schwach und psychisch elend. Ausgehungert und müde, lechzte meine Seele nach Erlösung.
Meine Familie nahm nicht wahr, wie es um mich stand. Ich hatte wohl zu gut gelernt, meine Gefühle zu verheimlichen. Nächtelang weinte ich in mein Kissen. Dann entschied ich mich, ein Lauftraining zu beginnen. Irgendwie musste ich aus diesem elenden Loch herauskommen. Ich erinnerte mich, wie Christof mir damals im Wald das Laufen beigebracht hatte, wir hatten viel Spaß gehabt, obwohl er immer schneller und länger laufen konnte als ich. Es kostete mich diesmal enorm viel Kraft, mich zum ersten Lauf aufzuraffen.
Im Wald entspannte ich mich, fühlte mich leichter, er gab mir Kraft. Langsam joggte ich einen kleinen Hügel hinauf. Oben blickte ich über den Rhein, die wunderschöne weite Ebene und die kleinen Dörfer. Ein leichter Wind strich mir durchs Haar. Mein Körper war nicht mehr so fit wie noch vor wenigen Monaten. Tiefe Atemzüge brachten mich zur Ruhe. Hier oben, über allem, fühlte ich mich frei. Ich breitete meine Arme aus und stellte mir vor, wie ich ins Tal, über die Ebene, über den Rhein hinauf zu den höchsten Bäumen flog. Frei und unbeschwert. Erschrocken stellte ich fest, dass ich das Träumen verlernt hatte. Früher hatte ich in meiner Fantasie Schutz und Linderung gefunden, heute hielt mich nur noch meine Kunst am Leben. Doch auf einmal kam mir Christof wieder in den Sinn. Wie ging es ihm, was machte er?
Auf dem Heimweg nahm ich mir fest vor, meiner Mutter die Wahrheit über meine Kindheit zu erzählen. Bestimmt würde

sie sich um mich kümmern und mich verstehen, hoffte ich. Mit geballten Fäusten rannte ich nach Hause, ich brauchte dringend Hilfe, und so nahm ich allen Mut zusammen. Der Druck lastete zu schwer auf mir, jetzt oder nie!

Zu Hause konnte ich es kaum aushalten, bis ich meine Mutter für einen Augenblick alleine im Wohnzimmer sprechen konnte. Schnell schloss ich die Tür hinter mir. »Mama, ich muss dir unbedingt etwas erzählen«, platzte es aus mir heraus. »Mir sind als Mädchen in Bolivien schreckliche Dinge zugestoßen.« Ich musste Luft holen. O Gott, wie wird sie reagieren? »Du hast doch bestimmt gemerkt, dass mit mir etwas nicht stimmt?« Hatte sie wirklich nichts gemerkt? Sie muss mir glauben, sie muss mir glauben! Wieder ballte ich die Fäuste zusammen, und bevor sie mir antwortete, sah ich in ihrem Gesicht absolutes Erstaunen und Unverständnis.

»Was hast du? Schreckliche Dinge erlebt? Was meinst du damit?«

Mein Herz pochte und drohte zu zerspringen,

»Mama, das Schlimmste, was einem Mädchen zustoßen kann, ist mir passiert! Verstehst du? Das Allerschlimmste!«

Mehr brachte ich nicht über die Lippen, die Angst übernahm wieder die Herrschaft. Verzweifelt suchte ich in den Augen meiner Mutter nach Verständnis. Ich hatte jedoch bereits verloren, das spürte ich genau. Schon wieder hatten die Täter Gewalt über mich, ich war immer noch ihre Gefangene.

»Aber, Christina, du hattest die beste Kindheit, die ein Mädchen erleben kann. Dir ist niemals etwas Schreckliches zugestoßen. Nein, Christina, du kannst Gott dankbar sein, dass er dir eine so freie, natürliche und spannende Kindheit geschenkt hat. Andere Kinder würden sich freuen über so ein wohlbehütetes, christliches Leben wie deines.«

Ich konnte nichts mehr sagen, die Angst, sie könnte mir nicht glauben, verschlug mir die Sprache. Meine Kehle war wie zugeschnürt, und mein ganzer Mut fiel in sich zusammen. Beschämt blickte ich zu Boden und nickte.
»Ich hoffe, mit dir ist alles in Ordnung. Du bist wirklich sehr dünn geworden. Vielleicht bist du krank?« Nachdenklich fasste sie sich an die Stirn.
Ich war fassungslos. ›O Gott‹, dachte ich, ›es stimmt tatsächlich. Alles, was die Männer uns gesagt haben, stimmt: Mama glaubt mir nicht. Sie glaubt mir wirklich nicht. Ich soll die schönste Kindheit gehabt haben? Die allerschönste? Wenn sie doch nur wüsste, wie es wirklich war.‹
»Mami, Mami, ich muss Pipi machen.« Stefanie zog meine Mutter aus dem Zimmer. Regungslos blieb ich sitzen, obwohl sich in mir alles drehte. Sie hatten recht behalten. Niemals kann ich mein Geheimnis jemandem erzählen.

Austreibung

Einige Tage später sprach mich nach dem Gottesdienst in der Kirche eine Frau an. Sie hatte festgestellt, dass ich sehr dünn geworden war, und fragte mich, ob sie mit mir kurz in einem Nebenraum der Kirche sprechen dürfe. Sie habe von Gott die Eingebung, dass sie mir helfen solle. Etwas erstaunt, aber doch hoffnungsvoll folgte ich ihr.
»Christina, ich kenne dich kaum, aber ich habe das Gefühl, etwas stimmt nicht mit dir«, begann die Frau und legte ihren Arm auf meine Schultern.
Mein Atem stockte. Ich kannte sie nicht gut, aber sie war in der Kirche bekannt als eine vom Heiligen Geist erfüllte Frau. Hatte Gott ihr vielleicht gesagt, dass ich Hilfe brauchte? Hatte endlich jemand gemerkt, dass in Bolivien nicht alles so gut gelaufen war, wie alle dachten? Konnte ich also doch meine Bürde, mein Geheimnis loswerden und Hilfe bekommen? Hoffnungsvoll sah ich sie an, Tränen liefen über mein Gesicht. »Ja, etwas stimmt wirklich nicht mit mir«, stotterte ich.
Sie unterbrach mich: »Ich glaube, ein böser Geist muss dich besetzt haben. Den muss man austreiben, Gott hat mir die Gabe gegeben, solche Geister auszutreiben.«
Ich weiß nicht, ob die Welt stehenbleiben kann, aber in diesem Augenblick tat sie das für mich. Völlig reglos starrte ich sie an. Was hatte sie da gesagt? Von einem bösen Geist beses-

sen? Diese Worte trafen mich mitten ins Herz und ließen mich auf der Stelle erstarren. Auf so etwas war ich nicht vorbereitet. Peinlichst berührt starrte ich zu Boden. Was wollte sie mir damit sagen? ›O Gott, sie kann doch nicht glauben, dass ich einen bösen Geist in mir trage? Bitte keine Austreibung, lieber Gott, bitte keine Austreibung, nicht mit mir!‹
Ich fürchtete mich wahnsinnig vor den Austreibungsritualen, denn ich kannte sie nur zu gut. An den vielen christlichen Veranstaltungen, in den Jugendlagern und auch in Stuttgart hatte ich es oft genug erlebt. Es gab Menschen, die Hilfe suchten, weil sie drogensüchtig waren oder keine Lust mehr zu leben hatten. Oft genug wurde deshalb eine Austreibung gemacht. Ich hatte aber auch miterlebt, wie andere, sogar kleine Kinder, das Ritual mit sich machen lassen mussten.
Jeder Prediger hatte seine eigene Art, das Ritual durchzuführen. Meistens wurde unzählige Male laut und vehement über den Menschen gebetet. Manche wurden auf der Stirn mit Öl gesalbt, so wie es in der Bibel stand. Ich hatte miterlebt, wie einige zusammenbrachen und sich am Boden krümmten, andere schrien schrecklich, bestimmte Lieder wurden so oft gesungen, bis eine aufgeladene Atmosphäre herrschte.
Ich hatte mir bei diesen Austreibungen angewöhnt, die Wiederholungen zu zählen, um mich selbst abzulenken, denn ich konnte es kaum erwarten, bis sich endlich alle wieder in die Arme fielen und das Ganze vorbei war. Trotz der Freude und der Zeugnisse über die großartige Befreiung vom Bösen, die manche von sich gaben, hatten diese Rituale mir immer nur Angst gemacht.
›Nein‹, dachte ich, ›ich bin von keinem bösen Geist besessen.‹
Einige Sekunden saß ich still da und lauschte in mich hinein. Ich hatte nichts getan, zu dem ich nicht stehen konnte,

hatte niemandem geschadet. Nein, ich hatte keinen bösen Geist in mir. Das Einzige, was aus mir rauswollte, war die Wahrheit.
»Ist es dir recht, wenn ich dir den Geist austreibe, dann wird es dir sicherlich wieder bessergehen?«, flüsterte sie.
Vehement schüttelte ich den Kopf. Wie will diese Frau wissen, was in mir ist und was nicht? Niemals wollte ich zulassen, dass diese Frau mit mir so ein Ritual machen würde.
»Siehst du, der Geist wehrt sich in dir, Christina. Er will nicht raus. Du musst ihn von Herzen bekämpfen, sonst wird er dich nie verlassen!«, bedrängte mich die Frau und umarmte mich noch fester.
Ich saß in der Zwickmühle. Würde sie mit meinen Eltern sprechen? Das wäre noch schlimmer für mich. Ich wollte auf keinen Fall, dass irgendjemand von diesem Gespräch erfuhr. Die Frau insistierte weiter und beteuerte, dass Gott ihr den Auftrag gegeben habe, böse Geister auszutreiben. Ich fühlte mich dermaßen unter Druck gesetzt, dass ich nachgab. Ich wollte nur eines, weg, nach Hause.
»Bitte«, bettelte ich, »wenn Gott stärker ist als der Geist, dann kann ich ja alleine dafür beten, dass er mich verlässt.«
Sie erklärte mir nun ausführlich, dass dies in der geistigen Welt nicht so einfach sei. Jesus habe auch Geister ausgetrieben, und die Jünger hätten es ihm nachgemacht. Nur seien bei ihnen dann doppelt so viele Geister zurückgekehrt wie ausgetrieben worden seien, und das wolle sie ja nicht riskieren.
Ich hörte kaum noch, was sie sagte, und wollte doch nur in Ruhe gelassen werden. Ich war nicht besessen. Das wusste ich ganz genau. Da ich es aber nicht schaffte, die Wahrheit auszusprechen, musste ich mich diesem Ritual stellen. Dann bat ich sie, mit niemandem darüber zu sprechen, es sei mir äußerst

peinlich, denn ich wolle doch mein Leben Gott zur Verfügung stellen. Sie willigte ein.
Sie nahm ein kleines Fläschchen aus ihrer Handtasche. Dann wurde mir die Stirn mit Öl eingerieben. Ich nahm mir vor, nicht zu schreien, wie ich es bei anderen Austreibungen miterlebt hatte. Ich würde in aller Ruhe das Ritual über mich ergehen lassen und nie wieder ein Wort über meine Kindheit verlieren. Nie wieder. Die Zeit des intensiven Betens kam mir ewig vor, irgendwann hatte ich das Gefühl, ich müsse dem nun ein Ende setzen. Also sagte ich leise, der Geist habe mich verlassen: »Jetzt ist er weg. Ich fühle mich befreit und leicht.« Natürlich wurde noch tausendmal nachgefragt, und ich musste immer wieder bestätigen, dass nun alles gut sei.
Nach diesem Ereignis fühlte ich mich zutiefst erniedrigt. Das Einzige, was in mir war, war die Wahrheit, die ans Licht kommen wollte – das war mein Problem! Nach dieser Erfahrung hatte ich keine Hoffnung mehr, jemals jemandem erzählen zu können, was in meiner Kindheit wirklich geschehen ist. Ich entschloss mich, wieder mehr zu essen, denn ich wollte keinesfalls mehr auffallen und so etwas noch mal erleben müssen.

Glockenschlag

Am letzten Samstag vor meiner Abfahrt nach Stuttgart ging ich abends wieder brav in die Jugendgruppe.
Nachdem wir gesungen hatten, kam ein Jugendlicher auf mich zu. »Kannst du dich noch an Christof erinnern? Er geht in die gleiche Klasse wie ich, und zufällig sind wir auf dich zu sprechen gekommen. Ich habe ihm erzählt, dass du gerade Ferien machst in der Schweiz und ich dich in der Jugendgruppe treffen werde.«
Er sah mich wissend an. Doch bevor ich mein Herz beruhigen und seine Frage beantworten konnte, platzte es aus ihm heraus. »Ich glaub, der steht auf dich? Fast wäre er heute Abend gekommen. Ich soll dir ausrichten, dass du dich doch mal wieder bei ihm melden sollst.«
In mir jubelte alles, Christof!
Sein Schulfreund war jedoch noch nicht fertig, ihm ging es offensichtlich weniger um mich als um Christof, den er gerne in unsere Gemeinde holen würde.
»Seit einiger Zeit befasst er sich mit religiösen Themen, und ich versuche schon lange, ihn in die Jugendgruppe zu bringen und zu bekehren. Vielleicht hast du da mehr Glück als ich? Er ist unserem Glauben gegenüber positiv eingestellt, doch er hat noch Zweifel, was unsere Gemeinde betrifft. Warum auch immer.«
Ich hörte ihn kaum noch, schüttelte artig meinen Kopf und dachte nur noch an Christof. Hoffentlich hatte er seinem

Schulkollegen nichts von uns beiden erzählt. Ich versprach dem Jungen, Christof anzurufen. Von diesem Moment an wusste ich kaum noch, wo mir der Kopf stand. Alles drehte sich in mir – Christof, meine große Jugendliebe, die verbotene Liebe meines Lebens! Trauer und Schmerz überkamen mich schlagartig. Die Bilder unserer vergangenen gemeinsamen Spaziergänge, sein Lachen, sein fragender Blick, einfach alles raste in Sekundenbruchteilen durch meinen Kopf.
»Kommst du auch mit ins Restaurant, ein Eis essen, Christina?«, forderte mich einer der jungen Männer auf.
Ich schreckte auf und versuchte mich zusammenzureißen. In diesem Moment hatte ich überhaupt keine Lust, mich mit der Jugendgruppe zu vergnügen. Ich hatte nur eines im Kopf: Christof. Trotzdem entschied ich, mit ihnen zu gehen, das würde mich ein bisschen von ihm und all dem alten Schmerz ablenken. Tränen drohten aus meinen Augen zu schießen, ich war heilfroh, dass es bereits dunkel geworden war, als ich die Kirche mit den anderen verließ und ihnen wie in Trance hinterhertrottete. Wie ein Blitz schoss es mir durch den Kopf, dass wir an der Wohnung von Christof vorbeikommen würden. Ich begann zu zittern, meine Knie wurden weich. Wollte er mich wirklich wiedersehen? Und das, nachdem ich ihn wegen der Kirche verlassen hatte? War er nicht wütend auf mich?
Ich verlangsamte meine Schritte unmerklich, bis ich am Ende der großen Gruppe lief. Die Gassen waren an diesem Samstagabend recht belebt, viele junge Menschen tummelten sich um uns herum, für sie begann der Abend gerade erst. Und dann sah ich von weitem das Haus, in dem Christof wohnte. Magisch zog es mich an. Unwillkürlich musste ich meinen Blick nach oben wenden, zum obersten Stock des Hauses. Es

brannte Licht in der ganzen Wohnung, auch in seinem Zimmer. ›Er ist da‹, schoss es mir durch den Kopf. Es waren nur noch wenige Meter bis zur Haustür. Mein Körper zitterte, meine Gedanken drehten sich, und dann, ohne es bewusst zu wollen, brachten mich meine Füße hinter die nächste Hausecke. Dort stand ich einige Sekunden und zitterte still im Dunkeln. Die Gruppe bewegte sich weiter, die Schritte wurden immer leiser, niemand hatte gemerkt, dass ich fehlte – Gott sei Dank! Vorsichtig schaute ich hinter der Ecke hervor. Ich war alleine.

Mit zitternden Händen stand ich vor der Tür, den Finger auf dem Klingelknopf. Sollte ich oder nicht? Würde er sich freuen? Hatte er eine andere Freundin? Meine Finger zuckten, und die Glocke klingelte laut. Ich hielt den Atem an. Das Fenster öffnete sich. »Wer ist da?« Es war Christofs Stimme, ich erkannte sie auf der Stelle.

»Ich bin es, Christina! Stör ich dich, oder hast du kurz Zeit für mich?«, erwiderte ich schüchtern.

»Klar, komm hoch!«

Erleichtert rannte ich die Treppe hinauf. Seit mehr als zehn Monaten hatten wir uns nicht gesehen oder voneinander gehört. Es schien mir eine Ewigkeit.

Und dann stand er vor mir. Immer noch der Gleiche. Wir umarmten uns. Tränen rannen über mein Gesicht.

»Komm zu mir ins Zimmer, Christina, komm schnell, meine Mutter ist weg, ich bin alleine zu Hause.«

Wir setzten uns auf sein Bett. Nichts hatte sich seit meinem letzten Besuch vor langer Zeit verändert in seinem schönen Zimmer. Er wischte mir mit seiner Hand die Tränen aus dem Gesicht. Dann fuhr er mir liebevoll durch die langen Haare. Allein diese liebevolle Geste tat meiner Seele Wunder an. Es war mir peinlich, aber die Tränen liefen mir umso mehr über die Wangen.

»Wieso weinst du, Christina? Du bist dünn geworden, richtig zerbrechlich. Sag schon, was ist mit dir geschehen, geht es dir nicht gut? Ich habe dich sehr vermisst, und nun, wie aus dem Nichts bist du da, bei mir«, flüsterte er, während er meinen Kopf in seinen Händen hielt und mir besorgt in die Augen schaute.

Ich schüttelte traurig den Kopf, nein es ging mir wirklich nicht gut, richtig elend war mir zumute. Er hatte es sofort bemerkt, aber ich wollte jetzt nicht reden, jetzt wollte ich nur seine Nähe spüren. Er umarmte mich und hielt mich innig umschlungen. Es tat so gut. Und dann küsste er liebevoll meine Lippen. Zuerst ganz fein und zart, als wäre ich aus Porzellan, dann heftiger, und ich merkte, dass er sich kaum mehr zurückhalten konnte.

Ich genoss jeden Augenblick und spürte, wie sich mein Körper entspannte. Wir küssten uns leidenschaftlich, innerlich schien ich zu fliegen. Ja, ich flog, frei und hoch. Ich spürte die Sehnsucht nach Freiheit und ließ mich von ihr treiben. Unsere Körper schmiegten sich aneinander. Meine Seele fand langsam Ruhe, ich war nicht mehr alleine, da war jemand, dem ich mich anvertrauen könnte und der mich verstehen würde. Wir hielten uns fest in den Armen und lagen eine ganze Weile auf dem Bett, eng umschlungen. Meinen Tränenfluss konnte ich jedoch noch immer nicht stoppen. Christof hielt inne und schaute mich prüfend an. Sachte und einfühlsam begann er nach einer Weile, Fragen zu stellen.

»Christina, was ist los? Da stimmt doch etwas nicht! Sag's mir, bitte, ich bin da für dich, wir können alles besprechen, wenn du willst.«

Ich sah ihn mit großen Augen an, ich war ihm so dankbar, und doch brachte ich kein Wort heraus.
Christof ließ nicht locker und begann mich über die Jugendgruppe auszufragen. »Ist dir dort was passiert? Hat jemand mit dir etwas gemacht, das du nicht wolltest?«
Ich konnte nicht antworten, schluchzte und hielt immer wieder den Atem an.
»Oder ist dir in Stuttgart etwas passiert?«
Ich schüttelte den Kopf. Er gab nicht auf, weitere Fragen zu stellen. Langsam löste sich meine Zunge, mein Herz begann sich ein ganz klein wenig zu öffnen. Ich sprach über die Kirche, die jungen Männer, die mich am liebsten als Ehefrau gesehen hätten, über Stuttgart, die Kunst, meine Familie, mein Heimweh. Bald sprudelte alles Mögliche völlig durcheinander aus mir heraus. Kreuz und quer, von einem Thema auf das andere wechselnd. Und Christof hörte geduldig und liebevoll zu, wischte mir immer wieder die Tränen aus dem Gesicht und tröstete mich, bis ich immer ruhiger wurde. Es tat mir unendlich gut, meinen Frust über all diese Ereignisse auszusprechen.
»Du musst da raus, Christina! Die Kirche, die Religion frisst ihre eigenen Kinder. Sie behindert dein freies Denken und unsere Liebe, das hast du doch erlebt. Ich glaube auch an Gott, aber nicht an diese ganzen Einschränkungen. Ich will selber denken und entscheiden können, was ich glaube und wie ich mein Leben am besten bewältigen soll.«
Er hatte ja so recht und sprach mir direkt aus dem Herzen. Gleichzeitig begann in mir ein entsetzlicher Kampf, ich wollte doch die Wahrheit über meine Kindheit aussprechen.
»Weißt du, in Bolivien war auch nicht alles so gut, wie es hätte sein sollen. Alle dachten, es war das Paradies dort.«

Ich konnte ihm nicht weiter in die Augen schauen und wandte den Kopf ab. »Doch für mich war das Paradies die Hölle.« Jetzt war es heraus, ich hatte es geschafft, den Bann zu brechen, nun würde alles gut werden!
»Was ist dir dort passiert, Christina, erzähl es mir«, bat er mich.
Ich musste tief Luft holen und mich aufsetzen. Christof merkte wohl, dass etwas Unangenehmes aus mir herauswollte, setzte sich auch auf, rutschte dicht an mich heran. In dem Moment, als ich ansetzen wollte, hörte ich die Kirchenglocken von draußen läuten. Entsetzt rief ich aus: »Welche Zeit haben wir?«
Christof hatte keine Uhr, ich hielt den Atem an und zählte die Glockenschläge mit. Neun, zehn, elf. »Scheiße! Ich muss um elf zu Hause sein! Meine Mutter wartet, ich muss heim, sofort. Wann fährt der nächste Zug? Ich muss sofort heim.«
Christof starrte mich völlig entgeistert an und antwortete enttäuscht: »In sieben Minuten fährt ein Zug, den schaffst du noch.«
Ich sprang auf, zupfte meine Kleidung panisch zurecht.
»Christina, du bist fast siebzehn. Musst du wirklich schon um elf zu Hause sein? Heute ist doch Samstag, bleib hier, wir rufen deine Mutter an.«
»Nein, um Himmels willen, nur das nicht, sie darf nie erfahren, dass ich bei dir war!« Ich riss meine Tasche an mich und wollte aus der Wohnung rennen.
Er jedoch zog mich an sich. »Wir haben noch genau zwei Minuten zum Küssen, das lasse ich mir nicht entgehen!«
Ein allerletztes Mal küssten wir uns innig. Ich hätte alles gegeben, um die Zeit anzuhalten. Dann stürmte ich die Treppe runter.
Draußen rief er mir nach, ich solle ihn anrufen, dann rannte ich, so schnell ich konnte, zum nahen Bahnhof und erwischte

gerade noch rechtzeitig den Zug. Völlig verschwitzt ließ ich mich auf die Bank im leeren Abteil fallen. Ich blickte um mich. Ich war alleine. Der Zug machte einen kleinen Ruck, dann noch einen und setzte sich in Bewegung, um mich nach Hause zu bringen. Ich starrte an die dunkle Scheibe neben mir, mein eigenes Spiegelbild, verzerrt und unklar, tränenverschmiert. Gut, dass ich alleine war. Verärgert über mich selbst, wischte ich mein Gesicht trocken.

›Gott im Himmel, fast hätte ich ihm mein Geheimnis verraten, mein Gott, was wäre dann mit mir geschehen?‹, dachte ich verzweifelt. Vielleicht hätte Christof darauf bestanden, es meinen Eltern zu erzählen? Und ich würde ihr ganzes Leben und ihre Arbeit zerstören. Nein, das durfte ich nicht tun. Meine Mutter würde das nicht überleben, ganz bestimmt, das konnte ich ihr nicht antun.

Ich spürte, wie sich das schlechte Gewissen in mir breitmachte. Wenn meine Mutter nur nicht merkte, dass ich mich mit Christof herumgetrieben hatte! Er war nicht aus der Kirche und kein bekehrter Christ, und ich durfte mich einfach nicht in ihn verlieben, niemals, es war verboten, und Gott würde mich dafür bestrafen, ganz bestimmt.

»Bitte, lieber Gott, vergib mir meine Schuld, dass ich Christof geküsst habe und ihm fast mein Geheimnis verraten habe, einem Heiden. Ich werde es nie wieder tun und den Kontakt endgültig abbrechen«, betete ich verzweifelt.

Die Bremsen des Zugs quietschten laut. An der nächsten Haltestelle stieg ein junger Mann ein und setzte sich ins Abteil gegenüber. Er grüßte mich und lächelte mir freundlich zu. Ich unterdrückte meine Tränen. Immer wieder sah der Mann zu mir herüber, ich lächelte zurück. Ich schien ihm zu gefallen. Schüchtern blickte ich zurück, er war mir sympathisch. Ich

schaute etwas verlegen zu Boden und dachte augenblicklich wieder an Christof.
Und dann, ohne Vorwarnung, spürte ich, wie Wut langsam und schleichend die Trauer und die Verzweiflung ablöste. Wenn mir ein Mann gefiel, hatte ich nicht das Recht, ihn zu lieben? Und wenn der junge Mann in diesem Abteil meine große Liebe wäre, hätte ich nicht das Recht, mit ihm zusammen zu sein? Konnte Gott mir verbieten, mich in Christof zu verlieben? Nein, das konnte er nicht. Mir meine Liebe verderben, das will Gott doch bestimmt nicht. Und wenn ich Christof liebte, dann war das einfach so.
In diesem Moment spürte ich, wie mich eine gewaltige Energie durchströmte, ich bekam Gänsehaut vom Kopf bis zum Fuß. Nein, ich würde das tun, was ich für richtig hielt, was mein Herz mir sagte. Koste es, was es wolle! Ich würde meine große Liebe nicht einfach wieder weggeben, nein, ich würde mich durchsetzen, gegen mein schlechtes Gewissen und gegen alle Bedenken meiner Eltern und gegen die Vorschriften der Jugendgruppe und der Kirche.
Wieder quietschten die Bremsen. Station Paradies – da musste ich raus. Ein letztes Mal und diesmal viel bestimmter lächelte ich dem jungen Mann im Abteil gegenüber zu und verabschiedete mich freundlich. Mit entschlossenen Schritten steuerte ich heim.
Ich erwartete die Strafpredigt meiner Mutter. »Wo warst du so lange, Christina, es ist fast zwölf, und ich habe mir wirklich um dich Sorgen gemacht.«
Ich entschuldigte mich, dass ich den Zug verpasst hätte. Mama wollte aber genauer wissen, wo ich nach der Jugendgruppe gewesen war.
Ich nahm allen Mut zusammen. Diesmal würde ich ihr die Wahrheit sagen.

»Mama, ich habe heute Abend Christof besucht. Und darum habe ich den Zug verpasst«, erwiderte ich.
Meine Mutter war sichtlich erstaunt und beunruhigt. Aber statt einer Strafpredigt fragte sie mich, ob ich mit ihr noch einen Tee trinken wolle, um die Sache zu besprechen.
Erleichtert willigte ich ein. Es war still im Haus. Meine kleineren Geschwister waren schon lange im Bett. Ich holte immer wieder tief Luft und nahm mir vor, Christof zu verteidigen, mit allen Mitteln.
Mama brachte den Tee und nahm mich liebevoll in ihre Arme.
»Liebe Christina, es ist so schön, dich wieder bei uns zu haben, ich habe dich vermisst, meine liebe Tochter.«
Ich spürte, dass sie mich wirklich liebte, und ich liebte meine Mutter auch über alles. Ich würde sie nicht enttäuschen wollen, niemals. Aber dieses Mal würde ich es riskieren, gegen ihren Willen zu entscheiden.
Wir sprachen eine Weile über die Jugendgruppe und die jungen Männer. Ich erzählte ihr von den zwei jungen Männern aus der Jugendgruppe, die beide schriftlich um meine Hand angehalten hatten. Ich kramte die Briefe meiner Verehrer aus der Tasche, und wir lachten uns krumm, nachdem ich sie vorgelesen hatte. In beiden stand, ich sei für sie als Ehefrau bestimmt worden, Gott habe ihnen das gesagt.
»Ich denke nicht, dass Gott für dich zwei Männer bestimmt hat, Christina, stell dir das mal vor, unglaublich!«, lachte Mama laut, und ich fiel in ihr herzliches Lachen mit ein.
Ich liebte die seltenen Augenblicke, wenn ich mit meiner Mutter ganz alleine war und wir gemeinsam lachten. Ich erzählte ihr von Stuttgart und dass mich die Männer dort keineswegs interessierten. Ich schwärmte von meiner geliebten Kunstlehrerin und wie viel ich in der kurzen Zeit schon gelernt hatte.

Mama hörte aufmerksam zu, was ich über meine Kunst berichten konnte. Doch auf einmal wechselte sie wieder das Thema und begann, von Roger zu schwärmen. Er war ein sehr gutaussehender junger Mann aus unserer Kirche, der sich offensichtlich auch für mich interessierte. »Ist dir noch nie aufgefallen, dass er sich in der Kirche oft einen Platz neben dir ergattert? Ich hab Augen im Kopf, Christina. Der wäre doch auch was für dich«, bemerkte Mama mit einem Zwinkern in den Augen.
Ja, Roger war mir damals auch aufgefallen, weil er wirklich Humor hatte. Er war noch nicht lange in der Jugendgruppe und redete nicht so frommes Zeug wie die meisten anderen. Zudem sah er sehr gut aus und war intelligent. Er war fünf Jahre älter als ich und hatte sich mir noch nie aufgedrängt. Ich war mir ganz und gar nicht sicher, ob er sich ernsthaft für mich interessierte, denn es gab in der Jugendgruppe einige junge Frauen, die unmissverständlich um ihn warben.
»Christina, wenn du nun zwischen Christof und Roger entscheiden müsstest, wen würdest du als Mann nehmen?«
Ich zögerte. Sollte ich ihr wirklich sagen, was ich dachte? Ich hatte mich soeben wieder total in Christof verliebt, hatte ihn geküsst, und ich wollte nur ihn, sonst niemanden. Und von Roger wusste ich nicht einmal, ob er sich für mich interessierte. In diesem Moment war die Antwort völlig klar: Christof und kein anderer. Im Liebestaumel antwortete ich: »Für meine große Liebe würde ich mich entscheiden, und das ist Christof.«
Meine Mutter hatte offensichtlich eine andere Antwort erwartet. Besorgt sah sie mir in die Augen. Dann machte sie mir unmissverständlich klar, dass für mich nur ein Ehemann aus der Kirche, ein bekehrter Christ, in Frage käme. Ich versuch-

te ihr zu erklären, dass Christof auch Christ sei und an Gott glaube, aber sie ging nicht darauf ein. Eine heftige Diskussion entbrannte zwischen uns. Meine Mutter verteidigte ihren Standpunkt vehement und ich meinen.
Diesmal gab ich nicht klein bei. Nein, diesmal würde ich mich widersetzen und meine große Liebe verteidigen.
Meine Mama beendete das Gespräch abrupt. »Ach komm schon, Christina, ich hab dich doch lieb, ich werde für dich beten, und du wirst bestimmt die richtige Entscheidung treffen. Es ist schon spät, komm, lass uns darüber schlafen.«
Ich huschte in mein Zimmer, wo meine kleinere Schwester bereits ruhig schlief. Im Dunkeln lag ich lange wach und dachte wehmütig an Christof. Wie stand er wirklich zu mir? Mein abrupter Abgang war mir äußerst peinlich. Ich würde ihn anrufen und mich entschuldigen, das nahm ich mir fest vor, bevor mir die Augen zufielen. Und dann begann ich wieder zu träumen, von meiner Freiheit, meiner großen Liebe, meiner Kunst, einer eigenen Familie, einer heilen und wunderschönen Welt, ja, genau das würde ich mir erschaffen.
Am nächsten Tag suchte ich verzweifelt nach einer guten Gelegenheit, um mit Christof zu telefonieren. Ich half meiner Mutter, wo ich nur konnte, bei der Wäsche, beim Brotbacken und mit den Kleinen. Ich getraute mich aber nicht, vor ihr mit ihm zu telefonieren.
Je länger der Tag dauerte, desto mehr Zweifel kamen mir in den Sinn. War meine Entscheidung für ihn wirklich richtig? Wollte Gott es so? In mir tobte wieder einmal ein innerer Kampf. Christofs Worte, dass die Religion ihre eigenen Kinder fresse, schossen mir durch den Kopf – meinte er damit genau das, was ich gerade erlebte? Ich wollte doch wirklich

mit ihm zusammen sein, aber ich getraute mich nicht einmal, mit ihm zu telefonieren.

In einigen Tagen würde ich wieder nach Stuttgart abreisen, wie gerne wollte ich ihn vorher noch einmal treffen! Der Gedanke, dass ich ihn vor der Abfahrt nicht mehr hören oder sehen könnte, ließ mich verzweifeln. Andererseits würde ich mein Ziel, Künstlerin zu werden, nicht aufs Spiel setzen, auch nicht für meine große Liebe. Nein, zu bleiben war keine Option, das war mir klar. Die Liebe zur Kunst war stärker.

Erst nach drei Tagen gelang es mir, Christof anzurufen. Ich entschuldigte mich für meinen abrupten Abschied.

»Christina, da ist doch etwas nicht gut in deinem Leben. Wovor hast du so schreckliche Angst?«

Ich schluckte und konnte nicht antworten.

»Ich spüre, dass du Hilfe brauchst, bitte, ich will dir helfen, vertrau mir! Wann können wir uns wieder treffen?«

Meine Stimme versagte noch immer, mein Blick fiel auf die aufgeschlagene Bibel neben dem Telefonapparat. Lieber Gott, was soll ich machen, was ist richtig? Er ist doch nicht bekehrt? Vielleicht kann ich ihn dazu bringen? Aber bestimmt nicht, wenn ich von den Missbräuchen erzähle, dann wird er garantiert nicht mehr zu unserem Glauben finden. Aber ich liebte ihn doch!

»Christina, bist du noch dran? Warum sagst du nichts? Christina, es geht dir nicht gut, du musst aus dieser Gemeinschaft raus, die lassen dich nicht frei denken!«

Stimmte das, was er da sagte? Konnte ich nicht frei denken? Was sollte ich jetzt tun? Wieder schaute ich auf die Bibel und entschloss mich spontan, sie zu Rate zu ziehen. Ein Vers war rot unterstrichen. *Denn so sehr hat Gott die Welt geliebt, dass er seinen eingeborenen Sohn gab, damit alle, die an ihn glau-*

ben, nicht verloren werden, sondern das ewige Leben haben.
Mit einem Schlag war der Kampf in meinem Innern beendet, die Bibel hatte gesiegt. Auch ich musste mein Opfer bringen, um vor Gott zu bestehen.
Ich erklärte Christof, dass ich schon übermorgen wieder nach Stuttgart reisen würde und meiner Mutter zuvor noch bei vielem helfen müsse.
»Ach, Christina, kannst du nicht einfach hierbleiben, musst du wirklich wieder gehen?«
»Doch, ich muss wieder nach Stuttgart, ich bin ja auch so dankbar für alles, was ich dort lerne. Ich will unbedingt Künstlerin werden, und ohne den Unterricht komme ich niemals in die Kunstschule«, versuchte ich ihn von dem heiklen Thema abzulenken.
Christof hörte auf zu insistieren. »Weißt du, Christina, es kommt schon richtig, so wie es sein soll. Du bist ja nicht aus der Welt, und ich bin froh, dass wir überhaupt wieder Kontakt haben. Wenn es sein muss, werden wir uns wiedersehen, sobald du wieder da bist, Christina«, meinte er.
Ich fragte ihn, ob er mir schreiben würde und wir telefonieren könnten.
»Natürlich. Und bitte schreib mir auch, ich freue mich auf jedes Lebenszeichen von dir.«
Dann hielt er inne. »Bitte, Christina, vergiss mich nicht, niemals!«
Nachdem wir uns verabschiedet hatten, wusste ich nicht mehr, was ich denken sollte. Ich war hin- und hergerissen, einerseits dankbar, dass er nicht weitergebohrt hatte, andererseits fühlte ich, dass ich einen Traum meines Leben hatte vorüberziehen lassen. Wir würden uns lange nicht mehr sehen.

Dicke Tränen rannen mir über die Wangen. Ich schlug mein Tagebuch auf und schrieb den ganzen Schmerz und mein Leid in meiner Geheimschrift nieder. Und dann stürzte ich mich in meine eigene Welt, die Welt der Farben, Formen, gemalten Gefühle – meine Bilder, die mein Innerstes ausdrückten. Meine Rettung!

Kunstschule

Zurück in Stuttgart, arbeitete ich mit meiner ganzen wiedererwachten Kraft an der Staffelei. Meine Gastgeber freuten sich, dass es mir wieder besserging und ich das Heimweh offensichtlich gut überwunden hatte. Gertrude kümmerte sich noch mehr als zuvor um mich und war auch sehr erleichtert darüber, dass ich wieder mit ihr am Tisch essen konnte.
Sie bekam mit, wenn ich mit Christof telefonierte, und ich spürte bald, dass es nicht gern gesehen war. Sie teilte die Meinung meiner Eltern und versuchte mir Christof auszureden.
»Christina, wir beten für dich, dass du den richtigen Mann kennenlernst, einen wahren Christen.«
Die Telefonate wurden weniger, wie auch meine Kraft, an Christof festzuhalten, bis ich mich gar nicht mehr bei ihm meldete. Es hatte wohl keinen Sinn mit uns beiden. Vergessen konnte ich ihn jedoch nie.
Meine Arbeitsmappe für die Bewerbung an der Kunstschule füllte sich stetig, bis ich sie eines Tages endlich abschicken konnte. Meine Eltern waren einverstanden mit der Bewerbung, obwohl es undenkbar für sie war, dass dies mein Beruf werden könnte. Sie wollten gerne, dass ich Kindergärtnerin lernte, wie meine Mutter. Doch dafür war ich noch zu jung, man musste mindestens 18 Jahre alt sein, um zur Aufnahmeprüfung für das Seminar zugelassen zu werden. So kamen ihnen meine Pläne entgegen.

Ich war völlig verblüfft, als mich Gertrude aufforderte, mich auf eine Ausstellung vorzubereiten. »Jeder kann vor sich hin malen, das ist nicht schwer. Doch eine wirkliche Künstlerin muss sich vor der Gesellschaft exponieren können.«
»Aber ich bin noch nicht mal in der Kunstschule gewesen. Ich kann mich doch noch gar nicht als Künstlerin bezeichnen?«
»Christina, vertrau mir. Du bist gut genug, um an die Öffentlichkeit zu gehen. Es wird dich anspornen, und glaub mir: Du wirst schon als junge Künstlerin Erfolg haben.« Sie sah mich prüfend von der Seite an. »Ich spüre das, Christina, du wirst schon sehen.«
Niemals hätte ich mich meiner geliebten Lehrerin widersetzt, und so stürzte ich mich auf dieses Projekt. Ich fertigte feine abstrakte Zeichnungen und viele Gemälde mit Ölkreide an. Eines Tages rief mich meine Mutter an, ob sie den Brief von der Kunstschule öffnen solle. Es war eine Zusage! Ich war angenommen! Dies beflügelte mich noch mehr, und kurz vor meiner Abreise aus Stuttgart hatte ich über vierzig brauchbare Ausstellungsstücke zusammen. Während ich noch die letzten Feinarbeiten bewerkstelligte, organisierte meine Mutter in unserem Dorf einen geeigneten Ausstellungsraum. Mein Jahr in Stuttgart ging zu Ende, und ich reiste mit einer großen Mappe nach Hause.
Die Ausstellung fand kurz danach statt und entpuppte sich als Riesenerfolg. Sogar meine Lehrerin aus Stuttgart war angereist, drei Journalisten kreisten um uns beide. Für sie war es eine Sensation, dass ein 17-jähriges Mädchen schon alleine eine Ausstellung machte und dabei so gut wie alle Werke verkaufen konnte.
Ich war total überwältigt von der Resonanz. Alle aus unserer Gemeinde, aus der Jugendgruppe und alle meine Verwandten wa-

ren angereist. Doch auch fremde Leute aus Schaffhausen waren extra zu meiner Ausstellung gekommen. Viele wollten ein Bild kaufen, und so war ich so damit beschäftigt, dass ich gar nicht darüber nachdenken konnte, dass meine Bilder nun in fremde Hände gingen. Erst zu Hause wurde mir dieser äußerst erfolgreiche Start in mein Künstlerleben bewusst. Als ich die Fotos in den Zeitungen sah, war es mir auf einmal sehr peinlich. Doch ich hatte meine Lektion gelernt, so wie es Gertrude gesagt hatte.

Zum Ende der Sommerferien zog ich zu meiner Großtante, die in der Nähe der Kunstschule lebte und von nun an mit liebenden Argusaugen über mich wachte. Die Kunstschule öffnete mir eine völlig neue Welt. Ich saß mit einer Horde wilder Schüler im Klassenzimmer, die so ganz anders waren als ich. Unsere Lehrer waren größtenteils freischaffende Künstler, Philosophen und Freidenker. Sie trugen ganz neue Ansichten an mich und meine Mitschüler heran. So vergaß ich die engen Fesseln meiner Erziehung zumindest für einige Stunden am Tag.
Genauso exotisch, wie die Lehrer auf mich wirkten, muss ich für sie gewesen sein.
Besonders unser Zeichenlehrer hakte immer wieder nach, fragte mich über das Leben im Urwald ohne Strom, ohne fließendes Wasser, mitten in der Natur und in der fremden Indianerkultur aus. Er führte uns oft in einen Park oder in den Wald, wo er uns zeichnen ließ und mich ausfragte: »Christina, erzähl mal von deinem Leben dort!«
»Ich vermisse meine Freunde, das wilde, einfache Leben mitten im Dschungel, die Schlangen und Piranhas, und auch die leckeren reifen Früchte. Wissen Sie, wie man Chicha herstellt? Das ist ein Getränk, für das die Indios gekaute Yuccastücke in

einen Topf spucken«, antwortete ich ausweichend. Die ganze Klasse hatte sich mittlerweile um mich geschart, und alle hörten gebannt meiner Erzählung zu. ›Und ja‹, dachte ich traurig, ›es war ein Paradies und mittendrin die Hölle. Wenn ich das nur auch erzählen könnte.‹

Mit der Zeit wusste ich, welche Fragen die Menschen am häufigsten stellten, und war darauf vorbereitet. Es fiel mir immer leichter, von den exotischen Erlebnissen im Urwald zu berichten.

Gleichzeitig faszinierte mich die Welt der Kunst und der Künstler, sie brachte mich zum Nachdenken. Was nahm ich wahr, was war wahr, was Schein? Ich lernte, genau hinzuschauen: eingetrocknete Flecken, ein Haar, die Rillen auf dem Pult oder die Fliege am Fenster. Meine Strategien, um dem Missbrauch im Urwald aus dem Weg zu gehen, unterstützten nun diese Gabe des Sehens.

Der Zeichenlehrer nahm mich unter seine Fittiche. Einmal mussten wir einen Turnschuh abzeichnen. Nach einiger Zeit lieferte ich mein Werk als Erste ab und blickte zufrieden in die Runde. Mein Schuh war schöner und feiner ausgearbeitet als die der Mitschüler.

Mein Lehrer aber sah mich streng an. »Christina, was ich jetzt mache, habe ich noch nie getan. Aber mein Lehrer hat es mit mir gemacht, und es war die beste Lehre meines Lebens. Das wirst du nie vergessen.«

Mit Entsetzen musste ich zusehen, wie er meine Zeichnung nahm und in kleine Stücke zerriss. Es wurde mucksmäuschenstill im Zeichensaal, erschrocken starrten meine Mitschüler uns an.

»Du wirst nun einen neuen, noch viel besseren Schuh zeichnen, Christina! Ich verlange von dir, dass du dein Bestes gibst. Dass du besser als die anderen bist, reicht mir nicht.«

Es war mir eine Lehre. Innerhalb der Kunstklasse entwickelte ich mich zu einer stolzen jungen Frau, man hatte mich zur Klassensprecherin gewählt. Ich stand oft im Mittelpunkt und hatte nichts dagegen. Aber ich musste lernen, dass noch kein Meister vom Himmel gefallen war. Und das tat ich. Lernte, zu lernen, mich voll und ganz für etwas einzusetzen, und so kam ich vorwärts.

Revolutionärin

Das Jahr an der Kunstschule ging schnell vorbei, und am Ende bekam ich wegen meiner guten Noten das Angebot, ohne weitere Prüfung in das weiterführende Studium aufgenommen zu werden. Doch meine Eltern hatten andere Pläne, und da ich nun 18 Jahre alt war, bestanden sie darauf, dass ich einen »richtigen« Beruf lernen müsse. »Es muss den Menschen dienen, was du machst, Christina!«
In der Kirche wurde mir unmissverständlich klargemacht, dass das, was man auf diesen Kunstschulen lernt, Gott nicht diente. Sogar in der Jugendgruppe warnte man mich ständig vor dem Umgang mit anderen Künstlern. Ich hatte niemanden um seine Meinung gefragt und wurde doch von allen Seiten bedrängt, von dem Kunststudium abzulassen.
So kam es, dass ich zwischen der Ausbildung zur Primarlehrerin und Kindergärtnerin wählen musste. Resigniert nach den vielen Belehrungen, entschied ich mich für die kürzere Ausbildung und begann widerwillig das Kindergärtnerinnenseminar. Ich konnte weiter bei meiner Großtante wohnen, denn die Seminarschule war am gleichen Ort. Doch vermied ich es, in die Nähe der Kunstschule zu kommen, und lehnte jeden weiteren Kontakt zu meinen Mitschülern ab. Mein Schicksal war es, Gott zu dienen, und ich fügte mich.
Die Ausbildung ging mir leicht von der Hand. Ich hatte gute Noten und ein Gespür für die Kinder. Trotzdem wurde

mir schnell klar, dass ich wenig Nerven für die ganz kleinen Kinder hatte. Bei einem Praktikum an der Sekundarschule wurde mir bewusst, dass ich viel lieber mit älteren Schülern arbeiten wollte. Aber ich wollte beenden, was ich angefangen hatte, und hielt durch. Da es für mich einfach war, sehr gute Noten zu bekommen, glaubte jeder, ich wäre die geborene Kindergärtnerin. Ich erledigte alle Aufgaben genau und gab niemandem Grund, an meiner Motivation zu zweifeln.

Wieder lebte ich in zwei Welten, tagsüber machte ich meine Ausbildung und abends malte und zeichnete ich in meinem Zimmer. Die Kunst hielt mich psychisch über Wasser, die stillen Stunden für mich zwangen mich, meinen wahren Beweggründen nachzugehen. Ich konnte nicht für die Kunst leben, aber anscheinend auch nicht ohne sie!

Oft unterhielt ich mich mit einer Mitstudentin, einer Pfarrerstochter. Sie wurde meine beste Freundin, und wir lachten viel miteinander. Mehrmals machte ich ihr Andeutungen über meine Vergangenheit, sie fragte nach. Jedoch fehlte mir der Mut, ihr die Missbräuche genau zu schildern. Jedes Mal schnürten mir tausend Ängste die Kehle zu. Schließlich siegte das Schweigen.

Ich fragte mich immer wieder, wohin mein Weg führen sollte. Ich fühlte mich in der Schweiz nicht heimisch, es zog mich in den Süden, in die Wärme. Weit weg von all den Problemen, die auf mich warteten. Ich schwor mir, sobald ich diese Ausbildung beendet hatte, ins Ausland zu gehen.

In der Zwischenzeit warb ein junger Mann hartnäckig um mich, und meine Eltern freuten sich sehr darüber. Roger, der beharrliche Verehrer aus der Gemeinde, entpuppte sich als aktiver Mann, der das Abenteuer suchte und viel Humor an

den Tag legte. Christof hatte ich in der Zwischenzeit endgültig aufgegeben, und darum freute ich mich sehr über Rogers offensichtliche Zuneigung.
Langsam verliebte ich mich in ihn. Immer öfter dachte ich darüber nach, wie es wäre, an seiner Seite zu leben und mit ihm eine Familie zu gründen. Die Idee, nicht mehr von meinen Eltern abhängig zu sein, tat ihr Übriges. Ich arbeitete sowieso schon immer nebenher, und Roger hatte eine gut bezahlte Anstellung bei einer Bank. Er besuchte mich oft, wir führten intensive Gespräche auf langen Spaziergängen.
Nach und nach verstand ich, dass er zwar bei der Bank gut verdiente, aber nicht wirklich glücklich mit seiner Arbeit war. Es zog ihn raus aus der engen Schweiz, er wollte die Welt kennenlernen und einen sinnvollen Beitrag für die Menschen leisten. Sein Wunsch stieß in meiner Missionarsfamilie natürlich auf offene Ohren. Meine Eltern ermutigten ihn, als Buchhalter für Wycliffe das Leben in Afrika ein Jahr kennenzulernen. Roger nahm diese Herausforderung tatsächlich an und kündigte seine sichere Anstellung bei der Bank. Bevor er abreiste, verlobten wir uns.
Ich war gerade mal 19 Jahre alt, fand jedoch, dass dies die richtige Entscheidung war. Bevor er in das Flugzeug stieg, musste ich ihm aber noch unbedingt meine Bedenken über die Missionarsorganisation mitteilen. »Roger, bitte pass gut auf dich auf. Nicht alle Missionare sind gut, es gibt auch unter ihnen Wölfe im Schafspelz.« Mehr brachte ich nicht heraus, obwohl ich mir doch große Sorgen machte. Musste es tatsächlich sein, dass mein zukünftiger Ehemann genau für die gleiche Organisation, die mir meine Kindheit zur Hölle gemacht hatte, arbeiten würde?

Wir schrieben uns fast täglich Briefe, Roger berichtete nur Gutes, er blühte richtiggehend auf und war von Afrika völlig fasziniert. Es ging ihm sehr gut in der Organisation, und seine Arbeit wurde hoch geschätzt. Von der Basis in der Elfenbeinküste aus bereiste er viele Länder und erlebte ein Abenteuer nach dem anderen. Durch die Briefe lernten wir uns intensiver kennen.

Obwohl ich auch täglich an Christof dachte, war ich immer mehr davon überzeugt, dass Roger der richtige Mann für mich war. Ich liebte seine Abenteuerlust und konnte es kaum erwarten, ihn in den Sommerferien in Afrika zu besuchen.

Kaum hatte ich afrikanischen Boden betreten, fühlte ich mich wohl und zu Hause. Hier war ich wieder Ausländerin, das war ich von meiner Kindheit gewohnt. Roger erkannte mich kaum wieder, so blühte ich in dem wilden Land auf. Viele fremde Farben, Düfte und unglaublich temperamentvolle Menschen weckten auch in mir den Wunsch, für immer hier zu sein. Die Mission war eher wie eine Firma aufgebaut, ganz anders als die enge familiäre Missionsstation in Bolivien. Es war nicht Pflicht, sich in einer Kirchengemeinschaft einzubringen, die Bibelübersetzer kamen nur selten ins Zentrum, sie wohnten alle außerhalb der Mission.

Wir hatten viel Freiraum, um zu tun und zu lassen, was immer wir wollten. Wir kosteten diese Freiheit voll aus, nur vor einer Sache hatten wir Angst: Wir durften vor unserer Hochzeit nicht miteinander schlafen. An dieses Gebot hielten wir uns eisern, denn das würde Unglück über uns bringen, das hatte man uns ausführlich eingeschärft.

Wir waren uns schnell einig, dass in Afrika unsere Zukunft lag. Ich fühlte mich sicher hier, denn ich hatte alles ganz genau beobachtet und keine Gefahr von den Missionaren gespürt.

Ich kehrte hoffnungsvoll aus diesen Ferien nach Hause. Von nun an fiel es mir leichter, meine Ausbildung zu machen, denn ich hatte ein neues Lebensziel.

Nach einem Jahr kam Roger wieder in die Schweiz zurück. Ich freute mich auf ihn, und es dauerte nicht lange, bis unsere Hochzeit geplant war. Wir heirateten noch vor meinem 21. Geburtstag.

Wie vorgegeben, hatten wir vor der Ehe keinen sexuellen Kontakt gehabt. Meine Nervosität bei der Hochzeit war riesig. Wie würde ich die Hochzeitsnacht überleben, würde er merken, dass ich keine Jungfrau war? Die Unsicherheit staute sich dermaßen an, dass ich vor Aufregung während des Festes nur noch Essen in mich hineinstopfte. Mir wurde speiübel, und irgendwann schaffte ich es gerade noch auf die Toilette, wo ich mich übergeben musste.

Ich war überrascht über die körperliche und seelische Erleichterung, die ich spürte, als mein Magen sich leerte. Die Hochzeitsnacht war für mich Stress pur. Ich schämte mich und konnte mich überhaupt nicht entspannen. Zu meinem Glück bekam ich in dieser Nacht die Periode, und als mein Mann am Morgen die leicht blutigen Laken sah, lachte er und bemerkte, dass ich eben Jungfrau gewesen und dies der Beweis dafür sei. Dankbarkeit durchflutete mich, ein Riesenstein fiel mir vom Herzen. Ich dachte nur: ›Wenn du wüsstest, wenn du nur wüsstest …‹

Mein Mann überraschte mich mit einem anstrengenden Programm für die Flitterwochen. Es ging mit dem Fahrrad bergauf und bergab, mit Bus, Zug und allem, was man fahren kann, kreuz und quer bis nach Florenz. Ich war todunglücklich und brach beinah zusammen. Die seelische Anspannung, dass er doch noch etwas von meiner Vergangenheit bemerken könnte, und die körperliche Anstrengung waren mir zu viel.

Als gute Ehefrau musste ich ihm jederzeit zur Verfügung stehen, doch das war nur unter fürchterlichen Schmerzen möglich, von Spaß oder Freude keine Spur. Trotzdem spielte ich das Spiel gehorsam mit, denn eine neue Angst war nach unserer Rückkehr in mein Leben eingedrungen. Die Angst, dass er sich eine andere Frau nehmen würde, wenn ich ihm nicht jederzeit seine Wünsche von den Augen ablas.

Doch mein Gerechtigkeitssinn meldete sich immer öfter: ›Mein Ehemann hat mit mir seinen Spaß, und ich liege da und warte, bis alles vorbei ist, und dann habe ich auch noch Schmerzen und leide. Und mache eine gute Miene zum bösen Spiel. Dann bin ich ja wieder, wo ich schon einmal war: eine Sexsklavin! Nein, das kann und will ich nicht akzeptieren!‹

Solche Gedanken zwangen mich, einen Ausweg zu suchen. Mein Zugang zu mir selbst war durch die vielen schmerzlichen Erfahrungen vollkommen blockiert. Vor der Ehe hatte ich meinen Körper nie genauer als notwendig angesehen oder betastet. Wieder war es an der Zeit, eine neue Strategie zu entwickeln. Ich brauchte ein Ziel, und so entschied ich mich, Spaß und Freude an meiner eigenen Sexualität zu bekommen. Wille und neue Energie machten sich in mir breit, ich fühlte mich wie eine Revolutionärin.

›Nein, ihr elenden Schweine‹, dachte ich immer wieder, ›diesen Gefallen werde ich euch nicht tun. Meine Sexualität werde ich euch nicht ein Leben lang opfern, ich hole sie mir wieder zurück. Dieses Mal gewinne ich! Ihr habt keinen Einfluss mehr auf mich und meinen Körper!‹

Am nächsten Tag kaufte ich mir heimlich ein Buch über die Sexualität der Frau, das mir auf die Sprünge helfen sollte. Ich verschlang es, wann immer es unbemerkt möglich war. Da war von Vergnügen die Rede und kein Wort von Gewalt! Abends wagte ich hie und da, einen Vorschlag anzubringen, den mein Mann dankbar annahm. Wir lernten uns und unsere Bedürfnisse kennen und achten. Ich konnte mich immer besser auf den Augenblick einlassen und die Erlebnisse der Vergangenheit ausblenden. Nach einigen Monaten fühlte ich mich als Herrin über meinen Körper und war stolz darauf. Ich hatte gewonnen!

Wir richteten unsere gemeinsame Wohnung ein, und ich setzte meine Ausbildung fort. Wir wollten eine Familie gründen. Doch bei aller Abenteuerlust bestand ich darauf, meine Kinder in der Schweiz auf die Welt zu bringen. Erst danach war die Auswanderung geplant. Ich hatte die Missionsbasis von Wycliffe an der Elfenbeinküste selbst kennengelernt und mich dort sicher gefühlt. Dennoch war es mir lange unwohl bei dem Gedanken, nun auch selbst für die Missionarsorganisation zu arbeiten. Andererseits wusste ich, dass nicht die ganze Basis in Tumi damals schuld an meinem Leid war; ich durfte nicht alle Missionare dort über einen Kamm scheren. Roger ahnte nichts von meinen Bedenken, prüfte aber auch andere Organisationen. Doch es stellte sich heraus, dass Wycliffe uns am meisten Möglichkeiten bieten konnte.

Nach sechs Monaten war klar, dass ich schwanger war, und so nahm mein Leben einen neuen Lauf. Meine Abschlussprüfung war nicht einfach, denn meine Lehrerin machte mir ständig Vorwürfe wegen der Schwangerschaft. Doch ich war sehr glücklich darüber, schwanger zu sein, denn so brauchte ich nicht als Kindergärtnerin zu arbeiten. Bis wir auswanderten, würde ich neben meinen eigenen Kindern an meiner

Kunst weiterarbeiten. Gegen diese Kombination konnte die Kirche nichts einwenden, Hauptsache, ich würde meinen Kindern eine gute Mutter sein und meinem Mann eine treue Ehefrau.

Wir bekamen einen Sohn, Raphael. Ich ließ ihn nicht aus den Augen, füllte meine Rolle als Mutter, Ehefrau und Hausfrau aus, engagierte mich in gewissem Maß in der Kirche und fand ein bisschen Zeit für meine Kunst. Das Geld, das ich damit verdiente, investierte ich in ein neues Leben. Es sollte nicht lange dauern, bis unser zweiter Sohn Timon gesund auf die Welt kam, und drei Monate später flog die ganze junge Familie nach Afrika.

Schweiz – Afrika

In Afrika hoffte ich, durch unsere Arbeit in der Welt etwas verändern zu können. Meine Eltern waren stolz auf uns, endlich hatte ich ihre volle Anerkennung und Achtung. Wir waren keine Übersetzer wie sie, somit nur zweitrangige Mitarbeiter auf der Station. Aber immerhin, wir waren auf dem richtigen Weg, und wir dienten dem Werk Gottes.
Roger ging ganz in seiner Arbeit in der Verwaltung auf, und ich begann Schulbücher zu illustrieren. Außerhalb der Mission lernte ich einen Kunstprofessor kennen und bekam Einblick in seine Forschungsarbeit über afrikanische Kunst. Wir fühlten uns nützlich und wohl, endlich war auch ich intellektuell gefordert. Da mir keine Leinwand oder Farben zur Verfügung standen, wich ich auf andere Materialien aus. Auf den umliegenden Märkten feilschte ich hart um viele kleine Stücke afrikanischer Stoffe, nähte daraus große Wandteppiche und bestickte sie. Bald bot sich mir die Chance, an der internationalen Biennale *Les Grapholies* auszustellen, ein eindrückliches Erlebnis. Nach einigen Monaten zogen wir in ein kleines Mietshaus abseits der Basis.
Ich genoss die Freiheit, die sich mir in der Hauptstadt Abidjan, wo wir wohnten, bot. Wir wurden zu großartigen Festen in der Botschaft oder bei anderen Schweizern eingeladen, und ich lernte viele neue Freunde kennen.
Es eröffnete sich mir völlig unerwartet eine neue Welt außerhalb der Kirche und der Mission – und diese Welt gefiel mir.

Zu einer Juweliersfamilie ergab sich ein sehr enger Kontakt, ich lernte reiche und zufriedene Menschen kennen. Egal ob Franzosen, Engländer, Amerikaner oder Chinesen, sie alle lebten gut und setzten sich für soziale Projekte ein, wo sie nur konnten.

Diese Kombination war neu und faszinierend für mich. Ich begann, über unsere Arbeitgeber und die Arbeit der Missionare nachzudenken, und entdeckte mit der Zeit viele Parallelen zu Tumi Chucua. Die Menschen auf der afrikanischen Basis arbeiteten genau wie meine Eltern wie emsige Bienen an ihren Bibelübersetzungen. Das war ihr Beitrag für die Gesellschaft, und dafür musste alles andere zurückstehen. Ich fühlte mich nach und nach immer weniger zugehörig und entfernte mich von diesem Kreis. Ich liebte meine Kunst und ging darin auf. Roger und ich genossen die Freiheit, sonntags auszuschlafen und anstatt in die Kirche an den Strand und zu Freunden zu gehen.

Die Kinder waren für uns das Wichtigste, und ich wachte ganz genau über sie. Es kam für mich nicht in Frage, sie in die Sonntagsschule der Kirche zu stecken. Roger wunderte sich, dass ich in diesem Punkt so vehement reagierte, doch ich konnte ihm den wahren Grund dafür nicht sagen.

Eines Tages überraschte er mich mit einer CD von Whitney Houston. Erschrocken schaute ich ihn an: »Das ist aber keine christliche Musik, Roger!«

»Das ist mir egal. Ihre Texte sind so wunderbar und liebevoll, und ihre Stimme ist genial. Nur weil sie nicht christliche Texte singt, heißt das noch lange nicht, dass ihre Lieder vom Teufel gemacht sind.«

Meine Neugier auf diese Musik, die mir von Kindheit an verboten war, siegte über mein schlechtes Gewissen.

Wir erlebten wunderbare gemeinsame Abende auf unserer Veranda, die Vorschriften der Kirche traten immer mehr in den Hintergrund. Mit der Zeit verstand ich, dass ich für mein Leben und was ich daraus machte, selbst verantwortlich war. Der Einfluss meiner religiösen Erziehung schrumpfte, meine innere und äußere Freiheit wuchs. Immer öfter dachten wir darüber nach, ob wir auch ohne Kirche leben konnten.
Unser Leben war ein Traum, doch wir sollten bald jäh daraus erwachen. Eines Tages packten wir wie fast jeden Sonntag unsere Badesachen für den Strand. Im Meer fühlte ich mich leicht und frei, die schäumende Gischt und die Kraft der meterhohen Wellen machten mich glücklich. Die Kinder waren mit dem Sand beschäftigt, so dass ich Zeit hatte zum Lesen. Am Abend machten wir uns auf den Heimweg, der uns durch die Slums dieser schnell wachsenden Stadt führte. Nach einigen Kilometern stockte der Verkehr, und eine lange Autokolonne bildete sich. Weiter vorne stieg dicker Rauch auf und erfüllte die Luft mit beißendem Gestank. Instinktiv wusste ich, dass wir in Gefahr waren. Schützend nahm ich meine Kinder in den Arm und lenkte sie mit einem Lied ab, das wohl mich mehr beruhigte als sie.
Langsam rollten wir vorwärts, geradewegs ins totale Chaos. Vor uns schrien Menschen, Autos brannten, Schüsse fielen.
Wir konnten weder vor noch zurück, mittlerweile hatten sich neben der Autokolonne Hunderte von Menschen angesammelt. Sie schrien hasserfüllt, rasten umher und schlugen mit Macheten und Waffen auf Autos, Menschen und Häuser ein. Immer mehr kamen zusammen, mittendrin die Autokolonne und meine Familie. Wir wussten aus Erzählungen von Freunden, wie gefährlich solche Situationen in Afrika waren. Hastig schnallte ich die Kinder los und setzte sie auf den Fuß-

boden des von Freunden geliehenen Autos. Ich legte unsere Badesachen auf den hinteren Autositz, um die Kinder vor den Blicken der tobenden Meute zu schützen. Dann gab ich ihnen zu essen, um sie ruhig zu halten. Raphael war vier und Timon gerade zwei Jahre alt, zu jung, um zu sterben.
›Niemand wird ihnen auch nur ein Haar krümmen, niemand!‹, schwor ich mir.
Außer sich vor Wut und in absoluter Rage hämmerten die Menschen an unsere Fenster. Wie die Tiere stürzten sie sich auf jedes noch so kleine Taschentuch, Bürste oder Kleidungsstück, das wir aus dem Auto warfen. Menschen lagen blutüberströmt und verstümmelt neben der Straße. Autos brannten lichterloh, wir waren in Rauch und Asche gehüllt und wussten nicht, was mit uns als Nächstes geschehen würde.
»Ganz ruhig, Kinder, bald sind wir zu Hause, bald. Mama und Papa sind da.« Timon begann zu weinen, es war ihm wohl zu eng auf dem Fußboden. Ich legte ihn auf den Rücken, nahm seine noch kleinen Füße und massierte sie. Das beruhigte ihn, und er schlief glücklicherweise ein. Wir kamen nur schwer voran.
»Wie lange geht das noch, Roger, ich halte das nicht mehr aus. Wir sitzen nun schon seit drei Stunden fest, und ich versuche alles, um die Kinder ruhig zu halten. Ich habe Angst«, flüsterte ich ihm zu.
»Halt durch, Christina. Ich tue alles, um mich um die Meute herumzuschlängeln.«
Zentimeter für Zentimeter kämpfte er sich vorwärts, immer wieder musste er auf der sowieso schon löchrigen Straße Gegenständen ausweichen. Nach vier Stunden lichtete sich die Menge, und wir kamen besser voran. Beide Kinder waren eingeschlafen, und ich hielt weiter Wache, während Roger alles

tat, um uns aus der Gefahrenzone zu navigieren, was ihm nach einer weiteren Stunde endlich gelang. Erschöpft und dankbar, dass wir heil dem Inferno entronnen waren, kehrten wir wie durch ein Wunder unversehrt in unser Haus zurück.
Dieses Erlebnis hatte tiefgreifende Auswirkungen auf mich. Meine Kinder waren äußerster Gefahr ausgesetzt gewesen, und ich trug die Verantwortung dafür. Die lebensbedrohliche Situation hatte Todesängste in mir ausgelöst, die ich auch nachts nicht abschütteln konnte. Im Radio kam am nächsten Tag die Meldung, dass dreihundert Menschen massakriert worden waren, Plünderungen und Vergewaltigungen stattgefunden hatten. Grauenvolles hatten wir erlebt, Horror pur, die vielen Toten, sterbende Menschen in brennenden Autos, das Geschrei, die Todesangst, all das war mir zu viel.
Ich versuchte, Hilfe bei Wycliffe zu bekommen. Als ich unser Erlebnis schilderte, meinten die Verantwortlichen der Basis nur, dass es wohl nicht so dramatisch gewesen sein konnte und ich mich bestimmt bald erholen würde. Man glaubte mir nicht – es war nicht zu fassen. Sie hielten mich für hysterisch und übertrieben sensibel.
Von nun an traute ich mich kaum aus dem Haus, schon gar nicht mit den Kindern. Einige Tage später gerieten andere Mitarbeiter in eine ähnliche Lage. Der Direktor der Basis aktivierte sofort den Kriseninterventionsplan und warnte alle Mitarbeiter. Wieso nur hatte man mir nicht geglaubt? Ich verstand die Welt nicht mehr.
Die Angst klebte Tag und Nacht an mir. Erinnerungen wurden wach. Ich wollte meine Kinder in Sicherheit bringen. Doch mein Mann erwartete von mir, dass ich durchhielt und mich beruhigen sollte. Nach einigen Wochen schlafloser Nächte war mir klar, dass wir das Land verlassen mussten.

Unsere Nachbarn und gute Freunde waren derselben Meinung, einige waren schon abgereist.
Doch Roger war nicht einverstanden.
»Wir bleiben hier! Mir gefällt es gut hier, und du wirst dich bestimmt bald beruhigen.«
Wir stritten lange, und ich hatte das Gefühl, dass er weder den Ernst meiner inneren Lage noch den im Land richtig einschätzen konnte. Das stimmte mich traurig und warf quälende Fragen auf. War ihm unsere Familie nicht wichtig? War es unbedingt notwendig, dass wir unser Leben für die Mission aufs Spiel setzten? Waren wir ihm nicht genauso viel wert wie die Menschen, für deren Seelenwohl die Bibelübersetzung vorangetrieben wurde?
Nach langem Ringen entschied ich mich, das Land mit den Kindern auf eigene Faust ohne meinen Mann zu verlassen. Ich packte einen Koffer, machte die Jungs bereit und bestellte mir ein Taxi. Ich hatte kein Geld, kein Ticket, aber ich wusste von anderen Frauen, dass ich auf der Schweizer Botschaft Hilfe bekommen würde. Der Taxifahrer lud meinen Koffer ins Auto und wollte soeben abfahren, als uns ein anderes Taxi den Weg versperrte.
Zu meinem Erstaunen stieg mein Mann aus. Verwundert fragte er mich, wohin ich denn wolle.
»Ich gehe nach Hause zurück in die Schweiz. Auch ohne dich. Du kannst gerne hierbleiben, aber die Kinder und ich gehen! Du hast den Ernst der Lage nicht erkannt, und ich bin nicht bereit, das Leben meiner Kinder und mein eigenes aufs Spiel zu setzen. Die Situation hier wird sich noch verschlimmern, ich spüre es. Auch unsere Freunde haben mir gesagt, dass dieses Gemetzel erst der Anfang ist. Mach endlich die Augen auf!«

»Bitte steig aus, Christina, wir können über alles reden! Ich wusste nicht, dass es dir wirklich ernst ist. Bitte verzeih mir!«, flehte er mich an.
»Es ist deine letzte Chance, Roger«, antwortete ich traurig und schickte das Taxi ohne uns fort.
Desillusioniert begannen wir die gemeinsame Rückreise zu planen. »Was werden die Leute nur denken, die uns finanziell unterstützt haben in der Kirche? Wir werden als Versager dastehen«, murmelte Roger vor sich hin.
Ich wusste, dass er recht hatte. Wir würden einen hohen Preis dafür bezahlen, dass wir die Mission nach zwei Jahren im Stich lassen wollten. Wie alle anderen Mitglieder von Wycliffe wurden wir von Spendengeldern aus den Kirchen und von Privatpersonen unterstützt. Unser Lohn reichte selbst in Afrika nur knapp für das Lebensnotwendigste. Wir lebten bescheiden, ohne Luxus oder eigenes Auto. Mit größter Mühe kratzten wir das Geld für die Rückreise zusammen.

Der Ausstieg

Es war ein harter, aber lehrreicher Einstieg in der Schweiz. Ohne Arbeit, ohne Freunde und ohne Geld.
Die Kirche und Wycliffe hatten wie befürchtet überhaupt kein Verständnis für unsere Rückreise.
»Hat Gott euch befohlen zurückzukommen?«, fragten sie uns.
Selbst wenn Gott so deutlich zu mir gesprochen hätte, wer hätte es geglaubt? Wir waren ja keine Prediger. Wofür gab mir dieser Gott die Beobachtungsgabe, das Gefühl und meinen Verstand? Ich hatte genügend Zeichen erhalten, um meine Familie rechtzeitig vor Schlimmerem zu bewahren, und war mir ganz sicher, dass Gott nicht wollte, dass wir unser Leben für die Mission ließen.
Vergeblich versuchte ich ihnen zu erklären, dass ein Bürgerkrieg begonnen hatte. Ich erzählte von den grausamen Massakern und dass wir uns nicht mehr sicher fühlten, doch niemand wollte es hören. Enttäuscht von den Reaktionen, aber um etliche elementare Ängste erleichtert, gaben wir bei der Missionsorganisation und unserer Kirche den Austritt bekannt.
Roger flüchtete sich neben seiner Anstellung bei einer Versicherung in ein Studium, und ich finanzierte den Restbedarf durch den Verkauf meiner Kunst. Langsam bauten wir uns unser neues Leben ohne Kirche auf.

Meine dogmatische Erziehung konnte ich aber nicht so leicht abschütteln, ich litt noch lange unter enormen Gewissensbissen. Würde ich trotzdem in den Himmel kommen? Tat ich meinen Kindern unrecht, sie ohne Kirche aufwachsen zu lassen?

Die Kirchengemeinschaft wollte uns nicht einfach so ziehen lassen, Anruf um Anruf erfolgte, wir wurden ständig eingeladen und dabei verbal massiv unter Druck gesetzt. »Wenn ihr euch keine geistige Nahrung in der Kirche holt, werdet ihr geistig verhungern! Ihr tut euren Kindern unrecht! Ihr seid schlechte Vorbilder! Ohne Kirche kann ein Christ niemals ein guter Christ sein, die Kirche gehört zum christlichen Leben dazu, ohne Wenn und Aber!« Wo ich mich auch aufhielt, beim Einkaufen, beim Arzt, auf dem Bahnhof, überall wurde ich angesprochen und mit Vorwürfen überhäuft und musste Mahnungen über mich ergehen lassen. Jeder wusste, was für uns gut war, und meinte für unsere Rückkehr in die Kirche beten zu müssen.

Auch wenn sich manchmal leise Zweifel einschlichen, so war ich mir in einem Punkt ganz sicher: So, wie wir nun lebten, waren meine Kinder am besten vor sexuellen Übergriffen geschützt. Denn von solchen wusste ich auch in den Schweizer Gemeinden inzwischen zur Genüge.

Es folgten viele Diskussionen mit meinen Eltern. Sie wollten ihre Enkelkinder in der Kirche sehen und uns ebenfalls. Ich weigerte mich weiter und ließ auch nicht zu, dass sie zu meinen Kindern regelmäßig Kontakt pflegten, schon gar nicht ohne meine Anwesenheit. Sie hatten oft Besuch, und ich traute ihren Freunden nicht über den Weg.

Das verletzte meine Eltern sehr, aber ich hatte immer noch nicht den Mut, ihnen mein Verhalten zu erklären. Sie hatten mich nicht schützen können, und ich traute ihnen nicht zu, meine eigenen Kinder zu schützen.

Die Auseinandersetzung mit der Kirche bewirkte, dass ich meine Eltern offen auf die Missbrauchsfälle in ihrer Kirche ansprach, die wenige Jahre zuvor ans Licht gekommen waren.

Noch ehe wir nach Afrika ausgewandert waren, hatte sich Henrike bei mir gemeldet. Wir hatten uns damals einige Male getroffen, und ich war schockiert gewesen über das Ausmaß und die Brutalität der Missbräuche, von denen sie erzählte. Obwohl die Ältesten der Kirche alles wussten, hatte sich keiner um die Opfer gekümmert, es hatte keine Wiedergutmachung, keine professionelle Therapie und keine Strafverfolgung gegeben.

Das machte mich wütend, hatte ich doch geglaubt, dass wenigstens in der Schweiz in den christlichen Kreisen Gerechtigkeit siegen würde. Doch über all die Jahre hatten die meisten Opfer geschwiegen oder waren zum Schweigen gebracht worden. Sie sollten den Tätern stets vergeben und Frieden mit ihnen schließen, was nichts anderes bedeutete als: Sie sollten schweigen.

Merkten sie denn nicht, dass dadurch weiterer Missbrauch geschehen konnte, ein Ende nicht abzusehen war? Ich empfand dieses Vorgehen als zweiten Missbrauch der Opfer. Männer hatten sich an unschuldigen Kindern vergangen und wurden dafür noch nicht mal zur Rechenschaft gezogen. Ganz im Gegenteil, von den geschändeten Opfern wurde verlangt, zu vergeben und zu schweigen! Vergebung kann man nicht einfordern, unter solchem Druck ist sie grundlegend falsch. Dem Kirchenrat war es wichtig, den Ruf ihrer Kirchengemeinde zu bewahren, die von außen immer wieder als

Sekte beschimpft wurde. Es wäre für sie äußerst schwierig geworden, wenn die vielen Missbrauchsfälle der pädophilen Brüder ans Licht gekommen wären.

Ich sprach in dieser Zeit mit etlichen Opfern, meist Frauen, die unter Depressionen und Angstzuständen litten. Seltsamerweise konnten sie sich mir jetzt, da ich nicht mehr in ihrer Kirchengemeinde war, öffnen. Einige Opfer waren invalid und unfähig, ein normales Leben zu führen. Viele dieser Frauen und Männer brachten es trotz des Leids, das ihnen zugefügt worden war, nicht fertig, sich von ihrer Kirche zu lösen. Aus Angst und Scham bezahlten sie weiterhin ihren Zehnten, wie es in der Bibel geschrieben stand, und unterstützten indirekt das System, die Täter und die Leiter der Gemeinden. Diese manipulierten äußerst geschickt, indem sie die Opfer zur Vergebung drängten und ihnen mit den Bibelworten drohten: »Wer anderen nicht von Herzen vergibt, dem wird auch Gott nicht vergeben.«
Ich konnte die ewige Leier von Vergebung, Verzeihen und Versöhnen nicht mehr hören. Ich gab die Hoffnung auf Gerechtigkeit in der Kirche auf. In dieser Zeit entschied ich mich ganz bewusst, mich nicht mehr um die Verfehlungen dort zu kümmern, sondern meine Aufmerksamkeit auf meinen inneren Frieden zu richten. Zu reden lohnt sich nicht – das war mir nun klar. Selbst Henrikes Peiniger war immer noch unbehelligt in der Kirche tätig, und das, obwohl sie und andere damals den Ältesten alle Missbräuche mit teils noch minderjährigen Kindern offengelegt hatten.
»Hilf dir selbst, dann hilft dir Gott.« Diese Volksweisheit hätte ich in Kirchenkreisen nie gewagt, laut auszusprechen, doch ich liebte sie, denn ich hatte sie als wahr erlebt. Ich hatte mir

selbst aus meinem Elend geholfen, indem ich mich entschieden hatte, die Kraft, die richtigen Gedanken, die Freude und den Willen dafür anzunehmen und für mich einzusetzen. Endlich war uns die Loslösung aus all den religiösen Kreisen gelungen. Ich fühlte mich freier und leichter, meine Kunst gab mir Halt. Von nun an wollte ich selbst die erste Geige in meinem Leben spielen.

Lähmung

Nach und nach wusste ich das Leben in der Schweiz und außerhalb der Kirche zu schätzen. Ich merkte, dass es gar nicht so schlecht war, wie es mir immer eingetrichtert worden war: »Alles außerhalb der Kirche ist schlecht!«
Ich aber fand nun eine andere Welt vor, indem ich lernte, ohne Schuldgefühle durchs Leben zu gehen. Auch wenn ich nicht nach den Regeln der Kirche lebte, fühlte ich mich mehr und mehr von Gott geliebt, wer auch immer dieser Gott sein mochte.
Zum ersten Mal in meinem Leben war ich glücklich, Schweizerin zu sein und hier leben zu dürfen. Oft unternahm ich mit den Jungs Ausflüge in den Wald. Dort lehrte ich sie, mit Pfeil und Bogen umzugehen, Feuer zu machen und kleine Staudämme zu bauen. Wir beobachteten die Kochbananen in der Glut und bauten Hütten. Wir liebten den Wald, das Wasser, die Natur. Nur die Zecken ärgerten mich, denn sie hatten es immer wieder auf die Kinder und mich abgesehen. Sie waren lästig wie die Boros im Urwald, doch wusste ich nicht, welche tatsächliche Gefahr von diesen kleinen Insekten ausging.
Als sich mein Bein nach einem Zeckenbiss kreisrund rot verfärbte, dachte ich mir nichts dabei. Zwei Wochen danach lag ich mit einer schweren Grippe im Bett. Fürchterliche Kopfschmerzen plagten mich. Mein Zustand wurde immer schlimmer. Ich konnte kaum noch den Kopf drehen, und sämtliche

Glieder schmerzten. Ich biss die Zähne zusammen, versorgte die Kinder und machte im Haushalt nur das Nötigste. Immer mehr versteifte sich mein Nacken, und schon bald konnte ich meine Arme nicht mehr bewegen. Erst mit diesen Lähmungserscheinungen suchte ich den Arzt auf. Die Diagnose war eine äußerst schwere Borreliose in fortgeschrittenem Zustand.
»Es tut mir leid, Frau Krüsi, Sie werden bleibende Schäden davontragen. Es wäre gut, wenn Sie zu einem Vertrauensarzt gehen und sich eine hundertprozentige Behinderung attestieren lassen würden. Sie werden nie wieder arbeiten können. Die Lähmungen könnten bleiben, akute Müdigkeit und starke Kopfschmerzen könnten Sie ein Leben lang begleiten. Sie sind viel zu spät zu mir gekommen!«
Ich bekam eine Infusion mit Antibiotika und Tabletten und legte mich elend krank ins Bett.
Bolivien und Afrika hatte ich überlebt und war endlich in Sicherheit. Und nun konnte ich meine Arme nicht mehr bewegen, mein Körper schmerzte bei der kleinsten Bewegung, und mir war elend zumute! Mit den Kindern alleine gelassen, versuchte ich mich durch den Tag zu schleppen. Roger war neben der aufreibenden Arbeit zu sehr mit seinem Studium beschäftigt. Unerträgliche, migräneartige Kopfschmerzen begleiteten mich Tag und Nacht. Nach einigen Wochen spürte ich meine Arme wieder und konnte sie immer besser bewegen. Nur die Kopfschmerzen wollten nicht verschwinden. Mein Blutdruck war viel zu hoch, mein Herz schlug wie wild, und der Arzt verordnete mir noch mehr Medikamente.
Ich war es nicht gewohnt, Tabletten zu schlucken, und begann darüber nachzudenken. Hatte Gott mich nun doch gestraft

für meinen Kirchenaustritt? Nein, das konnte nicht sein, und wenn doch, dann wollte ich an so einen Gott nicht glauben.
Was konnte ich tun, um mir selbst zu helfen? Den Ärzten in der Schweiz traute ich wenig zu. Sie hielten an ihren Prophezeiungen fest, sagten, ich würde ein Leben lang an diesen unerträglichen Kopfschmerzen leiden und eine Behinderung davontragen. Dazu war ich nicht bereit. Ich entschied mich, etwas zu unternehmen.
Aber was? Ich versuchte, auf mein Inneres zu hören. Was wollte mir diese Krankheit sagen? Ich wollte am Leben sein, hatte mich für mein eigenes Leben entschieden. Ein gutes Leben. Und nun sollte ich mich damit abfinden, mit unerträglichen Schmerzen zu existieren? ›Nein, nicht mit mir! Ich werde gut leben!‹
Meine Entscheidung war gefallen, und meine Rettung ließ nicht lange auf sich warten. Eine Nachbarin fragte mich, ob ich mit ihr joggen kommen wolle. Ich konnte meine Glieder kaum ohne Schmerzen bewegen, und bei jedem Schritt drohte mein Kopf zu explodieren. Trotzdem sagte ich zu.
Die erste Joggingrunde war die Hölle für meinen Körper, besonders mein Kopf glühte und pochte vor Schmerz. Ich hielt durch und ging zwei Tage danach wieder laufen. Zuerst nur eine halbe Stunde, dann immer länger. Von Mal zu Mal ging es besser, erstaunlicherweise war die Verspannung im Nacken nach jedem Training etwas gelöster. Ich konnte besser atmen, und mein Körper bekam wieder genügend Sauerstoff. Der Wald, die Tiere, meine Nachbarin, die mir gegenüber sehr geduldig war, die Gespräche, die wir führten, und die frische Luft belebten meinen Körper und meinen Geist. Konsequent zog ich mein Lauftraining durch und wurde gesund! Keine Herzmittel, keine Schmerztabletten, und das nach sechs Mo-

naten. Ein neues Lebensgefühl ohne Schmerz und ohne Behinderung.

›Was für ein Glück!‹, dachte ich. Mein Lebenswille und meine konsequente Haltung hatten eine vom Arzt vorhergesagte Behinderung abgewehrt. Von da an trainierte ich fast täglich. Ich lief und lief und liebte mein neu geschenktes, völlig schmerzfreies Leben.

Auch in anderen Lebensbereichen ging es endlich aufwärts bei uns. Wir konnten uns ein Haus in einem kleinen Dorf kaufen, ich arbeitete als Zeichenlehrerin und hatte noch genügend Zeit für meine eigene Kunst. Ich gab Erwachsenenkurse und bereitete Jugendliche auf die Aufnahmeprüfung an Kunstschulen vor. Meine Kinder entwickelten sich prächtig, neue Freundschaften bereicherten unser Leben. Die Ereignisse meiner Kindheit waren tief in mir vor fremden Blicken geschützt, und ich glaubte, sie nie wieder ausgraben zu müssen.

Ich lebte ein erfüllendes Leben, bis ich eines Tages beim Joggen ohnmächtig wurde und sich eine Stimme in mir meldete:
»Guten Tag, ich bin die Wahrheit«

Auf Messers Schneide

Die Wahrheit hatte mein ganzes Leben auf den Kopf gestellt. Nichts war mehr so, wie ich es mir aufgebaut hatte. Mein kleines fiktives Paradies war völlig in sich eingestürzt. Meine Ehe, meine Familie und das Verhältnis zu meinen Eltern. Alles, was mir Sicherheit gegeben hatte, war nun weg. Ich musste mir überlegen, wie ich mein Leben als alleinerziehende Mutter gestalten wollte.
An Silvester 2003 saß ich vor einem Scherbenhaufen und musste mir selbst viele Fragen stellen. Wie könnte ich mein Leben finanzieren? Sollte ich eine Vollzeitstelle als Lehrerin annehmen? Würde ich mich je wieder in einen Mann verlieben können? Eine Partnerschaft leben? Wollte ich das? Musste ich das Haus verkaufen? Wo sollte ich mit meinen Kindern wohnen, wie mit der Enttäuschung meiner Familie, Freunde und Verwandten umgehen? Obwohl mich mein Ex-Mann finanziell gut versorgte, stellten sich Existenzängste ein. Unnötig, aber sie waren da, und es brauchte viel Energie, sie anzugehen und mich nicht von ihnen einnehmen zu lassen.
Konsequent nahm ich mir täglich Zeit, um meine schwierige Kindheit zu verarbeiten, indem ich mit Gudrun darüber sprach, mein Tagebuch füllte und malte, malte, malte.
Trotz vieler offener Fragen entschied ich mich, das Leben in vollen Zügen zu genießen, Spaß zu haben. Dieser Ausgleich zwischen Verarbeitung und Erholung war meine Rettung.

Völlig unverhofft trat ein neuer Mann in mein Leben. Wir hatten uns bei einem Essen mit einem gemeinsamen Freund kennengelernt. Wir unterhielten uns an diesem Abend lange, lachten viel und hatten Spaß miteinander. Mit seinen langen krausen Haaren fand ich Roland richtig lustig. Er bemerkte, dass er in der Endvorbereitungsphase für den Zürcher Marathon war. Was für ein Zufall, denn genau auf diesen Marathon bereitete ich mich auch vor. Als er dann noch erzählte, dass er gerne Salsa tanzte, konnte ich es kaum glauben. Ich liebte Salsatanzen über alles. Sogleich lud er mich für das nächste Wochenende zum Tanzen ein. Ohne nachzudenken, sagte ich zu. Zu Hause wurde mir jedoch äußerst mulmig zumute bei dem Gedanken, ihn wieder zu treffen.
›Vielleicht vergisst er mich wieder‹, dachte ich, doch bereits am nächsten Tag meldete Roland sich per SMS bei mir. Offensichtlich meinte er es wirklich ernst.
Aufgeregt rief ich meine Schwester Stefanie an und fragte sie um Rat. Sie war gleich Feuer und Flamme und schlug vor, am Wochenende mitzukommen, was mich sehr beruhigte. Ich war gespannt auf ihre Meinung über Roland.
Das Wochenende kam schneller, als mir lieb war. Stefanie und ich betraten an diesem Abend das Tanzlokal, und ich sah mich in der Menge um. Da war kein Roland zu sehen.
Meine Schwester stupste mich am Ellbogen und zeigte auf einen Mann an der Theke. »Da winkt dir einer zu«, bemerkte sie, »der sieht aber gut aus, der Typ, kennst du den?«
Zuerst erkannte ich ihn nicht. Das war nicht der Roland, den ich kennengelernt hatte. Mit seinem kahlgeschorenen Kopf sah er völlig anders aus, aber noch viel eleganter und attraktiver. Ich hörte sein lautes Lachen von weitem und sah, wie er sich bedeutungsvoll mit der Hand über den nicht mehr vor-

handenen Lockenschopf fuhr. Die Überraschung war ihm gelungen!
»Hallo, ihr schönen Frauen, was möchtet ihr trinken? Ich hol euch was und dann nichts wie auf die Tanzfläche, die Musik ist sensationell heute.«
Meine Schwester zwinkerte mir zu. »Der ist toll, Christina, richtig cool!«, flüsterte sie mir ins Ohr. Ich hielt mich mit meiner Begeisterung jedoch zurück und wartete ab, was auf mich zukommen sollte. Nach einer Weile begleitete mich Roland auf die Tanzfläche. Wir tanzten, und er führte mich sicher und liebevoll. Ich fühlte mich wohl in seiner Gegenwart, konnte alle Bedenken und Ängste loslassen und jede Sekunde genießen. Als er mich gegen Ende des Abends ohne Vorwarnung küsste, erwiderte ich seinen Kuss leidenschaftlich.
Am nächsten Tag klingelte es an der Haustür. Ein riesiger Strauß roter Rosen wurde mir mit einem Brief übergeben. Aufgeregt entfernte ich die Folie von den schönen Blumen und steckte meine Nase tief hinein. Erst nach einigen Atemzügen konnte ich ihren Duft wahrnehmen. Seitdem ich als Kind auf den WC-Häuschen in Tumi Chucua immer wieder betäubt und missbraucht worden war, hatte ich meinen Geruchssinn praktisch vollständig verloren.
Aus dem Kuvert zog ich eine Karte mit noch mehr roten Rosen darauf hervor. »Liebe Christina ... darf ich mich in dich verlieben?«
Nun hatte ich es schwarz auf weiß, dass es ihm wirklich ernst war. Auch ich war so verliebt, dass ich kaum wusste, wo mir der Kopf stand. Doch im gleichen Augenblick wurde mir heiß und kalt zumute, wenn ich daran dachte, wie er auf meine Vergangenheit reagieren würde. ›Ich muss es ihm von Anfang an sagen, was mit mir los ist. Wenn er damit umgehen

kann, ist er der Richtige, wenn nicht, lass ich mich nicht weiter auf ihn ein!‹

Ich rief ihn an, um mich zu bedanken, und lud ihn mit seinem Sohn zum Spaghetti-Essen bei uns ein.

Schon am nächsten Tag stand er tatsächlich mit seinem fünfjährigen Sohn vor der Tür. Meine Kinder verschwanden nach dem Essen sofort mit seinem Jungen in ihrem Kinderzimmer und spielten. Wir nutzten die Chance und küssten uns ausgiebig.

Roland spürte aber, dass mir etwas auf der Zunge lag. »Christina, du hast meine Frage noch nicht beantwortet. Darf ich mich in dich verlieben?«

Ich holte tief Luft.

»Ja, schon, aber …«, begann ich zu stottern.

»Was aber?«

»Zuvor muss ich dir etwas über mich erzählen. Wenn du dich dann nicht mehr in mich verlieben willst, kann ich das gut verstehen.«

Ich war über mich selbst erstaunt, wie offen ich ihm von einigen Vorfällen aus meiner Kindheit erzählen konnte. Auch dass ich noch mitten im Verarbeitungsprozess war, verheimlichte ich nicht.

Ohne mich zu unterbrechen, hörte Roland mir geduldig zu. Dann nahm er mich wie ein großer, starker Bär in die Arme: »Christina, was auch immer passiert ist, ich nehme dich so, wie du bist. Ich spüre es, dass du das schaffst. Ich weiß nicht, wieso, aber ich spüre es wirklich. Ich helfe dir, wo ich nur kann. Das alles hat mit meiner Liebe zu dir nichts zu tun.«

Ein haushoher Felsbrocken fiel von meinem Herzen. Hatte ich wirklich richtig gehört, ihn richtig verstanden? Konnte das möglich sein? Meinte er es wirklich ernst? In seinen Augen fand ich seine Worte bestätigt, er war aufrichtig gewesen. Roland war ebenfalls frisch geschieden, und ich lernte ihn als liebevollen Papa kennen, was mich sehr beeindruckte. Er war Manager in einem großen amerikanischen Unternehmen. Kirchen und Religion kannte er nur aus der Kindheit. Das Wichtigste jedoch war seine aufrichtige Liebe, denn diese öffnete mein Herz.

Wenige Wochen später bekam ich eine Einladung von Wycliffe: Alle Missbrauchsopfer von Tumi Chucua sollten sich in den Vereinigten Staaten treffen. Ich war völlig aus dem Häuschen, wir sollten uns tatsächlich wiedersehen? Nach so vielen Jahren? Ich war hin- und hergerissen, wusste nicht, was ich von dieser Einladung halten sollte. Roland bot sich an, mich zu begleiten, obwohl er noch sehr wenig über diese Seite von mir wusste. Gudrun war die einzige Person, der ich wirklich alles erzählt hatte.
Damit ich überhaupt an der Veranstaltung teilnehmen durfte, musste ich im Voraus eine Schweigepflicht-Vereinbarung unterschreiben – wie es hieß, um die Sicherheit der Teilnehmer zu gewährleisten. Mit den Vorbereitungen für diese Reise baute sich unkontrollierbare Angst in mir auf, für mich fühlte es sich lebensbedrohlich an. Ich konnte meine Gedanken kaum unter Kontrolle halten. Alle Täter lebten in den USA; was, wenn ich ihnen begegnete?
Das Misstrauen gegenüber der Missionsorganisation schnürte mir die Kehle zu. Was wollte diese Organisation wirklich? Uns Opfer schützen oder die Täter – die alle aus ihren Reihen stammten? Oder sich selbst? Neue Alpträume raubten mir den Schlaf. Was würde das Treffen auslösen?

Mit Entsetzen spürte ich, dass das vor vielen Jahren ausgesprochene Verbot der Täter, uns zu treffen und miteinander zu reden, immer noch wahnsinnige Ängste in mir auslöste. Würden die Täter merken, dass wir das Verbot missachteten? Würden sie ihre Drohungen wahr machen und uns töten? Meine Kinder? Nein, meine Kinder musste ich schützen, aber wie? Würde Roland so eine Zusammenkunft ertragen? Würde er mich auch lieben, wenn er das riesige, unmenschlich grausige Ausmaß der Missbräuche erfuhr?

Mein Herz raste, pochte, wehrte sich, mein Körper reagierte mit heftigen Symptomen. Der Schmerz legte sich wie ein tonnenschwerer Gürtel um meine Hüften. Meine Sinne waren geschärft, mit Argusaugen beobachtete ich alles und jeden. Ich schloss alle Türen, kontrollierte nachts die Kinder und wagte mich kaum aus dem Haus.

Drei Tage vor der Reise staute sich der Druck in mir dermaßen an, dass mich ein Migräneanfall ohnmächtig werden ließ. Ich war alleine mit den Kindern, und in ihrer Not riefen sie Stefanie an, die mich sogleich ins Krankenhaus brachte. Nie zuvor in meinem Leben hatte ich solche Kopfschmerzen gehabt. Mein Blutdruck war auf einen kritischen Wert gestiegen. Ich lag vom Schmerz gelähmt im weißen Krankenhausbett. Die Infusion an meinem linken Arm fütterte meine Venen mit Morphium. Ich hielt meine Augen geschlossen. Ich schien zu schweben, mein Körper wurde leichter und leichter, bis ich endlich Ruhe fand und erschöpft einschlief. Die Ärzte konnten sich meinen Zustand nicht erklären und behielten mich vorsichtshalber noch einen Tag im Krankenhaus.

Doch am nächsten Morgen traf ich eine Entscheidung: Ich würde trotzdem nach Amerika reisen. Innerlich stand ich auf und zog mich an meinen eigenen Haaren aus dem Schlamm der Angst. Angst, dieses Treffen nicht zu überleben. Wir waren zum Schweigen gezwungen worden. Jahrzehnte hatten wir uns nicht gesehen, mit Schuld- und Gewaltandrohungen war uns jeglicher Kontakt untersagt worden. Durch die Aufarbeitung meiner Erinnerung und Vergangenheit hatte ich ein neues Leben begonnen, und nun sollte ich meine neu erworbene Freiheit nicht ausleben? Trotz aller Angst wollte ich miterleben, wie wir das Schweigen nach fast dreißig Jahren brechen würden. »Mich wird keiner mehr aufhalten zu tun, was für mich richtig ist! Wenn Roland diese Reise mit mir übersteht, dann ist er der Richtige für mich – wenn nicht, dann sollten wir uns trennen«, schrieb ich in mein Tagebuch.

In meinen Koffer packte ich Hosen – keine Röcke. Der Flug im Sommer 2004 in die Staaten wurde von heftigen, hurrikanartigen Stürmen erschwert – ganz meinen inneren Gefühlen und Ängsten entsprechend. Roland gab mir in dieser Zeit das Gefühl, der Bodyguard an meiner Seite zu sein.

In dem christlichen Zentrum bezogen Roland und ich unser kleines, spartanisch eingerichtetes Zimmer. Überall hingen Bibelverse an der Wand – mich schauderte es. »Wie damals in den Lagern«, dachte ich.

Roland setzte sich zu mir auf das wacklige Bett und hielt mich lang im Arm.

»Ich hab solche Angst, sie sind alle fromm, und es wird sie stressen, dass wir keine Mitglieder der Kirche mehr sind«, flüsterte ich.

»Ich bin und bleibe bei dir! Und im schlimmsten Fall werde ich dich da rausholen. Sie dürfen dich nicht unter Druck setzen, dafür sorge ich«, erwiderte Roland bestimmt und drückte mich an sich.

Meine Knie zitterten schon auf dem Weg zum großen Versammlungssaal, doch bereits von weitem erkannte ich Melissa, Gabriele und Andrea. Alle Ängste waren wie fortgewischt, und wir fielen uns heulend vor Freude in die Arme, hielten uns alle vier lange fest.
»Wo ist Finn?«, flüsterte ich unter dem Tränenschleier hervor.
»Wir wissen es nicht, wir dachten, du hättest vielleicht Kontakt?«
»Nein, ich habe nie wieder etwas von ihm gehört. Aber er gehört dazu! Er muss doch auch dabei sein!«
Der Saal war schon gut gefüllt, ich blieb auf der Türschwelle wie angewurzelt stehen. Sollte ich nun wirklich mit der Wahrheit herausrücken? Würden sie mir glauben? Konnte ich den anderen trauen? Ich wusste es nicht.
Ich würde hineingehen, schreckliche Dinge mit anhören und dann wieder hinausgehen. Und dann, was würde dann geschehen? Würde ich mich besser fühlen? Würde sich etwas Grundlegendes ändern? Würden wir endlich Gerechtigkeit erfahren? Würde die Organisation danach endlich dafür sorgen, dass den Tätern das Handwerk gelegt wird? Konnte sie das überhaupt? Es musste doch einen Weg geben, wenigstens die heutigen Kinder im Umfeld der Täter zu schützen. Ja, ich musste aussagen. Wenn nicht, würden weitere Kinder missbraucht werden. Diese Vorstellung trieb mir einen eiskalten Schauer über den Rücken. Ich musste aussagen, zum Schutz der Kinder! Der Schrecken musste ein Ende haben.
Roland berührte sachte meine Schultern und fragte, ob es mir gutgehe. Ich nickte tapfer und betrat den Raum. Wie alle anderen gab ich persönlich jedem Teilnehmer die Hand. Meine Hände schwitzten – kalter Schweiß. Jede Faser meines Körpers war angespannt. Ich setzte mich und starrte auf den Bo-

den. Roland hielt meine Hand, das beruhigte mich und gab mir Halt. Er würde mir helfen, den Raum zu verlassen, wenn etwas Schlimmes geschehen würde. Er würde für mich eintreten, wenn sie mir nicht glauben wollten.
Ich blickte in die Runde. Würden die anderen die Kraft haben, von ihren Missbräuchen zu berichten? Schon bei den ersten Berichten merkte ich, dass die Opfer sich zurückhielten; für Roland und einige andere Begleitpersonen war aber das schon mehr als genug.
In der Pause gingen Roland und ich an die frische Luft. Er war überwältigt von dem, was er gehört hatte, und dabei war ich noch nicht mal an der Reihe gewesen. »Ich nehme keine Drogen, Christina, das weißt du ganz genau, aber jetzt würde ich am liebsten einen Joint rauchen. Was ich dadrin hören musste, ist ein Riesenskandal.«
Ich nickte und dachte: ›O Gott, das war ja nur die Spitze des Eisbergs.‹
Nach der Pause war ich an der Reihe. »Ich werde euch nicht alles erzählen, das würde zu lange gehen. Ich wurde von vielen Männern auf unterschiedlichste Weise missbraucht und ich musste Rituale über mich ergehen lassen. Sie haben mir schon mit sechs Jahren als Zeichen der Zugehörigkeit in beide Knie mit dem Messer einen tiefen Schnitt gemacht – warum, wenn nicht als Erkennungsmerkmal, kann ich euch bis heute nicht genau sagen.«
Nach wenigen Minuten brach ich ab, ich konnte nicht mehr weitererzählen. Doch ich hatte es geschafft, ich hatte gerade zum ersten Mal in meinem Leben vor Leuten aus Tumi Chucua über den Missbrauch gesprochen und den Bann des Schweigens durchbrochen. Eine Welle der Erleichterung und der Freude überkam mich. Ich hatte meine eigene Angst be-

siegt und geredet, unter Todesangst geredet, in der Öffentlichkeit! Und ich war trotzdem noch am Leben, immer noch am Leben.
In der Mittagspause setzte ich mich mit einigen Teilnehmern an einen Tisch. Die Freude, sich nach so vielen Jahren wiederzusehen, war riesig, aber sie mischte sich mit uralter Trauer, Angst in allen Schattierungen, Fassungslosigkeit und Unsicherheit. Wem konnte man trauen, wem nicht? Trotzdem spürte ich eine echte gegenseitige Empathie für die einzelnen Schicksale. Ein tiefes Zusammengehörigkeitsgefühl unter uns Opfern gewann mit der Zeit den Kampf gegen das Misstrauen. Am Abend, als wir erschöpft und traurig über das Gehörte in unser Zimmer kamen, zeigte ich Roland die ganzen Jahrbücher aus meiner Schulzeit. Ich hatte sie trotz allem gesammelt und aufbewahrt. Es waren Dokumentationen einer heilen Welt, eines kleinen Paradieses mitten im Dschungel Südamerikas. Die Bilder rissen alte Wunden in mir auf, aber ich wollte unbedingt, dass Roland einen Eindruck von der Situation auf der Missionsstation in Bolivien bekam. Wir sahen das langgezogene Dorf Tumi Chucua, die idyllische Insel im See, den wunderschönen Badeplatz und das Klohäuschen nebenan. Fröhliche Kindergesichter, emsige Mitarbeiter, die vollbesetzte Kirche. Beladene Mangobäume, Papayas, eine riesige erlegte Boa und ein Krokodil. Bilder vom Sporttag und von Theateraufführungen. Freundliche junge Menschen lachten in die Kamera, ich erkannte das Schulhaus, den Schlachtplatz, zwei Mannschaften beim Volleyballspiel, den Marktplatz und den Hangar. Dazwischen gab es jede Menge Fotos von umwerfenden Sonnenuntergängen.
Roland war begeistert: »Unglaublich, Christina, in diesem Paradies bist du aufgewachsen! Es sieht wunderschön aus. Es

ist schrecklich, dass es für dich zur Hölle wurde, das tut mir so leid, Christina.«

Am nächsten Morgen wurde uns der geplante Ablauf dieses Tages präsentiert. Es war dem Team sehr wichtig, dass wir uns an gewisse Regeln hielten. Sie ahnten wohl, was in den nächsten Stunden bei der eigentlichen Auseinandersetzung mit den Missbräuchen passieren würde. Die Leiter waren offenbar gut vorbereitet.

Au diesem Morgen betrat ich mutiger den Saal, da ich nun nicht mehr alleine war mit meiner Vergangenheit. Ich durfte mit den anderen Opfern ohne Angst reden. Der Bann des Schweigens war gebrochen. In der Pause sah ich einen flachen Stein mit einer wunderschönen Maserung auf dem Boden liegen. Ich nahm ihn auf und betrachtete ihn lange. Dieser Stein wurde durch jahrelanges hartes Schmirgeln an seinen Ecken und Kanten erst so rund, wie er jetzt in meiner Hand lag. Ich steckte ihn in meine Hosentasche. Von nun an war er mein steter Begleiter, alles, was nun auf mich zukommen würde, sollte mich ebenfalls immer glatter und feiner machen. Ich würde nicht zulassen, dass mich die scharfen Kanten meiner Vergangenheit weiter verletzten.

Es war ein harter Tag, eine riesige Lawine rollte über uns hinweg; eine Lawine voller schrecklicher, grausamer Informationen und Details brach über uns herein. Aufgestaute, alte, begraben geglaubte Erinnerungen entluden sich nach so vielen Jahren des Schweigens.

Der Abschied war wesentlich herzlicher als die Begrüßung, Tränen flossen in Mengen. Auf dem Heimflug hatten Roland und ich jede Menge Gesprächsstoff. Es dauerte lange, bis er die meisten Zusammenhänge verstand, beim Treffen hatte ich mich über einige Vorkommnisse gänzlich ausgeschwiegen. Die Vermutung, dass viele Kinder in Tumi Chucua vergewaltigt worden waren, hatte sich bewahrheitet. Die Auswirkungen waren nicht zu übersehen gewesen.

Ich war die jüngste unter den Teilnehmern dieses Opfertreffens gewesen, so wie ich damals auch die jüngste der »Auserwählten« war. Gemeinsam mit Gabriele, Melissa, Andrea und Finn, der nicht dabei war – niemand wusste, warum –, hatte ich die härtesten und brutalsten Übergriffe in Tumi überlebt. Ich war sehr dankbar für den eindeutig besseren psychischen und physischen Zustand, in dem ich mich normalerweise befand. Im Gegensatz zu vielen Opfern konnte ich arbeiten und war nicht ständig krank oder gar invalid.

Aber wieso? Wie konnte es sein, dass ich so viel Gewalt erfahren hatte und es mir trotzdem – den Umständen entsprechend – gutging? Ich brauchte keinen Psychiater, keine Medikamente, hatte keine extremen Störungen, konnte meine Kinder erziehen und ein vielleicht etwas ungewöhnliches, aber doch recht unauffälliges Leben als Künstlerin und Lehrerin führen.

Erschöpft, vom Ausmaß des Gehörten übermannt und gleichzeitig erleichtert kehrten wir in die Schweiz zurück.

Wieder zu Hause entschied ich mich, die Täter anzuzeigen. Es durfte doch nicht wahr sein, dass meine Peiniger noch immer in Schulen oder sonst wo arbeiteten und auf freiem Fuß lebten! Während sie sich gut bezahlen ließen und ihre Untaten vielleicht noch weitertrieben, litten viele der Opfer an schwersten Depressionen, waren arbeitsunfähig oder schleppten sich durch ein schwieriges Leben.

Nach den Erfahrungen dieses Treffens erhoffte ich mir Hilfe von Wycliffe. Denn man hatte uns ja vermittelt, dass die zuständigen Mitarbeiter uns helfen wollten. Sie waren dabei, die Tragweite der Missbräuche zu evaluieren, alles zu Protokoll zu bringen, und hatten versprochen, die Täter damit zu konfrontieren. So beantragte ich bei der Organisation einen Anwalt, denn ich hatte nicht das Geld, mir selbst einen zu leisten. Ich wollte die Täter vor Gericht bringen. Gerechtigkeit und die Kinder vor weiteren Übergriffen schützen – das wollte ich.

Die Antwort war niederschmetternd. Ich bekam nicht die Hilfe, die ich erwartet hatte. Niemand wollte mir zu meinem Recht verhelfen, im Gegenteil, ich wurde unmissverständlich auf die Folgen aufmerksam gemacht, mit denen ich rechnen musste, wenn ich an die Öffentlichkeit treten würde. Erst jetzt verstand ich den wahren Sinn der Vereinbarung, die ich vor dem Treffen unterschreiben musste. Ohne Anwalt gegen die Täter und eine solche Organisation zu kämpfen – diese Idee entpuppte sich als Illusion.

Diese entwürdigende Situation löste bei mir eine große, fast unzähmbare Wut aus. Es durfte nicht wahr sein, dass wir trotz aller Todesängste den Bann gebrochen hatten und dies nun vergebens gewesen sein sollte! Doch genau so sah es für mich als Opfer aus. Die Täter würden weiterhin in Freiheit leben, während ich mich jahrelang mit den Folgen meiner Vergangenheit auseinandersetzen musste.

Ich fühlte mich erneut im Stich gelassen, wieder war ich zum Opfer geworden. Handlungsunfähig, hilflos und alleingelassen.

Was sich nach diesem Treffen als Resignation in mir breitmachte, veränderte bald sein Gesicht. Immer öfter kam mir der Gedanke, dass ich nicht genug getan hatte, um Wycliffe dazu zu bringen, uns Opfern wirklich zu helfen und vor allem weiteren Missbrauch zu verhindern. In mir wollte ein altbekanntes Gefühl wieder die Oberhand gewinnen: die Schuld. Hatte ich mich schuldig gemacht, weil es mir nicht gelungen war, die Täter anzuzeigen, und sie vielleicht auch heute noch schutzlose Kinder missbrauchten? War es meine Schuld, dass manche Menschen in der Organisation lieber alles unter den Tisch kehren wollten, als für Sicherheit zu sorgen? War ich schuldig geworden?

Tagelang baute sich diese Schuld in mir auf. Wütend schrieb ich in mein Tagebuch, dass ich mich nun dieser Schuld stellen und der Ursache auf den Grund gehen würde. Und das tat ich auch.

Letzte Ehre

Ja, die Schuld war mir vertraut, und ich musste nicht lange suchen, woher sie kam. Es war das Gefühl der Ohnmacht, wie ich es damals auf dem Friedhof in mir gespürt hatte. Ich hatte das kleine Mädchen damals nicht vor dem Tod retten können. Von Kindheit an trug ich die Schuld dafür in meinem Herzen, doch erst jetzt wurde mir bewusst, wie umfassend dieses Gefühl war. Tonnenschwer. Meine Gedanken kreisten immer und immer wieder um das kleine Mädchen, sein regloser kleiner Körper ging mir nicht aus dem Kopf. Wie nur hätte ich es retten können? Hätte es überhaupt eine Chance gegeben, das Kind zu retten?
Die Schuld lastete auf mir und drohte mich zu erdrücken. Und nun musste ich mein Leben lang mit diesem Gefühl leben, weil ich nicht geredet hatte, nicht geschrien hatte. Irgendwie hätte ich es doch retten können, irgendwie!
Aber ich wusste nicht, dass sie es töten würden, ich wusste es ja in diesem Moment nicht. Erst als es schon viel zu spät war. Ich hätte dem Baby nicht helfen können. Die ganze Verantwortung für den Tod eines kleinen, hilflosen und schuldlosen Kindes hatte ich jahrelang auf meine Schultern geladen.
Ich unterbrach laut meine eigenen Gedanken und rief wütend: »Christina, du bist nicht schuld am Tod des kleinen Mädchens. Du hattest keine Chance! Es war ihre Schuld. Ganz alleine ihre Schuld, ihre Verantwortung, ganz und gar.

Und nun gebe ich den Mördern die Verantwortung zurück, die müssen sie tragen, nicht ich!«
Immer wieder versuchten dieses alte Gefühl der Schuld und die damit verbundenen gewohnten Gedanken meine neue Entscheidung zu sabotieren. Ich hätte das Mädchen vielleicht doch retten können. Und immer wieder insistierte ich und hielt hartnäckig an meiner Unschuld fest.
Dann fiel mir endlich etwas ein, das mir aus meiner Spirale der Schuldgefühle heraushalf. Ich war ein Kind gewesen – die Männer waren Erwachsene. Erwachsene haben die volle Verantwortung für die Kinder und nicht umgekehrt. Ich trug ja auch die Verantwortung für meine Kinder und nicht sie für mich. Diese Erkenntnis veränderte alles. Wie ich es nun mittlerweile gewohnt war, nahm ich ein Blatt Papier und einen Stift zur Hand. Wutentbrannt schrieb ich in großen Buchstaben auf das Papier: »DIE TÄTER TRAGEN VON NUN AN DIE VOLLE VERANTWORTUNG FÜR IHR HANDELN, ICH BIN FREI VON ALLER SCHULD!!!«
Lange schaute ich an, was ich mir aufgeschrieben hatte, und wiederholte den Satz immer wieder, laut, und immer wieder. Langsam brach die bleierne Last auf meinen Schultern in Stücke, nach und nach purzelten die schweren Brocken zu Boden. Mein Körper wurde leichter, immer leichter und freier. Diese Freiheit fühlte sich unglaublich an, ich konnte kaum fassen, dass ein Mensch sich überhaupt so frei fühlen kann.
»Ich werde dem Kind die letzte Ehre erweisen«, verkündete ich euphorisch. Und das tat ich. Ich erinnerte mich wieder an meine geschorene Puppe, die mir schon so oft Trost gespendet hatte. Ich hatte sie als Sinnbild für meine Situation gemalt – bewegungsunfähig im Wasser, das ihr bis unter die Nase reichte. Sie hatte Besseres verdient und sollte nun stell-

vertretend für alle ermordeten Kinder emporgehoben werden.

Ich kaufte einen hellblauen, teuren Seidenstoff und nähte sorgfältig ein Kleid für meine Puppe, die nun für das kleine Baby-Mädchen stand. Im Namen aller getöteten Kinder dieser Welt nähte ich das hellblaue Kleid. Ja, im Namen aller Seelen, die hilflos und unschuldig ihr Leben lassen mussten und dasselbe Schicksal erlitten hatten. Dann leistete ich mir eine schöne große Leinwand, beste Qualität. Ich setzte meine nun edle Puppe mit dem neuen blauen Kleid auf ein kleines Podest, um sie zu malen. Mein Herz füllte sich mit Freude, mit Hoffnung und mit Liebe für alle Kinder dieser Welt, die gewaltsam ihr Leben verloren hatten. Und für alle Angehörigen, die gewaltsam ein Kind verloren hatten, die Trauer und das Elend, die Einsamkeit und den unerträglichen Schmerz, den sie dadurch erlitten. Ja, auch für sie malte ich diese Puppe mit dem blauen Seidenkleid. Ein Andenken in Schönheit zu ihrer aller Ehren.

Ich malte und malte, und Frieden kehrte ein. Und ich wünschte mir von ganzem Herzen, dass ich den Frieden, der in mich eingekehrt war, für immer behalten könnte. Und ich hoffte, dass alle Seelen und alle Angehörigen Frieden finden würden.

Über-Listet

Mir wurde bewusst, dass ich etwas tun musste, um den Frieden in mir behalten zu können. Ich wollte dafür kämpfen! Aber wie, wie nur sollte ich mir diesen Frieden erkämpfen? Ich hatte keine Ahnung.
Intuitiv wusste ich, dass ich mich zuerst mit mir selbst versöhnen musste. Ich entschloss mich bewusst, nicht mehr nur nach hinten zu blicken. Ich würde den Tätern keine Aufmerksamkeit mehr schenken. Nein, meine gesamte Energie würde ich in meine Zukunft stecken. Und diese Energie war nicht wenig, wie ich bemerkte. Ja, sie war so groß, dass die Menschen um mich herum kaum glauben konnten, wie viel Kraft ich an den Tag legte, um mein neues Leben zu organisieren.
Ich konzentrierte mich von nun an auf die Verwirklichung meiner Träume. Immer intensiver stellte ich mir in Träumen vor, wie mein Leben aussehen sollte. Je detaillierter ich mir meine Zukunft ausmalte, desto größer wurde meine Freude. Und dann sagte mir Roland, dass ich eine Liste mit meinen Wünschen und meiner Zukunft machen solle – so würden das alle Manager machen.
Ich verstand nicht genau, warum ich das tun sollte, aber ich hörte auf seinen Rat, denn ich hatte ja all die Jahre alles immer wieder in mein Tagebuch geschrieben. Ein Liste mit meinen Wünschen und Träumen war mir neu.

Ich wollte leben, gut leben, glücklich sein. Das Leben der Kinder schützen. Wenn ich mir keinen Anwalt leisten konnte, musste ich einen anderen Weg finden. Ich war fest entschlossen, alle Stolpersteine auf dem Weg zu meinem Ziel beiseitezuräumen.
Der erste Stein war ich selbst. Ich musste mein Selbstmitleid überwinden und mein Leben neu gestalten. Ich entschied mich, mir selbst zu beweisen, dass ich alles erreichen konnte, was für meinen Weg wichtig war. Egal, wie viel Zeit es mich kosten sollte, ich bestand darauf, dass ich schlussendlich mein Ziel erreichen würde.
»Nun bekomme ich zurück, was man mir genommen hat«, proklamierte ich nun laut vor mich hin.
Ich begann, diese Ziele systematisch aufzuschreiben.
Meine erste Liste war kurz und klar:

- eine bezahlte Ausbildung nach meinem Wunsch und danach eine gute Anstellung
- eine weiterhin gut funktionierende Familie mit meinen zwei Kindern und eine liebevolle Beziehung zu Roland
- genügend Finanzmittel
- Erfüllung mit meiner Kunst
- innerer und äußerer Frieden und Gesundheit

Dann begann ich, jeden einzelnen Punkt detailliert auszuarbeiten. Anschließend überlegte ich mir genau, wie ich zu den Zielen kommen würde und mit welchem Ziel ich beginnen sollte, woher ich Hilfe bekommen könnte und wann ich das Ziel erreicht haben wollte. Intuitiv brachte ich zu Papier, was mir wichtig war. Und ich glaubte von ganzem Herzen an meinen Erfolg. Ich war bereit, mich einzusetzen, anzupacken, die

Veränderung zu planen und durchzuführen. Mein Tatendrang war geweckt, die Liste lag vor mir. Ich hatte mir alles aufgeschrieben, bis ins letzte Detail. Und dann begann ich mit dem ersten Schritt. Manchmal überkam mich wieder Angst davor, es nicht zu schaffen, zu versagen oder aufgehalten zu werden. Immer wieder musste ich mich entscheiden, nicht aufzugeben.

Wenige Wochen später schaute ich dankbar auf meine Hände: Ich hatte das Zehnfingersystem am PC gelernt! Bisher musste ich meine Briefe immer mühsam mit einem oder zwei Fingern tippen. Nun konnte ich alle Finger einsetzen und freute mich riesig über den kleinen, aber für mich so wichtigen Erfolg. Das gab mir Mut, so sollte es von nun an in meinem Leben weitergehen: Mein ganzes Potenzial wollte ich für mich einsetzen! Es war, als hätte ich auch hier einen Bann gebrochen, und ich war erstaunt, wie leicht mir von nun an das Lernen fiel.

Voller Wissensdurst begann ich mich mit den verschiedensten Ausbildungsmöglichkeiten auseinanderzusetzen. Bald merkte ich, dass mich der Bereich Wirtschaft interessierte. Ich zögerte.

»Bankiers und Wirtschaftler sind Kapitalisten. Haltet euch von ihnen fern. Es kommt eher ein Kamel durch ein Nadelöhr als ein Reicher ins Himmelreich!« Diese Worte waren tief in meine Seele eingeimpft worden. Doch nun getraute ich mich, alles aus anderem Blickwinkel zu betrachten.

Meine Großeltern kamen mir in den Sinn, ich erinnerte mich an ihr großes Haus in Zürich. Meine Eltern und wir Kinder waren nach unserer Rückkehr in die Schweiz oft dort zu Gast gewesen. Es war ein besonderes Haus: In zwei der oberen Zimmer gab es je eine »falsche Wand«. Hinter einer Geheimtür waren winzige Räume mit einem kleinen Waschbecken und einem Bett versteckt. Großmutter hatte mir erzählt, dass ihre Freundin Corrie ten Boom in Holland in ebensolchen geheimen Zimmern während des Krieges Juden und andere Verfolgte versteckt hatte, um ihr Leben zu retten. Wenn wir Kinder in Zürich in Großmutters Haus Verstecken spielten, erfüllte mich immer Bewunderung für den Mut von Corrie ten Boom, die als Christin die Rettung dieser andersgläubigen Menschen auf sich genommen hatte. Mein Großvater war ein geschätzter Angestellter einer renommierten Bank in Zürich gewesen. Meine Eltern wurden jahrzehntelang von meinen Großeltern finanziell unterstützt – in meinen Augen waren sie reich. Was konnte daran so schlecht sein?

Nach und nach überwand ich meine alten, von meinen Eltern übernommenen Vorstellungen und wagte den Schritt, mich für ein Masterstudium in Kulturmanagement anzumelden. Bis zum Beginn des Studiums hatte ich nur noch wenige Monate Zeit, die ich nutzen wollte, um meine Grundkenntnisse auf Vordermann zu bringen. Offenbar war es jedoch Zeit genug, um mein Leben noch einmal komplett auf den Kopf zu stellen und einige Posten auf meiner Wunschliste abzuhaken. Diese Veränderungen kamen überraschend und ganz anders, als ich es mir hätte ausdenken können.

Angriff

Inzwischen hatte Wycliffe einige Aussagen von uns Opfern protokolliert und miteinander verglichen. Während eines der häufigen Telefongespräche fragten sie mich, ob ich einverstanden sei, wenn sie die mutmaßlichen Täter mit meinen Aussagen konfrontierten. Obwohl ich ihr Vorgehen nicht wirklich verstand, war ich froh, dass sie wenigstens diesen Schritt tun wollten. Ich willigte ein, wenn auch mit größten Bedenken. Erst viel später wurde mir bewusst, dass man mich nie gefragt hatte, ob ich bei der Konfrontation dabei sein wollte. Nach allem, was ich von diesen Menschen wusste, war mir klar, dass sie alles abstreiten würden. Dennoch hoffte ein kleiner Teil in meinem Herzen auf Gerechtigkeit. Anstatt Gerechtigkeit bekam ich jedoch etwas anderes ins Haus geliefert. Ich beriet in meinem Atelier gerade eine Kunststudentin, die von ihrer Mutter begleitet wurde. Begeistert erläuterte sie mir ihr Projekt, zeigte mir ihre Skizzen und Zeichnungen und wollte meine Meinung dazu hören. Es machte mir Freude, sie zu unterstützen und sie in ihrem Konzept zu bestärken. Sie war meine talentierteste Schülerin. Wir unterhielten uns angeregt, und keiner von uns dreien hörte den Fremden.
Ein hochgewachsener, stämmiger Mann öffnete, ohne anzuklopfen, die Ateliertür und trat ein. Ein zweiter Mann blieb vor der Tür stehen. Durch das große Fenster konnte ich einen weißen Mercedes mit holländischem Kennzeichen erkennen.

Holland? Augenblicklich stellte sich bei mir alles auf Alarm. Das waren keine Kunden! Ich sah dem Mann geradewegs in die Augen. Der Mann sah sich um und fragte etwas erstaunt, ob ich Christina Krüsi sei.
»Ja, das bin ich, und wer sind Sie?«
»Ich habe Ihnen etwas zu sagen«, fuhr er mir über den Mund und baute sich drohend vor mir auf.
»Ich lasse mir von niemandem etwas sagen!« Ich fixierte ihn weiter, trotzdem begannen meine Knie zu zittern, kalter Schweiß rann mir den Nacken hinunter.
Der Mann versuchte, mich in ein Gespräch über meine Kunst zu verwickeln. Ich hatte keine Lust, ihm zu antworten, und erklärte ihm, dass meine Kunstschüler auf mich warteten. Ich sei an der Arbeit und wünsche ihnen beiden einen angenehmen Tag.
»Bevor ich gehe, muss ich Sie warnen. Sie sprechen zu viel – halten Sie Ihren Mund, sonst wird es Ihnen und Ihren Kindern schlecht ergehen! Wir kommen wieder!«, erwiderte der Fremde in schlechtem Englisch.
»Ich werde mir nichts mehr verbieten lassen!« Ich marschierte zur Tür und zeigte mit einer Handbewegung zur Straße. Zitternd schloss ich hinter den beiden ab.
Meine Schülerin und ihre Mutter hatte das Gespräch mitgehört und rieten mir eindringlich, die Polizei anzurufen. Ich war unentschlossen. Tausend Gedanken rasten durch meinen Kopf. »Die Kinder! Ich muss sie vom Bahnhof abholen. Auf dem Weg durch den Wald kann alles passieren.« Ich griff zum Telefon, um die Polizei anzurufen – meine Kinder mussten geschützt werden! Das Gespräch war ernüchternd, die Polizei konnte erst eingreifen, wenn etwas passiert war. So weit würde ich es aber nicht kommen lassen.

Was ich schon öfter vermutet hatte, war nun offensichtlich. Man beobachtete mich und meine Familie, und wir mussten uns auf Übergriffe gefasst machen. Holland! Ich wusste, dass einer der Täter sich aus der Missionsarbeit verabschiedet und erfolgreicher Geschäftsmann geworden war. Ich vermutete, dass er diese Männer geschickt hatte, um mir Angst einzujagen und mich mundtot zu machen.
Die beiden Männer tauchten ein zweites Mal auf. Dieses Mal war die Tür verschlossen, und ich zeigte mich ihnen nicht. Von nun an erhielt ich täglich anonyme Anrufe. Meine Kinder ließ ich nicht mehr aus den Augen, brachte und holte sie von der Schule, zum Bahnhof, vom Zahnarzt und von allen Freizeitaktivitäten. Doch auf die Dauer war das kein Zustand. Die einzige Lösung war ein Umzug. Wie durch ein Wunder konnte ich unser Haus in dem beschaulichen Dorf sofort verkaufen. Gemeinsam mit Roland zogen wir in eine Stadtwohnung. Im Telefonbuch war ich nicht mehr zu finden. Die anonymen Anrufe hatten ein Ende.
Der Umzug brachte viele Vorteile mit sich. Die Kinder fanden sich sofort in den neuen Schulen zurecht und lernten bald, die Möglichkeiten der Stadt zu schätzen. Die Schule, an der ich mein betriebswirtschaftliches Studium begann, lag fünf Minuten von unserer Wohnung entfernt, der Bahnhof vor der Haustür, und das Beste war, dass uns kaum jemand kannte. Auch das nun definitive Zusammenleben mit Roland tat unserer Beziehung gut – alles in allem war der Umzug ein Gewinn für die ganze Familie.
Das Studium erwies sich als Wohltat – ich musste mich konzentrieren, meine Gedanken bündeln, alles andere ausblenden. Dabei lernte ich eine völlig neue Seite an mir kennen, unbekannte Potenziale taten sich auf. Betriebswirtschaft,

Recht und Ökonomie interessierten mich außerordentlich. Wissbegieriger denn je blühte ich innerlich auf, das Studium erfüllte mich mit Stolz. Ich war gar nicht so dumm, wie ich mein Leben lang gedacht hatte! Meine Noten waren gut, und keiner konnte mir vorwerfen, dass ich mein Leben nicht langsam wieder in den Griff bekam.

Ich entschloss mich, Wycliffe um einen kleinen finanziellen Beitrag für meine Ausbildung zu bitten. Zu meinem Erstaunen willigten sie ein, und ich bekam einige Monate später eine kleine Zuzahlung für mein Studium. Ein Tropfen auf den heißen Stein, aber für mich war es ein weiterer kleiner Erfolg. Jedoch musste ich ein Dokument unterschreiben, dass ich nie wieder Geld bei der Organisation fordern würde. War nun endlich meine Zeit gekommen?

Potenzialanalyse hoch zwei

Die Fürsorge für meine Kinder, die Arbeit als Lehrerin, die neue Beziehung zu Roland, die immer noch andauernde Auseinandersetzung mit meiner grotesken Kindheit, der Stress mit meinen Eltern, die meine Trennung nicht akzeptierten, eine Scheidung und das Studium zu bewältigen ließen mich an meine Grenzen stoßen. Ich organisierte mich noch besser, der Tag begann um vier Uhr morgens und endete um Mitternacht.

In dieser Zeit erlebte ich von vielen Seiten Hilfe. Meine Freundinnen sowie Roland und mein Ex-Mann standen mir bei, wann immer ich sie brauchte. Sie sprachen mir Mut zu und unterstützten mich.

Es gelang mir jedoch immer seltener, mich zum Malen zu motivieren. An Energie mangelte es nicht. Alle Kraft, die ich früher gebraucht hatte, um mein Geheimnis zu unterdrücken und vor anderen zu verbergen, stand mir nun für mein neues Leben zur Verfügung. Etwas anderes fehlte, und ich fühlte mich orientierungslos und unsicher. Meine Kunst war mein Werkzeug gewesen, um zu überleben, um die inneren Spannungen auszuhalten. Sinn und Zweck der eigenen Ausdrucksweise waren hinfällig geworden. Die Kunst war meine Krücke gewesen, die mir jahrzehntelang geholfen hatte, mich in dieser Welt zu bewegen. Und nun waren meine Beine stark genug, um selbst zu laufen. Wofür sollte ich noch malen? Ich sah keinen Sinn dahinter und wollte schließlich nicht mehr Künstlerin sein.

Und trotzdem war ich es nach außen noch immer, war die Künstlerin, die Kunstlehrerin, die Motivationstrainerin und Vorbild für viele Menschen, die ihrerseits in der Kunst Zuflucht fanden. Meinen Master in Kulturmanagement hatte ich inzwischen in der Tasche, doch meinen neuen Platz in der Gesellschaft musste ich erst noch suchen.

Monatelang tappte ich wie in einem Vakuum durch die Welt, beneidete die Menschen, die ihren Platz gefunden hatten, und suchte auch Hilfe bei der Arbeitsvermittlung. Mutlos ging ich die Stellenanzeigen durch und fand nichts, weil ich auch gar nicht wusste, in welchem Bereich ich suchen sollte. Ich verschlang Buch um Buch, suchte nach geeigneten Strategien und Möglichkeiten und nach dem »Wer bin ich, was kann ich, was will ich und wie erreiche ich es?«. Ich füllte ein Tagebuch nach dem anderen und verbrachte viel Zeit damit, mit Freunden tausend Möglichkeiten durchzudiskutieren.

Eines Tages stöberte ich in den Regalen einer Buchhandlung und fand mich unerwartet in der Esoterikabteilung wieder. Ich schreckte zurück, denn in meiner Kirche und meinem Elternhaus hatte man uns stets davor gewarnt, sich mit solchen Themen auseinanderzusetzen. Dieses Verbot hatte ich noch nie in Frage gestellt, hatte es unbewusst befolgt. Diesmal aber blieb mein Blick an einem Buch mit großen fett gedruckten Zahlen auf dem Titelbild hängen. Diese Zahlen zogen mich magisch an. Die Missionare in Tumi Chucua hatten oft genug Zahlen bei ihren geheimen Ritualen benutzt, und ich war immer auf schaurige Art und Weise fasziniert gewesen, ohne deren Bedeutung und Wirkung verstanden zu haben. Intuitiv nahm ich das Buch in die Hand. Ich fühlte mich wie Eva, die in den Apfel der Schlange beißt: Numerologie? Der Apfel schmeckte mir vorzüglich. Ich kaufte das Buch und stürmte mit dem verbotenen Schatz unter dem Arm nach Hause.

Ohne Unterbrechung las ich und wertete sofort meine Geburtszahlen nach dem empfohlenen Schema aus. Siehe da – das Ergebnis war äußerst interessant. Noch nie zuvor hatte ich mich getraut, Informationen über mein Leben aus den Sternzeichen, einem Horoskop in der Zeitung oder aus irgendwelchen Zahlen zu holen; bisher wusste ich über solche Themen nichts. Und nun sprach die Zahlenmystik klar und unmissverständlich zu mir und übersetzte mir das Geheimnis hinter meinen Geburtstagszahlen.

›Ich soll eine Führungspersönlichkeit sein?‹, stellte ich verdutzt fest. ›Das kann doch nicht wahr sein!‹ Man hatte mir von klein auf eingetrichtert, dass ich ein soziales Wesen und zum Dienen geboren worden sei. Obwohl ich vollkommen verblüfft auf meine Zahlen starrte, fühlte ich sofort eine ungeheure Welle der Erleichterung und Glückseligkeit – so, als wäre ich endlich angekommen. Hatte ich wirklich die Fähigkeit, strategisch zu denken? War ich zum Leiten und Führen geboren worden? Ich war völlig perplex und gleichzeitig hoch erfreut. Mutlosigkeit und Selbstmitleid waren wie weggeblasen, ich las weiter, informierte mich über verschiedene Persönlichkeitsanalysen und ließ schlussendlich eine teure Potenzialanalyse über mich ergehen. Hochwissenschaftlich und sachlich und ganz bestimmt nicht esoterisch. Ich wollte ganz sicher sein.

Das Resultat der Analyse deckte sich praktisch komplett mit den Ergebnissen der Numerologie. Es war eindeutig: Ich war eine Strategin, eine Denkerin und eine Organisatorin. Ausgeprägtes, kreatives Denken und klare innere Sicherheit, wenn

es um meine eigene Identität ging, wurden mir mit Brief und Siegel bestätigt.
›Unglaublich‹, dachte ich. ›Und wie in aller Welt soll ich jetzt mein Leben gestalten? Was mit meinen Ausbildungen, Erfahrungen und diesen Eigenschaften anfangen?‹ Faktisch war ich prädestiniert, Schulleiterin zu sein, doch das wies ich weit von mir. Ich konnte das Bild des Schuldirektors aus meiner Kindheit nicht aus dem Kopf bekommen. Dann las ich einen Satz in einer Wirtschaftszeitung: »Es ist nie zu spät, eine schöne Kindheit zu haben.«
Wenn ich das Kind-Sein positiv erleben wollte, war ich an einer Schule am richtigen Ort. Nicht mehr als Lehrerin, sondern als Direktorin.

Management

›Ich werde es versuchen‹, dachte ich und schickte einen Stapel Bewerbungen ab. Prompt wurde ich zu einigen Vorstellungsgesprächen eingeladen, auf die dann auch bald konkrete Angebote folgten. Das war für mich wie ein Wunder.
Ich wählte eine Schule aus, die zu zweit geführt werden sollte. Mein Kollege und ich mussten von Grund auf neue Strukturen aufbauen, so lernte ich das wahre Leben einer Führungsposition kennen. Die Erfahrungen, die ich in dieser von fremdsprachigen Kindern dominierten Schule machte, waren mit Gold nicht aufzuwiegen. Ich lernte, mich durchzusetzen, meine Führungskompetenzen zu festigen und Krisensituationen zu bewältigen. Und an Krisen fehlte es nicht. Gewalt, Missbrauch, Vernachlässigung, Einbruch, Diebstahl, unerwartete Widerstände, Burn-out von Mitarbeitern, Konflikte auf allen Ebenen. Einige Ereignisse lösten Flashbacks aus, förderten tiefvergrabene Erinnerungen aus meiner Kindheit zutage. Besonders der plötzliche Tod eines Mädchens traf mich sehr, rief die Erinnerung an meinen Selbstmordversuch wieder wach.
Bald kannte ich nicht nur Lehrer, Schüler und deren Eltern und andere Schulleiter, sondern auch Ärzte, Fürsorge- und Vormundpersonen und etliche Polizisten persönlich.
Eines Tages stand ich in meinem Direktionszimmer vor dem Blumenstrauß auf meinem Tisch und schaute bewundernd auf die roten Rosen. Viele Jahre lang hatte ich kaum Gerüche

wahrnehmen können. Als wäre dieser Sinn verkümmert. Mit der Wahrheit waren auch langsam wieder Düfte und Gerüche in mein Leben gekommen.

Den Duft der Rosen von Roland sog ich dankbar ein. Ich konnte nicht oft genug meine Nase in den Strauß halten und daran riechen. »Guten Tag, ich bin die Wahrheit«, hallte eine Stimme durch meinen Kopf, »Rose, nun kann ich dich und auch die Wahrheit wieder riechen, und ich genieße es.«

Gedankenversunken machte ich mich wieder an die Arbeit. Das Telefon klingelte. »Christina, wir brauchen dringend deine Hilfe! Die Kinder werden bedroht, wir haben Angst, wir brauchen dich!«, schluchzte eine Lehrerin ins Telefon.

Im Bruchteil einer Sekunde schaltete ich innerlich auf »Gefahr«, vor meinem Auge tauchten Szenen aus meiner Kindheit auf, mir blieb der Atem weg, mein Körper versteifte sich. Mit aller Kraft kämpfte ich gegen die Gefühle und die Bilder dieses Flashbacks. Jetzt musste ich funktionieren, ich hatte die Verantwortung und würde sie auch tragen.

Ich kniff mich fest in mein Bein, atmete tief durch, und während die Lehrerin mir die Situation in der Klasse schilderte, begann ich, mich zu organisieren. Notfallszenario, Polizei, Schulpflegepräsident, Protokollbogen, ich wusste, was ich in diesem Fall zu tun hatte.

Die Mutter einer Schülerin war in das Klassenzimmer gestürmt und hatte herumgeschrien: »Schnell, wir müssen hier weg, der Papa ist mit einer Pistole hinter mir her!« Die Lehrerin konnte die Mutter beruhigen und ihr Hilfe versprechen. Eine andere Lehrerin war mit Mutter und Tochter schon auf dem Weg in mein Büro.

Als die Polizei die Situation endlich geregelt hatte und die Frau mit ihrem Kind in Sicherheit war, sackte ich erschöpft in mich zusammen. Still kochte ich mir einen Kaffee und versuchte meine Gedanken zu ordnen.

Das Ereignis in der Schule hatte schlagartig eine Erinnerung an ein ebenso schreckliches Ereignis in meiner Kindheit wachgerufen.

Damals, in der Schule in Tumi Chucua, bereiteten wir uns gerade für das Weihnachtstheater vor. Wir malten Bühnenbilder, nähten Kostüme und lernten unsere Texte. Die Proben fanden in der Kirche statt, denn dort war die einzige Bühne. Die älteren Schüler standen auf der Bühne und übten eine Szene, während wir jüngeren Kinder vom hinteren Teil der Kirche zuschauten. Die Stimmung war gereizt, die Luft wie elektrisch geladen. Ein Lehrer begann laut, mit einem Schüler zu streiten. Dieser kam ihm bedrohlich nahe.

»Du bist der hinterletzte Mensch, den es gibt!«, brüllte der Schüler den Lehrer an. »Du wirst es bitter bereuen! Wie du mit mir umgehst, ist scheiße!«

Der Lehrer schrie zurück: »Verschwinde! Ich will dich hier nicht mehr sehen!«

Der Junge blickte mit finsterer Miene in die Menge, die sich um ihn herum angesammelt hatte. Ich stand stocksteif in einer Ecke und rührte mich nicht vom Fleck. Ich fürchtete mich, denn ich spürte die Aggressivität, sah den Hass in seinen Augen und hatte Angst vor ihm.

Instinktiv suchte ich Schutz, fand aber nichts, wo ich mich verstecken könnte.

»Ich werde zurückkommen, und dann bereust du es!« Laut stampfte der Schüler die lange Treppe hinunter und verschwand.

Einen Moment lang war es totenstill. Dann wurde weiter geübt. Endlich konnte ich meine steif gewordenen Glieder wieder bewegen, doch mir war unwohl zumute. Ich war froh, noch nicht an der Reihe zu sein, und schaute der Probe weiterhin von meiner Ecke aus zu. Ich wusste nicht, was los war, aber ich roch die Gefahr förmlich, und auf meinen Instinkt war Verlass.

Etwa zehn Minuten später hörte ich schwere Schritte die Treppe hinaufstampfen. Die Holztür ächzte laut, dann stand der Junge von vorhin in voller Größe im Türrahmen, in der Hand eine Pistole. »Knie vor mir nieder, du Schwein! Knie nieder und entschuldige dich für das, was du mir angetan hast!«, schrie er laut.

Wir erstarrten. Der Lehrer sah ihn ungläubig an. Ich wusste genau, wovon dieser Junge sprach. Geschockt blieben alle wie angewurzelt stehen, sekundenlang war kein Ton zu hören. Dann versuchte der Lehrer, mit ruhiger Stimme auf den Jungen einzureden. »Komm, es war doch alles nicht so gemeint. Gib mir die Pistole und beruhige dich.«

Doch der Junge ließ sich nicht beirren. »Knie nieder!«, befahl er nochmals, aber ruhiger.

Der Lehrer gehorchte. Der Junge ging auf ihn zu und hielt ihm die Pistole an den Kopf. Es war totenstill im Raum. Ich wagte nicht, mich zu bewegen. Dann ging alles ganz schnell. Jemand stürzte sich von hinten auf ihn und brachte es fertig, die Pistole an sich zu reißen. Es löste sich kein Schuss. Zwei weitere Lehrer überwältigten den Jungen und führten ihn aus dem Gebäude. Einige Kinder begannen zu weinen, und die ganze Gruppe war in heller Aufregung. Die Lehrer spielten das Ereignis herunter und versuchten, uns zu beruhigen, die Probe des Weihnachtsspiels wurde fortgesetzt.

Ich konnte mich nicht erinnern, dass dieser Vorfall irgendwelche Konsequenzen gehabt hätte. Weder für den Jungen noch für die Schule. Es war nie wieder darüber gesprochen worden.

Diesmal war ich die Schulleiterin, nicht die Schülerin, und es war an mir gewesen, eine solche Situation zu meistern und Hilfe zu holen. Mutter und Kind waren in Sicherheit, und ein Kriseninterventionsteam betreute die geschockte Klasse. Ich jedoch hatte wieder einen Flashback erlebt, mit dem ich alleine zurechtkommen musste.

War ich denn niemals sicher vor diesen heimtückischen Erinnerungen, die mich ohne Vorwarnung in einem solchen Moment überfielen? Was hatte dieses Mal die Erinnerung ausgelöst? Es war die Erwähnung der Pistole. Eine Pistole in der Schule und die Panik, die ich hinter den Worten der Lehrerin gespürt hatte. Auch damals standen wir Kinder unter Schock, doch niemand hatte sich um uns gekümmert. Welch Glück, dass ich heute hatte Hilfe anfordern können, sowohl für die Mutter und ihr Kind als auch für die Schülerinnen und Schüler.

Ich fühlte mich gestärkt und gleichzeitig verletzlich, wenn ich an früher und heute dachte. Schlussendlich siegte in mir die Achtung vor mir selbst. Ich hatte es geschafft, trotz Flashback aktiv zu werden und mich nicht von den früheren Gefühlen lähmen zu lassen.

Dieses Ereignis geschah in meinem zweiten Jahr an der Schule. Es war ein bewegtes Jahr, in dem ich die riesige Schule alleine leiten musste, was mich so manches Mal an den Rand der Erschöpfung brachte. Mein Schulleitungskollege fiel krankheitshalber aus, die ganze Verantwortung lastete auf mir. Gleichzeitig bekam ich wunderbare Komplimente von den Eltern und Kindern: selbstgebastelte Karten, ein bewundernder Seitenblick, sogar eine E-Mail, in der mir in gebrochenem Deutsch geschrieben wurde, wie schön ich sei. Mein Herz – mein kindliches Herz – blühte mit jedem dieser Geschenke auf.

Das Management hatte die Kunst abgelöst. Alle Aspekte der Kreativität konnte ich jedoch an meinem neuen Arbeitsort anwenden und bestens gebrauchen. Erst einige Jahre später fand ich einen neuen Zugang zu meiner Kunst. Heute verarbeite ich in ihr weniger die Vergangenheit als vielmehr meine Zukunft – meine Träume und Wünsche.

Roland überraschte mich eines Tages mit einem Heiratsantrag. Niemals hätte ich eine solche Wende in meinem Leben erwartet, geschweige denn mir erträumen lassen, dass ich mich darauf einlassen würde. Die Angst, zu versagen und in einem goldenen Käfig zu landen, war riesengroß, doch Roland liebte mich und ich ihn.

Meine Umwelt war zutiefst erstaunt und wunderte sich über meinen Wandel. Ich wusste jetzt, was ich wollte, und setzte mich durch. In dieser Zeit des Wurzelschlagens erlebte ich unsere Patchworkfamilie als Fels in der Brandung. Roland stärkte mir den Rücken und ermutigte mich immer wieder, meinen Weg zu gehen. Sein Vertrauen in mich und meine Fähigkeiten war unerschütterlich. Er gab mir Respekt, ehrlich gemeint und authentisch. Ich glaubte und vertraute ihm.

Ja, ich bekam zurück, was ich verloren hatte: den Respekt, die Achtung und eine tiefe Liebe, die mich auffing, wenn ich zu stürzen drohte. ›Welch Glück‹, dachte ich, ›nun bekomme ich zurück, was mir genommen wurde!‹

Meine Wahl

Von Wycliffe bekam ich eines Tages ein offizielles Entschuldigungsschreiben. Mit Hilfe von Dutzenden Interviews mit allen Beteiligten, Mitschülern, Eltern, Lehrern und Verwandten wurde bestätigt, dass Missbräuche stattgefunden hatten. Man würde alles Erdenkliche dafür tun, dass so etwas künftig nicht mehr vorkommen könne.
Diese Nachricht freute mich sehr, nun hatte ich eine Entschuldigung, schwarz auf weiß. Darauf hatte ich jahrelang gehofft, es war noch keine Entschuldigung der Täter selbst, und doch berührte mich dieses Schreiben sehr. Ich atmete tief durch. Endlich eine Entschuldigung.
Auf einmal überkam mich eine Welle der Trauer und der Wehmut. Was würde das ändern? Die Täter waren auf freiem Fuß und konnten tun und lassen, was sie wollten. Kein Strafverfahren, keine Verfolgung, kein Zwang für eine Therapie, gar nichts. Sie kamen ungeschoren davon. Wo war da Gerechtigkeit?
Immerhin hatte Wycliffe sich entschlossen, auf Prävention zu setzen. So etwas sollte in ihren Kreisen nicht mehr geschehen. Sie wollten viel Geld und ihre Ressourcen für diese Programme einsetzen, und das war gut so. Gleichzeitig konnten sich aber alle Täter immer noch frei bewegen. War man sich nicht bewusst, dass sie süchtig nach solchen Taten sind? Wo war denn da die Prävention?

Die Kinder, die tagtäglich mit diesen Tätern lebten, von ihnen unterrichtet oder betreut wurden, sie waren ihnen schutzlos ausgeliefert. Die Organisation teilte mir mit, dass die Taten der Missbraucher verjährt seien und das Gesetz in Amerika keine Strafverfolgung mehr zulasse. War das wirklich so? Wollten sie mit dieser Aussage vielleicht nur sich selbst schützen? In diesem Moment musste ich mich entscheiden. Entweder würde ich wieder wütend werden oder einen Schlussstrich ziehen und nach vorne schauen. Ich hatte die Wahl zwischen Vergangenheit und Zukunft. Ich brauchte nicht lange, bis ich wusste, was ich wirklich wollte. Die Zukunft. Ich würde einen anderen Weg finden, diese Kinder zu schützen. Irgendwie. Aber ich würde es schaffen, da war ich mir sicher.

Ich freute mich über jeden Schritt, der mir zu mehr innerer Freiheit verhalf. Immer wieder hielt ich mir vor Augen, dass mein Schmerz und der Verarbeitungsprozess nicht vergebens waren. Doch ich spürte auch, dass tief in meinem Herzen noch ein ganzes Reservoir an Wut und Groll darauf wartete, umgewandelt zu werden. Ich wünschte mir, dass ich Frieden mit mir selbst, meinem Schicksal und meinen Eltern und allen Geschwistern finden würde und die Vergangenheit aus einem anderen Winkel betrachten könnte. Meine Eltern liebten mich und meinten es gut mit mir, aber ich spürte diese Liebe einfach nicht. In dieser Zeit fühlte ich mich nicht unterstützt.
Konnten meine Eltern überhaupt meine Welt aus meinem Blickwinkel betrachten? Das Ziel ihrer Organisation war es, den Menschen ihre Bibeltexte zu bringen, damit ihre Prophezeiung der Endzeit sich erfüllen würde. Endzeit. Oft war ich in Bolivien vor einem riesigen Bild gestanden. Dieses moderne Ölbild zeigte auf schreckliche Weise den Weltuntergang

der Menschheit: brennende Hochhäuser, Rauch, Feuer, viele Tote, die guten Seelen in weißen Gewändern himmelaufwärts schwebend, die bösen in einer Hölle versinkend. Es war faszinierend detailgetreu gemalt und hatte mir als Kind ungeheure Angst gemacht.

Trotzdem hatte ich es geschafft, mich mit meiner Vergangenheit auseinanderzusetzen und die Wahrheit ans Licht zu bringen. Die Wahrheit. Damals hatte sie sich in mir gemeldet und sich ihren Weg ans Tageslicht erkämpft. Ich hatte gelernt, mich anzunehmen mit allem, was ich erlebt hatte und was ich bin. Nun musste ich also auch meine Eltern annehmen, so wie sie waren – ohne etwas von ihnen zu fordern.

Wieder begann ich mich auf das zu konzentrieren, was mir guttat. Die Welt gibt mir alles zurück. Ich hole mir, was ich brauche.

Und das tat ich dann auch. Ich begegnete Menschen, die mich bedingungslos annahmen, und bekam mehr, als ich mir jemals erträumt hatte. Der Prozess des Loslassens hatte sich gelohnt. Ich wurde vom Leben entschädigt, auch ohne Gerichtsprozess, ohne Entschuldigung der Täter, ohne Gerechtigkeit und ohne Schmerzensgeld.

Sprich!

Die Verantwortlichen von Wycliffe versuchten weiter, auf ihre Art Heilung zu bringen. Sie wussten von einer christlichen Veranstaltung in Kopenhagen und luden einige von uns Opfern zu diesem einwöchigen Heilungsseminar ein. Ich lehnte dankend ab, auf keinen Fall wollte ich wieder mit christlichen Massenveranstaltungen zu tun haben. Ich hatte mich schon lange entschieden, selbst meine Vergangenheit zu verarbeiten, und war stolz auf mein Leben, wie ich es jetzt führen konnte. Die Verantwortlichen drängten mich jedoch immer weiter, doch zu kommen. Auch die anderen Opfer riefen mich an und baten mich eindringlich mitzukommen.

Mein Bedürfnis, mit ihnen zusammen zu sein und Zeit zu verbringen, siegte schließlich. Ich sah es als eine einzigartige Möglichkeit für mich, denn ich hatte nicht die finanziellen Mittel, sie alle zu besuchen, wir lebten ja über die ganze Welt verstreut. Widerwillig meldete ich mich an, fest entschlossen, den Heilungsvorträgen fernzubleiben. Eine Woche Ferien in Kopenhagen und meine alten Freunde zu sehen und Zeit für mich selbst zu haben war mir Grund genug. Ich hatte gelernt, mich abzugrenzen und mir das zu holen, was ich brauchte.

Der Flug war vom schönsten blauen Himmel beschirmt, ganz im Gegensatz zum ersten Opfertreffen in den Staaten. Keine Ängste wollten mich am Treffen hindern, und so konnte ich die Reise entspannt genießen. Um meinen Hals baumelte eine

Kette mit einem Anhänger, auf den ein Auge gemalt war. Roland hatte sie mir bei einem Besuch bei Freunden in Istanbul gekauft. Ich trug dieses Auge gerne und ungeniert, es war mir egal, was Christen davon hielten. Mir gefiel es.
Die Wiedersehensfreude war riesengroß, Andrea und Melissa umarmten mich herzlich, die Tränen flossen wieder reichlich. Es waren Tränen des Glücks. Wieder spürte ich die innere tiefe Verbindung zu meinen Freunden. Wir verstanden uns, waren nicht länger alleine, und das machte uns stark. Alle waren innerlich gewachsen, wir sahen uns nun weniger als Leidensgefährten, sondern mehr als Weggefährten, die eine Zukunft hatten. Lange genug hatte ich alleine gekämpft, nun trugen wir die Lasten gemeinsam.
Ich fand es schade, dass Gabriele nicht dabei sein konnte, und auch von Finn fehlte noch jede Spur. Man hatte ihn nicht ausfindig machen können, vielleicht hatte er seinen Namen geändert und wollte gar nicht gefunden werden? Dennoch spürte ich, wie Glück und Freude mich durchfluteten. »Du schaffst es, Finn, du schaffst es! Irgendwann treffen wir uns alle fünf wieder!«, flüsterte ich voller Zuversicht in mich hinein.

Um mir einen Eindruck von dem Heilungsseminar zu verschaffen, entschloss ich mich, mir zumindest den Anfang der Veranstaltung anzusehen. Alleine setzte ich mich in die hinterste Reihe des mit etwa vierhundert Menschen besetzten Saales. Meine Freunde saßen weiter vorne. Eine ältere Frau mit enormer Ausstrahlung betrat die Bühne. Mit ihrer Rhetorik und ihrem Humor zog sie gleich zu Beginn alle Zuschauer in ihren Bann. Alles sträubte sich in mir.
›Schon wieder so eine‹, dachte ich, ›sie bringen die Menschen dazu, ihr eigenes Denken aufzugeben, und machen sie hörig.‹

Kritisch hörte ich mir ihre Worte an. ›Nein, ich werde da nicht mitmachen, immer wieder das gleiche Schema, die gleichen Phrasen, wie ich sie als Kind schon oft genug und nicht nur einmal in der Kirche auch von den Tätern gehört hatte. Was wissen sie schon von Heilung.‹
Ich verließ die Veranstaltung und genoss meine Ferien. Es blieb den anderen Zeit genug, um in den Pausen mit mir zu reden, zu lachen und zu weinen.
Am zweiten Tag wurden wir Opfer in einen Nebenraum gebeten. Zwei Vertreter der Missionsorganisation wollten uns etwas zeigen. Es war ein Brief, jeder bekam eine Kopie.
Ich stockte – was würde jetzt kommen? War es die Entschuldigung eines Täters oder eine Schreckensnachricht? Wir schauten uns mit großen Augen an, ich wagte es nicht, auf das Papier zu blicken. Es wurde uns vorgelesen. Wir konnten es kaum glauben, es war die Entschuldigung der Witwe eines Täters, des Schuldirektors meiner Kindheit. Mit diesem Schreiben wollte sie offensichtlich ihr Gewissen erleichtern. Sie bat uns um Verzeihung für das, was vorgefallen war, und für ihre Unfähigkeit, die Missbräuche zu verhindern, obwohl sie einiges geahnt hatte. Dass sie sieben Jahre nach seinem Tod erst darüber reden und sich entschuldigen konnte, zeigte mir, wir sehr auch sie unter Druck gestanden haben musste und in ihren Ängsten gefangen gewesen war. Trotzdem war ich dankbar, dass sie die Wahrheit nicht länger verheimlichen wollte.
In den kommenden Tagen las ich, schrieb in mein Tagebuch und machte lange Spaziergänge. Zwischendurch wurden wir von einer Mitarbeiterin der Missionsorganisation nochmals zu den Vorkommnissen in Tumi Chucua befragt. Das war anstrengend und rief aufgestaute Gefühle wach. Ich wagte es

immer noch nicht, über den Vorfall mit dem ermordeten Baby zu berichten. Eine Woge der Trauer brach über mich herein, auf die jedoch bald eine der Erleichterung folgte, denn wir waren nicht länger alleine – wir hatten jetzt einander! Ich konnte den anderen Opfern in die Augen sehen und fand dort Verständnis und Glauben. Gegenseitig trösteten wir uns und ließen die erlösenden Tränen becherweise fließen.

Dann geschah etwas, das alles durcheinanderbrachte: Die Frau, die uns interviewte, sackte plötzlich in sich zusammen und fiel vom Stuhl. Herzinfarkt! Entsetzt mussten wir mit ansehen, wie sie mit Blaulicht abgeholt wurde. Wir besuchten sie am nächsten Tag im Krankenhaus, und ich wünschte ihr von ganzem Herzen, dass sie wieder gesund würde. Erst jetzt wurde mir bewusst, wie sehr unsere Berichte die Mitarbeiter der Organisation belasteten.

Am letzten Tag der Heilungswoche setzte ich mich wieder in die hinterste Reihe und schaute misstrauisch zu, was sich im Saal abspielte. Die Predigerin forderte die ganze Gemeinschaft auf, die Augen zu schließen und auf die Stimme Gottes zu hören. Ich weigerte mich und schaute umher. ›Ich kann die Stimme Gottes auch mit offenen Augen hören, wenn es ihn denn gibt und wenn er überhaupt sprechen kann‹, rebellierte ich innerlich. Tausend Gedanken rauschten durch meinen Kopf. Ich hatte meinen eigenen Glauben gefunden, den Glauben an mich selbst. *Hilf dir selbst, dann hilft dir Gott.* An meinen eigenen Haaren hatte ich mich aus dem Schlamm gezogen, mich von dem Elend befreit. Wenn Gott existierte und sprechen konnte, dann sollte er so zu mir sprechen, dass ich es klar verstehen und hören konnte.

Die Bibel sagt doch, dass Gott in uns ist. Wenn ich dann auf meine innere Stimme höre, ist das dann meine oder Gottes

Stimme? ›Es ist alles so absurd und unverständlich‹, dachte ich, ›ich werde einfach auf mich selber hören, das ist das Einzige, was ich will und kann.‹

Und nun geschah etwas, das ich keineswegs erwartet hatte: Plötzlich hörte ich eine innere Stimme, laut und deutlich: »Sprich, Christina, sprich!«

Ich erstarrte. Was war das? Etwa Gottes Stimme? Meine?

»Nein, ich will nicht sprechen, nicht so, dass mich alle hören, ich will nicht«, erwiderte ich leise. Wie im Film rauschten die Bilder meines Zusammenbruchs, als ich nach dem Joggen nicht mehr sprechen konnte, in meinem Innern vorbei. Das war zu viel. Zitternd verließ ich den Raum.

»Ich habe ja geredet, ich habe genug gesagt, die Wahrheit ausgesprochen, und jetzt reicht es. Ich will und kann nicht noch mehr sprechen. Wo und wie soll ich denn sprechen und überhaupt, was soll das?«

Die Stimme hallte unbeirrt weiter durch meinen Kopf: »Sprich, Christina, sprich!«

»Gott, du hast mich im Stich gelassen, hast mich nicht gerettet!« Ich wurde wütend.

»Ich habe mir selber geholfen, mich erlöst, und nun erwartest du etwa, dass ich spreche? Über den Missbrauch oder über was soll ich sprechen?« Heftig schüttelte ich den Kopf und wischte mir mit dem Ärmel die Tränen ab. »Vergiss es, das kannst du von mir nicht erwarten!«

Ich verstand nicht, was in mir vorging, aber ich wusste, dass ich dieses Erlebnis ernst nehmen musste. In Kopenhagen erzählte ich niemandem, was ich erlebt hatte. Die christliche Gemeinschaft hätte dies klar interpretiert: Gott hatte zu mir gesprochen und mich auserwählt, zu predigen und das Wort Gottes zu verkünden. Doch ich wusste, dass es nicht darum

ging. Auch zu Hause erfuhr niemand etwas, erst nach einiger Zeit erzählte ich Gudrun mein merkwürdiges Erlebnis. Ihre Antwort verblüffte mich.
»Ja klar, Christina, du musst allen erzählen, was du erlebt hast, schreib ein Buch! Das ist doch sonnenklar.«
Ich war entsetzt. »Ich will gar kein Buch über diese Scheiße schreiben, niemals. Es macht einfach keinen Sinn, es gibt genug solche Bücher.«
»Christina, es geht hier nicht um diese Scheiße, auch nicht um Anklage oder Rache. Es geht darum, wie man sich selbst aus so etwas befreien kann, wie man gesund und heil wird und in Freude leben kann.«
Lange diskutierten wir darüber. Gudrun ließ nicht locker. Immer wieder ermutigte sie mich, das Buch zu schreiben. »Sprich, Christina, sprich!« Oft wachte ich mit diesem Satz in mir auf. Doch es dauerte noch sehr lange, bis ich das Buch aus eigenem Antrieb wollte. Dann begann ich alles aufzuschreiben, was mir in den Sinn kam.
Das Schreiben erwies sich als sehr befreiend für mich. Es war anders als das Tagebuchschreiben. Ich musste strukturiert vorgehen und jeden Satz prüfen, ob ich hundertprozentig dahinterstehen konnte. Je mehr ich schrieb, desto häufiger dachte ich an den unsichtbaren Bund, der uns fünf »Auserwählte« zusammenhielt.

Ich war froh, dass mein Verhältnis zu den anderen Opfern so gut war und dass ich in ihnen Gleichgesinnte gefunden hatte. Einzig die Sorge um Finn quälte mich. Er war der Einzige, von dem wir bisher nichts gehört hatten.
Bis eines Tages das Telefon klingelte und mir Melissa aufgeregt berichtete, sie habe Finn aufgespürt. »Stell dir vor, mit

wem ich heute telefoniert habe, mit Finn! Er will unbedingt mit dir sprechen.« Ein Schauer lief über meinen Körper. Finn, der Junge, der Fünfte im Bunde. Ich setzte mich und entschuldigte mich für mein Schweigen. Fast dreißig Jahre hatte ich Finn weder gehört noch gesehen; ich wusste nicht einmal, ob er noch lebt. Wo war er gewesen, wieso war er nicht beim Opfertreffen gewesen? Aufgeregt drängte ich nach weiteren Informationen.

Melissa hatte ihm meine Adresse gegeben, und nun wartete ich hoffnungsvoll auf seinen Anruf. Zuerst bekam ich eine E-Mail von ihm, er wollte sich vergewissern, ob ich wirklich die Christina aus Tumi Chucua sei. Ich erfuhr, dass er sehr zurückgezogen lebte und auch seinen Namen geändert hatte. Was musste er für Ängste ausgestanden haben!

Einige Wochen sollte es dauern, bis er den Mut fasste, mich anzurufen. Ich stand in meinem Schulleitungsbüro vor dem defekten Kopierer und wurde von seinem Anruf total überrascht.

»This is Finn, do you remember me?«

Meine Knie zitterten so sehr, dass ich mich hinsetzen musste. Für einen kurzen Moment spürte ich Angst, ob wir uns verstehen würden, doch das war unbegründet. Es sprudelte nur noch aus uns heraus. Völlig ungezwungen erzählten wir uns, was in den dreißig Jahren geschehen war.

Finn hatte sich die ganzen Jahre geweigert, über seine Kindheit zu sprechen, wie viele andere Betroffene auch. Er hatte ein schwieriges Leben gehabt und erst wenige Monate zuvor begonnen, das Erlebte zu verarbeiten. »Christina, endlich dürfen wir miteinander sprechen. Ich kann es nicht glauben, ich habe mir das immer gewünscht. Der Bann ist gebrochen.«

Nachdem sich die erste Aufregung gelegt hatte, stellte er mir eine Frage, die ihn sehr zu quälen schien: »Ich habe eine Bitte an dich, Christina. Ich habe eine Erinnerung, die ich einfach nicht wahrhaben will. Kannst du sie mir bestätigen? Du warst dabei, das weiß ich. Etwas Schreckliches ist geschehen, und ich mag kaum daran denken. Dennoch beschäftigt es mich nun schon seit Monaten. Tag und Nacht lässt mich die Erinnerung nicht los.« Stockend erzählte er mir, was ihn so sehr belastete.

Ich atmete tief durch, es hatte bei mir selbst lange Zeit und viel Mut gebraucht, den Mord an dem Baby und das blutige Abendmahl aus dem tiefsten inneren Versteck ans Licht zu lassen, es Gudrun zu schildern. Tränen liefen über mein Gesicht. Ich bestätigte seine Aussage, sah das Kind wieder vor mir, in ein Tuch gewickelt, es hatte ein hellblaues Kleid an und erinnerte mich an den Geschmack des warmen Blutes in meinem Mund.

Mit schwacher Stimme brach er das Schweigen: »Ja, Christina, das ist die Wahrheit. Danke, ich danke dir tausendmal. Ich weiß, dass ich es jetzt auch schaffen kann, damit klarzukommen, auch wenn es so schrecklich ist.«

Es musste ihn unheimlich viel Mut gekostet haben, mich anzurufen. Jahrelang hatte er versucht, der Wahrheit davonzurennen, indem er Extremsport betrieb und mit kiloschweren Gewichten durch die Wälder jagte.

Nun würde ich eine ganze Weile nichts mehr von ihm hören, das war mir bewusst, denn ich kannte den Verarbeitungsprozess, den er durchmachen musste, und dachte täglich mitfühlend an ihn und seine Familie.

Umso mehr freute ich mich, dass es nur wenige Monate später zu einem Wiedersehen mit Finn kam, zusammen mit den anderen »Auserwählten«. Dieses Treffen war eines der letzten fehlenden Stücke in meinem langen Verarbeitungsprozess. Eine Wiedervereinigung, eine Wiederherstellung von Getrenntem. Ein Zusammenkommen von fünf grausam geschändeten Menschen, die ihre Opferrolle hatten ablegen können. Wir fünf würden gemeinsam stark sein, noch stärker, als wir einzeln schon waren.

Was an diesem Tag vor sich ging, ist kaum beschreibbar. Ich spürte die Kraft und die Energie, die wir gemeinsam als Überlebende ausstrahlten. Melissa, Gabriele, Andrea, Finn und ich, wir waren schlussendlich die Sieger! Die wahren Sieger. Immer wieder sah ich ungläubig in die Runde: Wie hatte ich es geschafft, mich von der unversöhnlich Missbrauchten zu der zu wandeln, die ich heute war: eine Frau, die tiefen Frieden in sich hat, der die Erzählungen aus der Vergangenheit nichts mehr anhaben konnten?
Es war die Entscheidung, der Wahrheit ins Gesicht zu schauen. Ich hatte mich entschieden, sie ganz genau anzusehen, ihren Ekel und ihre Wucht in mir gespürt und war nicht vor ihr davongelaufen. Ich hatte trotz größter Panik immer wieder der Angst ins Gesicht geblickt, mich aus meiner Hölle befreit. Diese Hölle war nichts anderes als meine geballten Ängste. Ich war nicht vor meinen Ängsten davongerannt, sondern hatte sie akribisch Stück für Stück seziert.

Christof

Nach diesem Treffen war ich überglücklich. Die Wahrheit hatte gesiegt, sie hatte uns nicht ins Verderben gestürzt, wie es die Täter uns prophezeit hatten. Ich war befreit von der Angst, die man uns eingeimpft hatte. Dankbar schrieb ich das Erlebte auf.
Alle Menschen, die mir in meinem Leben wichtig waren, kannten nun die Wahrheit über meine Kindheit. Alle außer Christof. Obwohl wir uns seit meinem 17. Lebensjahr nicht mehr gesehen hatten, dachte ich immer wieder an ihn. Er musste damals geahnt haben, dass ich etwas Schreckliches erlebt hatte. Immer wieder bereute ich es, ihm mein Geheimnis nicht anvertraut zu haben. Und doch war ich unsicher, ob er mit den vielen schrecklichen Informationen zurechtgekommen wäre.

Eines Tages rief mich eine ehemalige Schulkameradin an. Wir lachten und erzählten uns alte Geschichten aus unserer Jugendzeit. »Weißt du noch, als ich dich mit Christof küssend im Zimmer erwischt habe. Im Skilager, weißt du noch?«, witzelte sie.
Ja, ich wusste es und fragte sie, ob sie wisse, was Christof mache und wo er wohne. Sie berichtete mir, dass sie ihn seit damals einige Male getroffen habe. Er sei verheiratet, habe zwei Kinder. Jedes Mal habe er nach mir gefragt.

Von diesem Moment an ging mir Christof nicht mehr aus dem Kopf. Ich entschloss mich, ihn zu kontaktieren. Erst nach einigen Wochen hatte ich den Mut, im Internet nach ihm zu suchen. Ich hatte keine Ahnung, ob er sich noch an mich erinnern würde. Und wenn ja, war er mir vielleicht böse? Nach so langer Zeit? Ich wog ab und nahm dann allen Mut zusammen. Ich war erstaunt, was ich alles über ihn im Internet finden konnte. Offensichtlich war er ein erfolgreicher Geschäftsmann geworden. Ich fand Bilder von ihm. Ja, das war er, ohne Zweifel, ich hatte den richtigen Christof samt E-Mail-Adresse gefunden. Er sah immer noch fast genauso aus.
Er freute sich über meinen Anruf und nahm sich Zeit für mich.
An einem sonnigen und warmen Sommerabend trafen wir uns in Zürich am See. Ich kam etwas früher im Restaurant an, so dass ich mir einen schönen Platz direkt am See aussuchen konnte. Die Erinnerungen an die gemeinsamen Spaziergänge am Rhein, als wir beide noch so jung waren, kamen wieder hoch. Ich musste lachen, als ich daran dachte, wie ich mein erstes Skirennen bewältigt hatte.
Und heute? Wie würde heute unsere Begegnung werden? Ich wollte ihm von diesem Buch erzählen. Warum unsere Liebe nicht funktioniert hatte und dass es mir leidtat, wie ich mit ihm umgegangen war. Es war mir wichtig, ihm zu sagen, dass seine Intuition damals richtig gewesen war. Ja, er hatte es bestimmt gemerkt, dass mit mir etwas nicht stimmte.
Und dann berührte mich jemand an der Schulter. In Gedanken versunken, hatte ich Christof gar nicht kommen sehen. Er war noch wie früher. Wir begrüßten uns herzlich. Und dann sprudelte es nur noch aus uns heraus. Wir lachten beide, frischten alte Geschichten auf. Es war, als ob wir schon immer

beste Freunde gewesen waren. Ich bewunderte den Weg, den er gegangen war, und er konnte kaum fassen, wie sehr ich mich verändert hatte. Beide hatten wir zwei Kinder und waren verheiratet. Er erzählte von seinen Kindern und seiner Firma.

Vorsichtig begann ich, ihm auch von der anderen Seite meiner Kindheit zu erzählen. Christof nahm es gefasst auf, auch wenn er über das Ausmaß der Missbräuche nur noch den Kopf schütteln konnte. Er erinnerte sich mit Bedauern daran, wie sehr er sich bemüht hatte, mein Geheimnis aus mir herauszuholen. Er hatte von Anfang an geahnt, dass irgendetwas nicht in Ordnung war und ich ihm etwas verschwieg. Wir redeten über Religion und den Missbrauch in meinem Leben.

»Christina, darf ich dein Manuskript lesen?«, fragte er mich respektvoll.

Ich nickte, bemerkte aber, dass es schon sehr heftig sei, was darin geschrieben stehe. Er schwieg einige Sekunden, dann nickte er und sagte, dass er es schaffen werde. Er komme mit mir und dem Buch schon zurecht. Wir lachten beide.

Die Sonne verschwand langsam hinter den Bergen. Das Wasser und der Himmel färbten sich rot, gelb und orange. Ein wunderbarer Abend und eine bereinigte Vergangenheit begleiteten mich heim. Nun hatte ich schon wieder etwas geklärt und einen alten Freund, der mir nun wie ein Bruder war, wiedergefunden.

Bedingungslose Liebe

So vieles in meinem Leben hatte sich gelöst und geklärt, nur das Verhältnis zu meinen Eltern war noch immer angespannt. Schon öfter hatte ich versucht, mit ihnen Kontakt aufzubauen, auch ihnen war das wichtig. Doch wir scheiterten immer wieder. »So kann das nicht weitergehen«, dachte ich eines Tages, »was ist es eigentlich, was mich so wütend macht? Welches Bedürfnis wird da nicht erfüllt, was erwarte ich wirklich von ihnen?«

Ich nahm wieder mein Tagebuch zur Hand und begann zu schreiben. Nach und nach wurde ich ruhiger. Mein Tagebuch füllte sich. Ich schrieb auf, was mir gerade in den Sinn kam. Was ich ungerecht und gemein fand, wie hilflos ich ihnen gegenüberstand und dass ich mir noch immer nicht sicher war, dass sie mir voll und ganz glaubten. Obwohl meine Hand schmerzte, ich hatte die Wurzel meiner Frustration noch immer nicht gefunden. Welches Verlangen wurde in mir nicht gestillt, musste ich mich etwa ändern? War ich etwa im Unrecht? Lag es alleine an mir?
Und dann fand ich plötzlich, was ich so lange gesucht hatte. Ich wollte nur eines: bedingungslos geliebt werden, so wie ich war, ohne Wenn und Aber!
Lange sann ich darüber nach. Mein Bedürfnis kannte ich nun. Aber was fehlte meinen Eltern in der Beziehung zu mir?

Was erwarteten sie von mir? Unvermittelt, wie aus heiterem Himmel, spürte ich, dass sie wohl das gleiche Bedürfnis hatten wie ich. Vielleicht wollten sie einfach auch nur von mir geliebt werden – als gute Eltern, die ihr Bestes gegeben hatten?

Ein innerer Kampf entbrannte in mir. Hatte ich nicht das Recht, sie zu verurteilen? Sie hatten nicht gemerkt, was mit mir los war, obwohl ich so viele Anzeichen für ein Trauma zeigte. Ich hatte mich nicht verstanden und geliebt gefühlt, sondern alleine gelassen in meinem Elend. Und nun sollte ich sie bedingungslos lieben, so wie ich es von ihnen verlangte? Aber wie konnte ich von ihnen etwas verlangen, das ich selbst nicht einhalten konnte? Und trotzdem, hatte ich nicht den Anspruch auf Wiedergutmachung und Unterstützung?

Wütend zog ich meine Jogginghose an und tobte mich im Wald aus. Ich hatte doch endlich meinen inneren Frieden gefunden und mich mit meiner Vergangenheit versöhnt! Nur die Sache mit meinen Eltern hatte ich noch nicht geschafft. Ich wusste, es gab nur einen Weg, das Verhältnis zu ihnen zu verbessern. Bedingungslose Liebe. Ich musste sie so annehmen, wie sie waren. Recht haben zu wollen war eine Sackgasse, jetzt ging es darum, selbst das zu leben, was ich mir im Gegenzug wünschte.

Wie ich die Kraft dafür finden sollte, wusste ich nicht. Also entschied ich mich, so zu tun, als ob ich meine Eltern bedingungslos liebte, mir vorzustellen, wie es wäre, sie bedingungslos zu lieben. So tun, als ob ich sie genau so liebte, wie sie waren. Schaden konnte es nicht. Da war ich mir sicher. Bewusst setzte ich mich an meinen Schreibtisch und schrieb in großen Lettern auf ein Blatt Papier:

ICH ENTSCHEIDE MICH, MEINE ELTERN BEDINGUNGSLOS ZU LIEBEN. Hatte ich mich nun selbst übertölpelt, machte ich mir etwas vor? Egal. Ich hatte lange nach einer Lösung gesucht und keine andere gefunden. Meine Entscheidung war gefallen. Immer wieder sprach ich den Satz laut vor mich hin. Langsam sank er in mein Inneres, und ich fühlte mich besser.
Am nächsten Tag rief ich meine Mutter an und fragte sie, ob sie mit mir in ein Gartencenter komme. Ich wollte ihr ein Rosenbäumchen kaufen, denn sie liebte Rosen über alles. Ich begann so zu handeln, wie ich mich entschieden hatte. Sie freute sich sehr, und wir verabredeten uns.
Im Gartencenter debattierten wir über die verschiedenen Rosenarten. Sie wusste alles über diese wunderbaren Pflanzen und blühte richtig auf dabei. Plötzlich umarmte sie mich. »Ach, Christina, ich genieße jede Minute, die ich mit dir in Frieden verbringen kann, komm lass uns gemütlich einen Kaffee trinken, ich muss dir etwas sagen«, flüsterte sie mir ins Ohr.
Wir setzten uns in das kleine Café des Gartencenters und bestellten eine Tasse Kaffee. »Weißt du, Christina, ich habe lange nachgedacht, wie wir unsere Beziehung verbessern könnten. Und ich habe gemerkt, dass ich nicht alles verstehen muss, was geschehen ist, auch nicht alles, was du tust oder sagst. Ich habe mich entschieden, dich bedingungslos zu lieben, genau so, wie du bist.«
Ich sah sie völlig erstaunt an, mir wurde ganz warm, und es fühlte sich an, als ob mein Herz sich weit öffnen würde. »Mama, das glaub ich ja fast nicht, genau das Gleiche wollte ich dir heute sagen! Du bist doch meine Mama, und ich liebe dich auch bedingungslos, auch wenn ich nicht alles verstehen

kann. Mama, ich liebe dich genau so, wie du bist.« In diesem Moment zählte nichts mehr, die ganze Vergangenheit war wie weggewischt, und ich fühlte diese bedingungslose Liebe wahrhaftig!

Wir sahen uns an, und dann stand sie auf, setzte sich zu mir auf die Bank und hielt mich lange in ihrem Arm. Wie sehr hatte ich mir dies gewünscht nach all den Jahren des Schmerzes und des sich Alleine-Fühlens. Zum ersten Mal spürte ich meine Mutter und ihre Liebe zu mir wieder. Wie lange hatte ich dieses Gefühl nicht mehr gehabt, wie lange war unsere Beziehung zerrüttet und zerbrochen gewesen! Und nun gab es diesen Neuanfang zwischen uns.

»Weißt du, Mama, ich bekomme alles hundertfach zurück, auch meine Familie und dich, Mama«, flüsterte ich.

Danach sprachen wir uns aus. Mama berichtete über die Ohnmacht, die sie verspürt hatte, als ich mit der Wahrheit herausgerückt war. Ihr ganzes Leben war zusammengebrochen. Alles, was sie versucht hatte, konnte mir nicht helfen. Lange saßen wir da, redeten und tranken noch einen Kaffee. Was jetzt in meinem Leben passierte, konnte ich kaum glauben. War es tatsächlich möglich, gemeinsam einen Neuanfang zu starten? Würde dieser Frieden halten oder wieder zerbrechen? Würde unsere Familie wieder heil werden?

Nach langer Zeit standen wir auf, umarmten uns und dankten einander. In dieser tiefen Dankbarkeit kauften wir uns gegenseitig ein Rosenbäumchen als Zeichen unseres Friedens und unserer Beziehung, die nun neu aufblühen sollte. Nicht fordernd oder urteilend, sondern in gegenseitiger Annahme und bedingungsloser Liebe. Ich gab meinem Rosenbaum einen besonderen Platz in meinem Garten und pflanzte ihn ein. Täglich roch ich an den stark duftenden dunkelroten

Blüten. Den ganzen Sommer hindurch blühte er. Egal, was alles geschehen war, egal, was noch kommen sollte, es war meine Mutter, meine Familie, und ich wollte sie wieder zurückhaben. Von dieser Entscheidung wich ich keinen Millimeter ab.

Dieser Friede war nicht mehr so, wie ich es als Kind erlebt hatte. Damals tat ich alles, um die Liebe meiner Eltern zu bekommen. Ich wagte es nicht, meinen eigenen Weg zu gehen oder zu meiner eigenen Meinung zu stehen. Ich war angepasst und meist gefügig. Erst jetzt begriff ich, dass ich auch geliebt wurde, wenn ich mein Leben anders gestaltete. Ich hatte mich entschieden, mit meinem Buch an die Öffentlichkeit zu gehen, auch wenn diese Entscheidung meinen Eltern große Mühe machte. Trotzdem liebten sie mich.

Meine inzwischen erwachsenen Kinder konnten den plötzlichen Wandel zwischen mir und meinen Eltern nicht nachvollziehen. »Mam, das kommt nicht gut, schon so oft hast du es mit ihnen versucht und immer wieder wurdest du verletzt. Wir wollen mit ihnen nichts mehr zu tun haben, egal, was du dazu meinst. Sie sind für uns keine gute Familie gewesen«, äußerte sich Raphael wutentbrannt, als ich ihnen sagte, dass ich mit meinen Eltern einen neuen Weg gefunden hatte.

Wir sprachen über ungelöste Konflikte und deren Auswirkungen. Raphael, mit seinen 22 Jahren der Ältere, blieb stur, er konnte nicht vergessen, was wir alle erlebt hatten. Er fühlte sich ungerecht behandelt, und die Wut hatte sich über die Jahre in ihm angestaut. Geduldig hörte ich ihm zu, während er alles aufzählte, was in seinen Augen falsch, ungerecht und gemein war.

Ich machte mir große Sorgen, dass meine Söhne zu viel von dem Stress der Verarbeitung mitbekommen hatten. Ich wusste, wie sehr sie unter den widrigen Umständen gelitten hatten. Auch wenn ich alles darangesetzt hatte, sie davor zu schützen.

Nach und nach entleerten die zwei Jungs ihre großen Bündel an Ärger, Wut und Enttäuschung, die sich die letzten zehn Jahre in ihnen angestaut hatten. Die Angst vor den beiden Männern, die uns bedroht hatten; die Schutzlosigkeit und die totale Ohnmacht; die Organisation, die sich nicht nach ihren Vorstellungen verhielt, keine Entschädigung, kein Schmerzensgeld. Und meine Eltern, die auch sie nicht hatten unterstützen können. Alles sprudelte aus ihnen heraus. Mir wurde schlagartig bewusst, wie groß die Kreise waren, die meine Aufarbeitung gezogen hatte. Viel größer, als ich es hätte ahnen können. Die Auswirkungen auf mich, meine Familie, die Eltern und Geschwister waren verheerend gewesen.

Eines Tages machte ich meinen Eltern und meinen beiden Söhnen den Vorschlag, bei einem Essen alle wichtigen Themen anzusprechen und zu bereinigen. Meine Kinder waren nicht begeistert, doch sie wussten, wie wichtig es mir war, und vertrauten mir schlussendlich. Meine Eltern besuchten uns zum Abendessen. Ich war sehr aufgeregt und hatte große Bedenken, dass die Diskussion ausarten könnte. Raphael und Timon begannen zu reden. Sie hatten sich alle Punkte, die sie ansprechen wollten, aufgeschrieben. Wir hatten zuvor vereinbart, dass wir respektvoll miteinander umgehen wollten. Alle sollten aus der eigenen Sichtweise heraus und möglichst urteilsfrei sprechen.

Meine Eltern hatten sich vorgenommen zuzuhören, ohne sich ständig zu rechtfertigen. Und das taten sie auch. Dadurch fühlten sich Raphael und Timon auf einmal verstanden. Da kam keine Widerrede, nur Verständnis, und so konnten sie alles aussprechen, was ihnen so lange das Herz schwer gemacht hatte.

Meine Mutter erklärte ihnen mit Tränen in den Augen, wie ohnmächtig und hilflos sie gewesen waren und wie sehr der Schock meiner Wahrheit ihr Leben ins Wanken gebracht hatte. Und dann bat sie meine Kinder um Verzeihung. »Ich bitte euch, meine lieben Enkel, es tut mir unendlich leid, dass ihr so gelitten habt und wir euch nicht beistehen konnten, bitte verzeiht uns. Wir haben viele Jahre eures Lebens verpasst. Wir möchten für euch eine gute Familie sein, das liegt mir am Herzen.«

Meine beiden Söhne nahmen die Entschuldigung an. Raphael wünschte sich, dass meine Eltern das Buch unterstützen würden, denn es sollte helfen, andere Kinder zu schützen, und Mut machen, seine eigenen Traumata erfolgreich zu bewältigen.

Ich träume weiter

Viele meiner Träume haben sich erfüllt, doch ich werde weiterhin träumen: Dass sich jeder wieder zurückholen kann, was ihm genommen wurde. Ich träume von einer besseren Welt, von einer Welt, in der alle Kinder geschützt aufwachsen können. Für diesen Traum lebe ich.
Ich habe es gewagt, mich meiner Hölle zu stellen. Als erwachsene Frau musste ich noch einmal direkt in die hämisch grinsende Fratze meiner brutalen Kindheit zurückblicken. Immer und immer wieder entschied ich mich, so lange zu kämpfen, bis ich meine innere und äußere Freiheit gefunden hatte. Ich hatte gelernt, mich anzunehmen, mit allem, was ich erlebt hatte und was ich bin.
Viele Tagebücher habe ich gefüllt und immer wieder systematisch aufgeschrieben, was ich mir erträumte und wie ich es erreichen konnte. Nur so war es mir möglich, meinen Zielen entsprechend zu handeln.
Diese Technik benutze ich noch immer, ich visualisiere meine Zukunft. Ich wurde vom Leben entschädigt, ohne Gerichtsprozess, ohne Entschuldigung der Täter, ohne Gerechtigkeit und ohne Schmerzensgeld.

Ich bin dankbar dafür, dass ich meinen Glauben wiedergefunden habe. Nicht den, der mir als Kind gepredigt wurde, sondern meinen Glauben an Hoffnung und Liebe.

Ich bin dankbar für die psychische Widerstandskraft und die Fähigkeit, die ich entwickeln durfte. Viele schwierige Lebenssituationen konnte ich ohne anhaltende Beeinträchtigung überstehen und verarbeiten, welch großes Glück!

Ich danke allen, die an meiner Seite gestanden sind, insbesondere meinen Kindern: Raphael und Timon, ihr habt mich durch schwierige Zeiten getragen! Ich habe das große Glück, zwei starke, gesunde und liebevolle Kinder an meiner Seite zu haben. Ich danke meinem Mann, der mir den Rücken gestärkt hat, und Gudrun, die mich gestützt und mir in vielen Stunden geholfen hat, mein Geheimnis auszusprechen. Auch meinem Ex-Mann, der für mich und die Kinder immer da ist, meinen Freunden und meiner Familie und allen, die mir zur Seite gestanden haben, danke ich von ganzem Herzen. Ich danke euch für das, was ich heute bin: glücklich.

Nachwort
von Gudrun Ruttkowski

Christina lernte ich erst richtig in ihrem Atelier kennen. Von Anfang an hatte ich großen Respekt vor ihrem künstlerischen Talent. Ihre Bilder trugen alle ein Geheimnis in sich, und es drängte mich, dieses zu ergründen. Die Auseinandersetzung mit Kunst und Literatur brachte uns einander näher, und ich spürte den Vulkan, der unter der Oberfläche dieser jungen Künstlerin brodelte. Daher war ich gar nicht überrascht, als sie endlich zu sprechen begann. Ich hörte zu.
Was ich zu hören bekam, war schlichtweg ungeheuerlich. Anfangs war es für mich schwierig, die Zusammenhänge zu verstehen. Ich spürte, dass Christina sich sehr zurückhielt und mir gar nicht alles zumuten wollte. Ständig musste ich während ihrer stockenden Erzählung in mir alle Informationen sortieren, um ein klares Bild zu bekommen. Das schützte mich aber auch davor, mitzuleiden, in den Strudel des Schmerzes, der Trauer und Wut mit hineingezogen zu werden.
Wir lernten uns mit jedem Mal besser kennen und vertrauen. Nach und nach meinte ich einschätzen zu können, ob ich sie nach Details fragen durfte oder ob es genug für diesen Tag war.
Christina war jedoch immer für Überraschungen gut: Wir wollten an einem Samstag gemeinsam nach Zürich zum Tanzen fahren. Als ich sie abholen kam, fand ich sie alleine völlig aufgelöst und schreiend in der kleinen Küche vor. Ich wusste

mir nicht anders zu helfen, als sie in den Arm zu nehmen und festzuhalten. Eine ganze Stunde standen wir so zwischen Herd und Spülmaschine, eine Stunde, in der sie schrie und schrie und nicht in der Lage war, mir zu erzählen, was los war. Dann erst beruhigte sie sich langsam und beschrieb mir unter großer Anstrengung in abgehackten Sätzen eine der vielen Greueltaten aus ihrer Kindheit. Sie hatte sie soeben in einem Flashback nochmals durchlebt. Christina war fix und fertig, das Gesicht aufgeschwollen, die Stimme fast nicht mehr hörbar, entsetzt über die heftigen Emotionen und mit den Nerven am Boden. Wir setzten uns, ihr Atem wurde langsam ruhiger. Dann erzählte sie mir den Vorfall nochmals, ganz genau in allen Einzelheiten.

Es war eklig, eklig und abstoßend, was ich da zu hören bekam. Mir war die Lust am Tanzen vergangen. Christina aber nicht. »Komm, jetzt gehen wir erst recht! Das tut mir gut, es ist mir egal, wie ich aussehe!«

Ja, ich muss sagen, sie hatte recht. Es wurde einer der schönsten Abende in Zürich.

Mein eigener Glauben jenseits von kirchlichen Institutionen wuchs in diesen Jahren stetig an, ich wurde innerlich klarer und fester. Christinas Veränderungen waren für mich stets ein Anreiz, mich selbst genau zu prüfen und zu verändern. Immer wenn ich in meinem Leben mit einem Problem konfrontiert war, dachte ich, wie klein dieses wohl gegen Christinas Probleme war. Trotzdem brachten mich Situationen in meinem Leben zur Verzweiflung. Doch egal, ob klein oder groß – Probleme müssen angegangen werden. Ich bestand darauf, dass ich es schaffen würde, meine Konflikte innen wie außen zu lösen. Christina war mir ein Vorbild dabei: Wenn die das schafft, schaffe ich es auch!

Christina ist meine allerbeste Freundin geworden. Ich wünsche jedem Menschen, einen allerbesten Freund oder eine allerbeste Freundin zu haben. Jemanden, der an einen glaubt und dem man dennoch nichts vormachen kann.